欧洲法律评论
Chinese Journal of European Law

（第五卷）

中国社会科学出版社

图书在版编目(CIP)数据

欧洲法律评论. 第五卷／程卫东，叶斌主编. —北京：中国社会科学出版社，2021.3

ISBN 978-7-5203-8211-3

Ⅰ. ①欧… Ⅱ. ①程…②叶… Ⅲ. ①法律—研究—欧洲 Ⅳ. ①D95

中国版本图书馆 CIP 数据核字（2021）第 063288 号

出 版 人 赵剑英
责任编辑 周晓慧
责任校对 王桂荣
责任印制 戴 宽

出 版 中国社会科学出版社
社 址 北京鼓楼西大街甲 158 号
邮 编 100720
网 址 http://www.csspw.cn
发 行 部 010-84083685
门 市 部 010-84029450
经 销 新华书店及其他书店

印刷装订 三河弘翰印务有限公司
版 次 2021 年 3 月第 1 版
印 次 2021 年 3 月第 1 次印刷

开 本 710×1000 1/16
印 张 17.5
插 页 2
字 数 279 千字
定 价 99.00 元

凡购买中国社会科学出版社图书，如有质量问题请与本社营销中心联系调换
电话：010-84083683

学术委员会和编委会

CHINESE JOURNAL OF EUROPEAN LAW is compiled by the Institute of European Studies, the Chinese Academy of Social Sciences. The Journal stands for the study of European and relevant international law in all context. The content of articles in this journal represents the views of contributors only.

SHAN Wenhua, Xi'an Jiaotong University
SONG Xixiang, Shanghai University of Internayional Business and Economics
ZHANG Tong, China University of Political Science and Law
ZHAO Haifeng, National Judges College

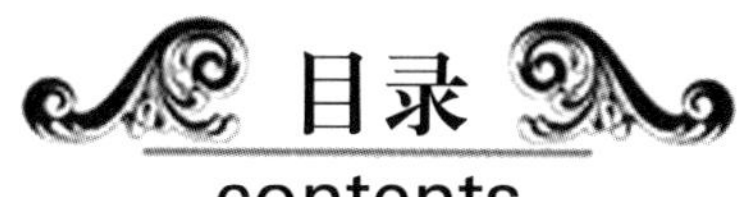

目录
contents

中企在中东欧国家贸易和投资面临的欧盟法风险及应对

——基于对塞尔维亚、匈牙利和波兰的考察

……蒋小红 1

欧盟针对美国域外经济制裁的阻却法令及其法律效果

……杜涛 周美华 15

论欧洲航天技术孵化管控法律制度及启示

……蔡高强 刘云萍 42

欧盟转基因食品安全立法、评估及经验借鉴 ……陈亚芸 67

匈牙利新国际私法对欧盟法的因应与发展

……袁发强 张桎柳 86

《欧盟—越南自由贸易协定》透视及其对中国的启示

……宋锡祥 孙琪琦 113

“被遗忘权”的执行范围:欧盟抑或全球

——兼评“谷歌诉法国国家信息与自由委员会案”

……应嘉毅 149

多多益善?

——略论欧盟立法机关之功能碎片化 ……杨国栋 161

欧盟投资法庭制度探析 ……姚天冲 李雨珊 黄伟琦 184

2018 年欧盟竞争政策报告 ……朱玥 译 林燕萍 审校 196

欧盟委员会给欧洲议会、理事会、经社委员会和地区委员会的通讯:欧盟贸易政策审议

——开放、可持续和更加坚定自信的贸易政策

……章凯琪 张琨 杨昆灏 译 叶斌 校 232

《中欧全面投资协定》谱写中欧深度合作的新篇章

......赵　丽 261

《欧洲法律评论》稿约 267

目录
contents

Chinese Enterprises: How to Proceed with Their Trade and Investment in Central and Eastern Europe in Response to Risks Associated with EU Law ...... JIANG Xiaohong 1

The EU Blocking Statute against the United States Extraterritorial Economic Sanctions and Its Legal Effect ...... DU Tao ZHOU Meihua 15

On European Space Technology Incubation Control Legal System and Its Enlightenment ...... CAI Gaoqiang LIU Yunping 42

Evaluation and Reference of European GM Food Safety Legislation ...... CHEN Yayun 67

The Response and Development of Hungary's New Private International Law to European Union Law ...... YUAN Faqiang ZHANG Chengliu 86

The Perspective of the EVFTA and Its Enlightenment to China ...... SONG Xixiang SUN Qiqi 113

The Territorial Scope of the "Right to Be Forgotten": EU or the Whole World
—Comments on the Case of Google Inc. v CNIL ...... YING Jiayi 149

The More, the Better?

——A Brief Analysis on the Functional Fragmentation of the European Legislatures

...... YANG Guodong 161

An Analysis of the European Union Investment Court system

...... YAO Tianchong LI Yushan HUANG Weiqi 184

Report on EU Competition Policy 2018

...... ZHU Yue (trans.) LIN Yanping (proofreader) 196

European Commission: Trade Policy Review—An Open, Sustainable and Assertive Trade Policy

...... ZHANG Kaiqi ZHANG Kun YANG Kunhao (trans.) YE Bin (Proofreader) 232

China-EU Comprehensive Agreement on Investment Forging a more Productive China-EU Cooperative In-depth Partnership ...... ZHAO Li 261

Call for Papers 267

中企在中东欧国家贸易和投资面临的欧盟法风险及应对
——基于对塞尔维亚、匈牙利和波兰的考察

Enterprises: How to Proceed with Their Trade and Investment in Central and Eastern Europe in Response to Risks Associated with EU Law

蒋小红*

摘要：近年来，欧盟及其成员国对中国在中东欧国家的贸易和投资表现出警觉和担忧，并继而采取了一些“软法”和“硬法”规范来保护欧盟的利益。在欧盟愈加强调“规范性力量”并用其调整中欧经贸关系的背景下，我国对中东欧国家的贸易和投资面临的欧盟法风险凸显出来，需要引起重视并采取相应的应对措施。一方面，我国应积极利用欧盟法在中东欧合理布局贸易和投资，另一方面要谨慎防范欧盟法律风险，以保证我国“一带一路”建设在该地区能够行稳致远。

关键词：中东欧国家；贸易；投资；欧盟法

Abstract: Vigilant and concerned about China's trade and investment in Central and Eastern Europe, the EU and some of its member states adopted soft and hard laws for their own benefits. The Laws brought risks to Chinese

* 蒋小红，中国社会科学院国际法研究所研究员。

Trade and investments as the EU attaches greater importance to normative power to adjust trade and economic relations with China. It is advisable to take the advantages of the EU laws while preventing the relevant risks in consideration of smooth implementation of the Belt and Road Initiative.

Key Words: Central and Eastern Europe; Trade; Investment; EU Law

---

自“一带一路”倡议实施以来，依托“17+1”的次区域平台，我国对中东欧国家的贸易和投资不断增长，呈现出蓬勃发展的态势。尽管中东欧国家对中国的投资持欢迎的态度，双方有着较为坚实的政治合作基础，但依然面临着很多制度风险。特别是近年来，欧盟及其成员国对中国在该地区的投资表现出了警觉和担忧，并继而采取了一些“软法”和“硬法”规范来保护欧盟的利益。在欧盟愈加强调用“规范性力量”来调整中欧经贸关系的背景下，我国对中东欧国家的贸易和投资所面临的欧盟法风险凸显出来，需要引起重视并采取相关的应对措施。一方面，我国应积极利用欧盟法在中东欧合理布局贸易和投资，另一方面要谨慎防范欧盟法律风险，以保证我国“一带一路”建设在该地区能够行稳致远。

一 利用欧盟法在中东欧合理布局贸易和投资

（一）充分利用欧盟的统一大市场

欧盟是我国最大的贸易伙伴。欧盟28个成员国是一个统一的大市场。经过60多年的发展，欧盟已经逐步建立起统一的对外贸易法律制度。统一的对外贸易法律制度是欧盟一体化建设的基础，是其一体化建设最彻底和最为成功的部分。由于这种一体化，欧盟成员国在对外贸易领域的主权不断转移于欧盟，各个成员国的对外贸易法律制度逐步统一为单一的欧盟对外贸易法律制度。因此，欧盟对外贸易法律制度统一适用于其28个成员国，任何一个非欧盟国家与任何一个欧盟成员国进行贸易交往都需要适用统一的欧盟对外贸易法律制度。2009年12月1

日，《里斯本条约》生效后，对外直接投资成为欧盟的专有权能，从而被纳入欧盟的对外贸易法律制度中。根据欧盟法，在欧盟统一的大市场内其成员国的商品、人员、资本和服务不受障碍地跨国自由流通。通过任意一个欧盟成员国进入欧盟内部市场的中国产品和服务均可以自由流通到其他成员国。整体来看，相比中亚、东南亚和非洲等“一带一路”沿线国家，中东欧国家营商环境良好。根据世界银行《2019 年营商环境报告》，我们考察的塞尔维亚营商便利度在全球 190 个国家和地区中排第 48 位，匈牙利排第 53 位，波兰排第 33 位。塞尔维亚和黑山目前虽然还不是欧盟成员国，但作为候选国，欧盟已经与这些国家缔结了有关的贸易协定以免除关税，并取消进入欧盟市场的商品数量限制。中国企业在中东欧国家布局贸易和投资可以享受欧盟产品的关税优惠待遇。例如，匈牙利是欧盟国家，由于匈牙利市场进入门槛要低于西欧市场，中国企业到匈牙利开展投资合作，可以节约大量的商务成本，迅速融入欧盟内部产业分工体系，利用欧盟优惠政策开拓西欧市场，并逐步拓展至整个欧洲市场。目前，匈牙利是中国在中东欧最大的投资目的国，中国在中东欧投资的一半流入匈牙利。塞尔维亚与欧盟关系日益密切，加入欧盟为塞尔维亚外交政策的首要目标。2012 年 3 月 1 日，塞尔维亚获得欧盟候选成员国地位；2014 年 1 月 21 日，塞尔维亚入盟谈判正式启动。目前，塞方正在积极推动谈判进展，力争于 2025 年前成为欧盟正式成员国。2013 年，塞尔维亚与欧盟签署了《稳定与联系协定》。[①] 根据该协定，工业和几乎所有的农业产品都可以自由进入欧盟市场。目前双方正在谈判服务贸易自由化。此外，自 2000 年起，塞尔维亚就一直享有欧盟给予的优惠贸易安排。中国企业在塞尔维亚开展的贸易和投资活动都可以享受这些优惠安排而进入欧盟市场。

（二）规避欧盟的反倾销和反补贴等贸易救济措施

多年以来，中国一直是欧盟反倾销和反补贴的首要目标国。根据欧

---

① 根据与其关系的紧密程度，欧盟与各国缔结了不同名称的自由贸易协定。欧盟与其候选国缔结的《稳定与联系协定》包含了自由贸易协定的内容。（参见蒋小红《欧盟对外贸易法与中欧贸易》，中国社会科学出版社 2014 年版，第 255 页。）

盟贸易救济2018年度报告，至2018年底，在正在实施的120起反倾销措施中，有85起是针对中国产品的；在正在实施的12起反补贴措施中，有6起是针对中国产品的。[①] 伴随着中国的崛起，在中欧贸易关系中，追求所谓的“公平”是欧盟对华贸易政策的核心目标。贸易救济是欧盟保护其产业利益、维护竞争力的最为有效的工具。为了提高贸易救济工具的使用效力，最近几年欧盟曾两次修改贸易救济立法文件。[②] 频繁发生的中欧贸易救济摩擦严重制约了中欧贸易的健康发展，成为中欧全面战略伙伴关系中的不和谐因素。在欧盟的贸易救济立法中，中国一直被视为“非市场经济国家”。2016年12月1日，中国加入WTO 15年后，欧盟仍然拒绝承认中国的市场经济地位，对中国出口到欧盟的产品变相延续适用歧视性的反倾销和反补贴非市场经济待遇。[③] 中国的企业在中东欧国家设厂则可以规避欧盟对我国产品适用的不公平贸易救济措施。我们在匈牙利、塞尔维亚和波兰调研的中国投资企业生产的钢铁、轮胎、化工原料聚氨酯、扫描仪都曾是欧盟反倾销调查的重点产品，被施以高额的反倾销税。在欧盟内设厂则可以有效规避贸易救济措施，保持产品的竞争力，继续占领欧盟市场。

---

① Commission Staff Working Document Accompanying the Document “Report from the Commission to the European Parliament and the Council, 37th Annual Report from the Commission to the Council and the European Parliament on the EU's Anti-Dumping, Anti-Subsidy and Safeguard Activities and the Use of Trade Defence Instruments by Third Countries Targeting the EU in 2018”, COM (2019) 158 final.

② Regulation (EU) 2017/2321 of the European Parliament and of the Council of 12 December 2017 Amending Regulation (EU) 2016/1036 on Protection against Dumped Imports from Countries Not Members of the European Union and Regulation (EU) 2016/1037 on Protection against Subsidized Imports from Countries Not Members of the European Union, OJ L 338, 19.12.2017, p. 1; Regulation (EU) 2018/825 of the European Parliament and of the Council of 30 May 2018 Amending Regulation (EU) 2016/1036 on Protection against Dumped Imports from Countries Not Members of the European Union and Regulation (EU) 2016/1037 on Protection against Subsidised Imports from Countries Not Members of the European Union, OJ L 143, 07.06.2018, p. 1.

③ 蒋小红：《中国“非市场经济待遇”之后倾销的计算方法——解析欧盟对外贸易救济立法的最新发展》,《国际法研究》2017年第4期。

二　“软法”文件：欧盟通过发挥规范性力量调整中欧对外贸易和投资关系

欧盟不仅借助传统的像反倾销条例和反补贴条例这样的法律工具来调整中欧贸易关系，而且根据中欧关系发展的需要适时发布一些“软法”①文件，直接或间接地影响中欧经贸关系的各个方面。2018 年 9 月 19 日，欧盟委员会和欧盟对外行动署联合发布《连接欧洲和亚洲：对欧盟战略的设想》② 的政策文件，首次系统全面提出欧亚互联互通的欧盟战略。在这一文件中，欧盟强调了“基于国际规则”的欧亚联通方式。欧盟这一战略的主要构想是通过规则和标准来树立欧盟在欧亚互联互通中的地位，表现出欧盟仍然希望在价值观和软实力方面发挥引领作用的意图。欧盟把中东欧（巴尔干）作为欧亚互联互通的优先考虑地区之一。为了对冲我国在中东欧形成的影响力，2018 年 2 月 6 日，欧盟发布了《可靠的扩大视角，加强欧盟与西巴尔干地区的接触》的政策文件。③ 欧盟的这一西巴尔干战略文件内容包括法治、安全、移民、社会经济发展，能源和交通联通六个方面，表现出欧盟开始重新重视欧洲的十字路口。该文件对这一地区的候选欧盟成员国提出了六项旗舰倡议，包括强化该地区对欧盟法律的遵守，强调这是加入欧盟的必要条件之一。

2019 年 3 月，欧盟发布《欧盟—中国关系战略展望》。④ 这份报告

---

① 所谓软法，通常是指那些原则上不具有法律约束力，但会产生实际效果的行为规则。参见 F. Snyder, “The Effective of European Community Law: Institutions, Processes, Tools and Techniques,” *Modern Law Review*, Vol. 56, No. 1, 1993, p. 32.

② Joint Communication to the European Parliament, the Council, the European Economic and Social Committee, the Committee of the Regions and the European Investment Bank, “Connecting Europe and Asia—Building Blocks for an EU Strategy,” Brussels, 19. 9. 2018 JOIN (2018) 31 final.

③ Communication from the Commission to the European Parliament, the Council, the European Economic and Social Committee and the Committee of the Regions, “A Credible Enlargement Perspective for and Enhanced EU Engagement with the Western Balkans,” Strasbourg, 6. 2. 2018 COM (2018) 65 final.

④ Joint Communication to the European Parliament, the European Council and the Council, “EU-China—A Strategic Outlook,” Strasbourg, JOIN (2019) 5 final, 12 - 03 - 2019.

提出了针对中国的10项行动计划。这一报告反映了在国际格局大变动的背景下，欧盟的担忧和焦虑在上升，其中包括对中国在西巴尔干地区投资所带来的问题的担忧。

欧盟认为，中国与中东欧的合作可能与欧盟的法律及规范有不同之处，会进一步侵蚀欧盟的价值观和一致性，从而引起欧盟的分裂。[①] 在英国脱欧的大背景下，维护欧盟内部的团结被放到了前所未有的高度。欧盟的这种忧虑愈加强烈。欧盟强调应该遵守欧盟的价值、规范和标准，尤其是在法治、公共采购、环境、能源、基础设施和竞争领域。这些内容实际上间接表达了欧盟重点关注的问题。实际上，在2016年欧盟出台的《欧盟对华新战略要素》[②] 中就明确强调对华接触的整体性原则，即要用清晰和统一的声音与中国交往，无论是成员国对中国一对一的交往，还是在如“16+1”机制下的团体交往，都要与欧盟的法律和政策保持一致。这个文件出台的外部因素，就是中国与欧盟成员国或者是内部区域群体的合作不断深化，特别是中国与中东欧国家强劲的合作势头引起了欧盟的种种忧虑。欧盟担心这样的局面会削弱其影响力和欧洲内部的团结。[③] 2019年4月，第21次中欧领导人会晤之后发布了联合声明。[④] 此次联合声明再次强调欧亚互联互通领域的合作应基于市场规则，并遵循现有国际准则、标准和项目受益国的法律。通过这些文件可以看出，不同于美国采取公然违背国际贸易规则来单方面维护美国利益的做法，欧盟突出规则的重要性，仍然希望借助规则来维护欧盟在全球的利益。可以预见，随着“一带一路”倡议逐步推广和落实，“一带一路”倡议与欧洲规则和实践之争将会更加明显，欧洲大国或欧盟机构会继续将自身的规则和实践作为保护墙，加大对欧盟共同市场和共同

---

① 王灏晨:《欧盟对中国—中东欧合作的态度、原因分析及我国的应对措施》,《发展研究》2018年第7期。

② Joint Communication to the European Parliament and the Council, “Elements for a New EU Strategy on China,” Brussels, 22.6.2016, JOIN (2016) 30 final.

③ 房乐宪、关孔文:《欧盟对华新战略要素:政策内涵及态势》,《和平与发展》2017年第4期,第78页。

④ 《第二十一次中国—欧盟领导人会晤联合声明》,参见网址:http://www.xinhuanet.com/world/2019-04/09/c_1124345605.htm [EB/OL],最后访问日期:2019年5月10日。

利益的保护。

三　中国企业面临的欧盟法律风险暨对策

（一）在中东欧非欧盟国家开展贸易和投资活动要遵守欧盟法律

目前，我国将中东欧17国全部纳入“一带一路”沿线国家。在17国中有12国是欧盟国家。[①] 马其顿、塞尔维亚、波黑、黑山、阿尔巴尼亚5国是非欧盟国家。欧盟和西巴尔干国家缔结的《能源共同体条约》，于2006年7月1日生效。双方还签署了《交通共同体条约》，该条约于2017年生效。此外，每一个西巴尔干国家都与欧盟缔结了《稳定与联系协定》。通过这些文件，欧盟将标准扩大适用至西巴尔干国家。也就是说，这些国家虽然还不是欧盟的成员国，像塞尔维亚、黑山目前是候选国，但是这些国家为了加入欧盟，必须满足欧盟的一系列标准，包括环境、劳工保护方面的要求。在能源、交通运输方面，这些国家在加入欧盟之前就必须履行这些条约的义务。因此，中国企业如果在塞尔维亚和黑山等非欧盟国家能源和交通领域投资仍然要遵守这些条约的规定，遵守欧盟的相关标准。2014年1月21日，塞尔维亚加入欧盟的谈判正式启动，2015年9月启动了入盟的实质性章节谈判，截至目前已开启了10个章节的谈判。塞尔维亚各项法律制度将随着入盟进程的深入而逐步规范，并最终与欧盟趋同。毫无疑问，入盟的标准给塞尔维亚带来了法律趋同的压力。塞尔维亚的对外政策已经深刻地嵌入欧盟一体化的过程中。在这样的背景下，我们要看到，中国与塞尔维亚的经贸合作，一方面，塞尔维亚与中国有着良好的政治合作基础，中国在塞尔维亚的贸易和投资发展顺利；另一方面我们也应该看到，塞尔维亚深度依赖欧盟的经济和资金[②]，并高度认同欧盟的规则。投资者要注意当地法规的转换、衔接问题，密切关注在法规转换过程中政府出台的临时性政策和决定，同时加强对欧盟相

---

① 它们是：匈牙利、拉脱维亚、立陶宛、捷克、罗马尼亚、斯洛伐克、斯洛文尼亚、克罗地亚、保加利亚、波兰、爱沙尼亚和希腊。

② 相比塞尔维亚与欧盟的贸易和欧盟对其的投资，中国的贸易和投资仅占很小的份额。其他中东欧国家也存在类似的情况。中国在中东欧17国的投资存量占比小于2%。

关法律法规的研究，提前做好法规转变的应对工作。

（二）市场准入问题

2019 年 3 月 12 日，欧盟委员会发布了《欧盟—中国关系战略展望》①，这份文件虽然仍承认中国是合作伙伴，但认为中国不再是发展中国家，而是追求技术领先的经济竞争者，是“系统性竞争对手”。引入“系统性竞争”的理念，是欧盟对华经贸政策的一个很大的转变，意味着欧盟要通过各种措施维护对中国的市场竞争优势，欧盟会提高对中国商品和投资进入欧盟市场的准入条件和监管标准。尽管欧盟频繁指责中国在市场准入方面与欧盟不对称，在实践中，相比“一带一路”沿线的其他地域，市场准入问题仍然是中国企业投资中东欧国家所面临的一个突出障碍。欧盟基础设施建设中的招投标程序、技术参数和环保要求等造成市场准入的高门槛。2020 年 1 月，欧盟贸易委员菲尔·霍根（Phil Hogan）提议制定欧盟的“国际采购工具”。其含义是如果东道国对欧盟企业采取了“歧视性”政策，使得欧盟企业无法在该国取得市场准入，那么欧盟各国在公开招标时可以对来自该国的非欧盟企业采取歧视性措施。他认为，这一工具可以有效应对来自中国的挑战。2020 年 3 月 10 日，欧盟公布了《欧盟工业新战略》②，这一建议被正式写入了这份文件。这一工具将为欧盟处理市场准入问题提供更为强大的杠杆。目前，中方企业在中东欧承建基础设施项目必须遵循欧盟的技术和环保标准。例如，近年来匈牙利的环保法律发生了较大变化，主要是由于欧盟的有关环保法规的要求。根据欧盟的环境影响评估指令，所有公共或私人项目都必须进行环境影响评估。欧盟担心中国在欧洲的非欧盟国家推行较低的中国标准可能会削弱欧盟标准的影响力。因此，最近欧盟在其西巴尔干战略文件中强调要遵守欧盟的标准。塞尔维亚虽不是欧盟成员国，但也执行欧盟的环境保护要求和标准。如果我国的投资企

① Joint Communication to the European Parliament and the Council, “Elements for a New EU Strategy on China,” JOIN (2016) 30 final, Brussels, 22. 6. 2016.

② Communication from the Commission to the European Parliament, the European Council, the Council, the European Economic and Social Committee and the Committee of the Regions, “A New Industrial Strategy for Europe,” COM (2020) 102 final, Brussels, 10. 3. 2020.

业在生产经营中可能产生废气、废水和其他环保影响，应事先进行科学评估，并在规划设计过程中选好解决方案。例如，在匈牙利，环保是一个独立的产业，市场上由专门的环保企业承担污水和废气处理业务。中国企业在投资合作中，要做好环保预算，根据规划方案选取适当的专业环保企业解决环保问题。

（三）国有企业补贴问题

无论是从投资规模还是从对外投资范围来看，国有企业一直是我国对外投资的主要力量。在中东欧地区，同样是如此。欧盟一直认为，国有企业接受政府的补贴，扰乱了市场制度，是不公平竞争行为，应加强纪律约束。同时，欧盟认为，其现有的政策工具不能有效地应对因外国政府对国有企业补贴而对欧盟内部市场造成的损害性影响：第一，欧盟的竞争政策平等地适用所有的企业，而不论其资金来源如何。欧盟的企业合并条例不允许欧盟委员会仅仅因为卖方企业从政府的补贴中获益就禁止其收购欧洲的企业。第二，欧盟的国家补贴政策规则仅仅适用于成员国提供的补贴。第三，欧盟的贸易救济工具关注的是影响了进口到欧盟的产品的价格补贴。所有这些工具都不能有效抵制获得第三国政府补贴的产品给欧盟内部市场带来的所有潜在的不利影响。因此，欧盟重点关注这一问题，计划在多边层面、双边层面以及单边层面采取行动。2020 年 6 月 17 日，欧盟委员会发布了《外国补贴白皮书》。[①] 欧盟认为，外国补贴日益对欧盟的市场竞争造成负面影响，为此，欧盟动用一揽子政策工具，在企业并购、公共采购、申请欧盟资金等领域加强监管。该白皮书意在征求公众的意见，为欧盟出台相关反补贴法铺路，以填补欧盟对于目前不属于欧盟国家补贴规则适用范围、由第三国向在欧盟开展业务的公司提供补贴这一问题的监管空白。该白皮书为欧盟处理外国投资问题再添新型监管工具。欧盟委员会拟在现行欧盟竞争法和外国直接投资安全审查机制运行的同时适用《外国补贴白皮书》中的各项措施。因此，一项交易在获得批准之前，除可能需要根据跨辖区反垄

① European Commission, "White Paper on Leveling the Playing Field as Regards Foreign Subsidies," Brussels, 17.6.2020 COM (2020) 253 final.

断申报审查和外国直接投资安全审查机制进行不同的申报和审查程序之外，还可能需要依据《外国补贴白皮书》中提出的外国补贴机制进行申报和审查。欧盟在加快自主性立法的同时，在 WTO 和中欧双边层面努力完善和加强对国有企业补贴问题的规制。在目前正在进行的中欧双边投资协定谈判中，补贴透明度和国有企业纪律都是核心的谈判内容。我国国有企业海外投资的法律环境愈来愈严峻。对此，我国要进一步加快国有企业改革的步伐；要采取切实有效的措施，一视同仁地加强对所有优秀的中国海外企业的支持，在制度、政策、融资等方面加大对民企的支持力度，促进民营企业的发展和壮大，促使我国对中东欧地区投资主体向多元化方向发展。

（四）招投标问题

根据欧盟法律，中东欧地区的欧盟成员国大型基建项目需公开进行招投标，部分项目如果接受欧盟资助，还必须受欧盟附加条款的约束。匈塞铁路是落实“一带一路”倡议的早期成果，也是中国—中东欧合作的旗舰项目。匈塞铁路主要由中国进出口银行提供融资。按照欧盟的招投标法律，从理论上讲，即使是中方融资项目也不能保证中资企业中标项目建设。中国在其他地区使用的融资和承建一体模式与欧盟法律发生了冲突。2017 年，欧盟委员会评估这个 29.8 亿美元项目的财务可行性，以及是否违反了欧盟有关大型交通项目必须进行公开招标的法律。欧盟委员会的调查涵盖匈牙利和塞尔维亚政府分别签订的协议，但主要调查匈牙利，因为其是欧盟成员国，必须严格适用欧盟采购法律。2017 年 2 月，欧盟委员会对匈牙利段的招投标程序展开正式调查。这一事件虽已得到解决，但从这一事件中我们看到了招投标法律问题已经引起了欧盟的重视。

在匈塞铁路事件中，我们也看到中国的融资方式与欧盟的法律发生了冲突。

中方贷款的项目要求接受国提供主权担保。中东欧的欧盟成员国担心此举会导致该国债务水平上升，触发欧盟债务水平不能超过 60% 的警戒线。[1] 因此，在欧盟强规则的约束下，中国在欧洲的很多大型基建项目无法落地到欧盟成员国。

目前，我国在中东欧国家的投资集中在基础设施领域。中东欧国家入盟以来，其大型基础设施建设项目的融资主要来自欧盟的结构基金。自20世纪90年代转轨以来，中东欧国家基础建设市场的大多数份额已经逐渐被西欧国家的跨国公司，尤其是德国企业所垄断。因此，作为后来者，中国的企业在这一市场上面临着与西方跨国公司的竞争。中资企业对西欧国家企业的经济利益构成挑战。为了削弱中国在中东欧国家的影响力，强化欧盟用统一的声音说话的能力，欧盟加大对中国与中东欧国家的合作项目的审查力度是一个必然趋势。在此背景下，中国的企业必须严格遵守欧盟招投标法律，较小的程序瑕疵都有可能被放大而最终导致投标失败。

在这方面，我国有过沉痛的经验教训。中国海外工程有限责任公司和中铁隧道集团有限公司联合上海建工集团与波兰德科玛有限责任公司组成中海外联合体，2009年9月成功取得了波兰A2高速公路A、C两个标段的工程项目。这是我国公司在欧盟承建的第一个基础设施项目。该联合体之所以能够击败欧洲竞争对手，主要是因为其报价为13亿波兰兹罗提（约合30.49亿元人民币），而波兰业主即波兰高速公路管理局给出的预算是28亿波兰兹罗提，也就是说，中海外联合体的报价不及波兰政府预算的一半。双方草率签订合同后，在施工过了大半后，由于资金短缺导致项目工程完成量连20%都不到。如果坚持把项目做完将面临巨额亏损。在权衡利弊后，2011年6月，中海外联合体决定放弃该工程。波兰高速公路管理局开出了约17.51亿人民币的赔偿要求与罚单，并禁止中海外联合体在3年之内参与波兰境内的任何招标项目。双方纠纷至今未完全得到解决。对此案我们在调研期间多次进行分析，一方面说明它带来的负面影响是很大的，另一方面也说明它给我们的企业“走出去”敲响了警钟，值得我们引以为鉴。中资企业对外投资必

---

① 1997年欧盟通过的《稳定和增长公约》规定了成员国财政赤字不得超过GDP的3%、国债不得超过GDP的60%的财政纪律。为应对新冠病毒肺炎疫情所带来的经济衰退，2020年3月23日，欧盟财长会议决定暂停实施这一规定。

须扎实地做好前期调研，吃透相关法律法规，充分尊重合同，客观评估市场风险和各种不确定因素，履行企业的社会责任，科学合理报价，切忌低价竞标。

（五）反倾销规避问题

在中东欧国家直接投资设厂可以规避欧盟的反倾销制裁，但同时也面临着欧盟反规避制裁的风险。2017 年 12 月，欧盟理事会通过了反倾销调查新方法修正案，提出了在市场存在“严重扭曲”的情况下认定反倾销正常价值的新方法。在这一新的方法下，不仅中国出口欧盟的产品面临着更加严峻的反倾销风险，而且中国境外投资企业的产品也面临着更加严峻的反规避制裁的风险。近年来，欧盟常以中国与第三国之间的贸易模式发生改变为由，随意改变原产地认定规则，频繁对华产品或零部件实施反规避救济措施。欧盟反倾销条例根据“60%”和“25%”的规则来认定在欧盟境内组装和在第三国组装的规避行为，即来自被征收反倾销税的涉税国组装的零部件占组装产品零部件总价值的 60% 或以上，但零部件在组装或完成过程中的增值超过生产成本 25% 的除外。因此，一项产品即使最后一道工序是在欧盟境内完成的，也不一定能够取得欧盟产品的待遇。在欧盟设厂的中资制造业企业应谨慎防范这一风险。

（六）国家安全审查

2019 年 3 月 21 日，欧盟颁布了《欧盟外商投资审查框架条例》。[①]该条例于 2019 年 4 月 10 日正式生效。这是欧盟第一次基于国家安全和公共秩序专门审查外国直接投资的法律文件。至此，欧盟已经建立起集产业政策、竞争政策和外资安全审查政策三位一体的外资监管制度。虽然这一新规并不只是针对中国投资者，然而，国内外舆论普遍认为，这是欧盟基于保护敏感领域企业免于被中资企业并购所采取的最新法律应

---

① Regulation（EU）2019/452 of the European Parliament and of the Council of 19 March 2019 Establishing a Framework for the Screening of Foreign Direct Investments into the Union OJ L 79. LI 79, 21. 3. 2019.

对措施，具有明显的政治针对性。毫无疑问，该条例对包括中国在内的外商对欧投资，尤其是对我国的“一带一路”倡议的实施将产生深远的影响。从这一条例的内容上看，欧盟委员会对外资安全审查的权力非常有限，决定权仍然在28个成员国手中。欧洲的学者认为，该条例是“注了水”的安全审查机制。这一条例在立法依据等方面受到了众多的批判和质疑。各种因素极大地限制了欧盟在这一领域用“同一个声音说话”。但是，毫无疑问，该条例的出台必定会增加欧盟和各个成员国对外资审查的敏感度，必定会使审查程序更加复杂，从而增加中国企业并购行为的交易成本，而且该条例中的许多模糊规定赋予欧盟及其成员国较大的自由裁量范围给对外投资带来了很大的不确定性，这些因素都给中国“走出去”战略的实施带来了新的挑战。从欧盟的安全审查条例内容来看，战略领域、高新技术与敏感行业是欧盟审查关注的重点。因此，审查制度对中国影响极大的行业主要是通信、军事设施、油气能源、重工业、芯片半导体等。这些行业的并购主体主要是国有企业，因此国有企业受到的影响较大。对中国民企而言，由于投资的行业大多是传统制造业、服务业等非敏感领域，所受影响相对较小。相比西欧国家，中东欧国家在外资审查机制上较为宽松。现在仅有波兰、拉脱维亚、立陶宛建立了审查机制。中国的企业可以利用欧盟内部人员、货物、资本和服务自由流动的原则，有选择地在欧盟成员国中投资，以趋利避害。特别是要加强对形势的预判和分析，做好前瞻性规划，谨慎选择投资领域，对可能具有较高敏感度的行业事先进行充分的可行性研究，并主动与相关成员国审查机构沟通，增信释疑，推动并购交易的顺利进行。

在2020年的新冠病毒肺炎疫情中，欧盟许多国家的决策者深刻意识到过度依赖全球供应链的风险，尝到了产业环节缺失和产业链断裂所带来的痛苦。在此背景下，欧盟及其成员国都对外资采取了一些预防性的法律措施，以防止本国的战略性资产被“抄底”。2020年3月25日，欧盟发布了一份关于在新冠病毒肺炎疫情期间监管外国直接投资和保护欧盟战略性资产的指南。该指南提醒其成员国注意外国投资者在新冠病毒肺炎疫情危机中收购欧盟战略性资产，鼓励尚未设立外国直接投资审查制度的13个成员国推进这一工作。[①] 这些新的举措进一步压缩了中国企业在欧盟市场上并购的空间。中国的企业必须清醒地认识到加强外资安全审查是国际趋势，从长远来看，提升自身的国际竞争力才是应对的最根本措施。随着欧盟外资审查框架条例的生效，中国企业在欧投资要密切关注欧盟外资监管的走向以及所在国的政策动向。

四 结语

欧盟对外贸易与投资法是欧盟实现其贸易和投资政策的法律工具。自《里斯本条约》生效以来，越来越多的非贸易因素，如人权、劳工标准、环境保护等，被纳入了欧盟对外贸易和投资法的范畴。欧盟对外贸易和投资法还兼具推广欧洲价值的目标。对外贸易和投资政策与其他经济政策和外交政策越来越相互融合，体现出欧盟对外贸易和投资政策综合性发展的趋向。此外，欧盟还通过“软法”文件来调整欧盟及其成员国和欧盟候选国对外关系的各个方面。这些规范都直接或间接地影响着中国企业在中东欧国家的贸易和投资。中国的企业应充分利用欧盟法规则中对我们有利的方面，积极开拓中东欧市场，继续挖掘其市场潜力。同时，我们也应清醒地看到我国企业在开拓中东欧市场中所遇到的各种欧盟法风险。特别是最近几年来，贸易保护主义和民粹主义升温，欧盟在对华贸易和投资政策中更多地强调所谓的“公平”，不断收紧各种规则以削弱中国的竞争力。在这样的背景下，中国企业在中东欧的贸易和投资所遇到的欧盟法风险和挑战只会越来越多。对此，在政府层面，我们应通过各种方式不断加强中欧互信，突出中欧合作务实、共赢的特征，逐渐打消欧盟及其成员国的各种猜疑甚至是谬论，为中国“一带一路”倡议的落实创造良好的外部环境；在企业层面，应吸取前期贸易和投资合作的经验教训，进行充分调研，事先预估各种欧盟法风险，特别是要遵守欧盟的招投标法律、环境标准、劳工标准，打造遵守欧盟法的良好形象。

---

① Guidance to the Member States concerning foreign direct investment and free movement of capital from third countries, and the protection of Europe's strategic assets, ahead of the application of Regulation (EU) 2019/452 (FDI Screening Regulation), Brussels, 25. 3. 2020 C (2020) 1981 final.

欧盟针对美国域外经济制裁的阻却法令及其法律效果*

The EU Blocking Statute against the United States Extraterritorial Economic Sanctions and Its Legal Effect

杜涛　周美华**

摘要：针对美国单方面退出伊核协议，重启对伊朗的经济制裁，欧盟更新了其于1996年制定的阻却法令，并颁布了“实施条例”和“指南”。新的欧盟阻却法令具有灵活性和政治性的特征，在法律上可以起到阻碍美国经济制裁法域外效力的作用，同时也能为当事人在国内法院提供法律上的抗辩，有利于维护当事人利益。若其在欧盟成员国实施到位，则创设了与美国法之间真实的法律冲突，借此为将来在美国法院涉诉时援引国际礼让原则提供法律支撑。中国可以借鉴欧盟的经验，制定自己的阻却法令。

关键词：欧盟；阻却法令；经济制裁；域外效力

* 本文为国家社科基金重点课题“中美贸易争端背景下我国应对美国长臂管辖权法律机制研究”（19AFX025）和国家社科基金重大项目“中国特色社会主义对外关系法律体系构建研究”（19ZDA167）的阶段性成果。

** 杜涛，男，1971年生，华东政法大学国际法学院党委书记、教授、博士生导师。邮箱：2518@ecupl.edu.cn，电话：18964606902，地址：上海市万航渡路1575号40号楼202室，邮编200042。周美华，女，1983年生，华东政法大学国际法学院博士研究生。邮箱：tanjasommer@163.com，电话：18616875920，地址：上海市杨浦区市光四村221号707室，邮编200438。

Abstract: In response to the unilateral withdrawal of the United States from the Joint Comprehensive Plan of Action and the resumption of economic sanctions against Iran, the EU has updated its 1996 Blocking Statute and promulgated the Implementing Regulation and Guidance Note. The new EU Blocking Statute is flexible, political, and can legally impede the extraterritorial effect of U. S. economic sanctions law, while also providing legal defenses for the parties in domestic courts, which is conducive to safeguarding the interests of the parties, if implemented in EU member states, it creates a real conflict of law with U. S. law, thereby providing legal support for the future invocation of international comity in U. S. courts. China can learn from the EU's experience and enact its own Blocking Statute.

Key Words: EU; Blocking Statute; Economic Sanctions; Extraterritoriality

---

2018 年 5 月 8 日，美国政府宣布单方面退出伊核协议，并重新对伊朗实施经济制裁。伊核协议是 2015 年 7 月伊朗与美国、英国、法国、俄罗斯、中国、德国和欧盟签署的《联合全面行动计划》(Joint Comprehensive Plan of Action, JCPOA)，联合国安理会一致通过了该协议。

基于欧盟自身的经济利益和社会稳定与中东局势息息相关，欧盟对履行伊核协议一直态度坚决。在美国宣布单方面退出伊核协议之后，欧盟一方面表明将继续全面有效履行伊核协议，积极诉诸外交手段，以尽可能延迟或减少美国退出伊核协议的影响。2018 年 6 月 4 日，法国、德国和英国的外交和经济部长以及欧盟外交和安全政策高级代表致函美国财政部长和国务卿，要求美国豁免对欧盟人员的二级制裁域外效力，还要求豁免欧盟公司在能源、汽车、民用航空和基础设施以及与伊朗的银行和融资渠道等部门保持经济关系。另一方面，欧盟随即采取立法措施来抵制美国经济制裁对欧盟投资者的影响，于

2018 年 6 月 6 日颁布了第 2018/1100 号条例[①]，该条例是对欧盟于 1996 年制定的专门针对美国域外经济制裁的阻却法令（Blocking Statute）的更新。更新的阻却法令于美国对伊朗重启经济制裁的次日，即 2018 年 8 月 7 日正式生效。2018 年 8 月 3 日，欧盟委员会出台了针对阻却法令的“实施条例”[②]，对阻却法令的第 5 条第 2 款进行了细化阐释。为了进一步指导欧盟公司和个人执行阻却法令，欧盟委员会还于 2018 年 8 月 7 日出台了《指南——关于更新阻却法令适用问题的问与答》[③]（以下简称“指南”）。

本文将对更新的欧盟阻却法令法律文件进行深入细读，从欧盟阻却法令的出台背景和内容入手，探析欧盟阻却法令的制定目的、适用范围和主要内容，结合阻却法令在欧盟成员国的实施情况，对欧盟阻却法令的特征进行总结，最后全面分析欧盟阻却法令对美国域外经济制裁的法律效果。

一　欧盟阻却法令出台的背景

所谓“阻却法令”，是指一国为了对抗他国某些特定法令的域外执行，专门颁布的对抗性法令，禁止本国人遵守外国的强制性法律。美国既是经济制裁的始作俑者，也是最早颁布“阻却法令”（Blocking Statute）来对抗其他国家经济制裁的国家。20 世纪 50 年代，阿拉伯国家联

---

① Commission Delegated Regulation（EU）2018/1100 of 6 June 2018 Amending the Annex to Council Regulation（EC）No 2271/96 Protecting against the Efforts of Extra-Territorial Application of Legislation Adopted by a Third Country, and Actions Based thereon or Resulting therefrom, OJ LI 199, 7. 8. 2018.

② Commission Implementing Regulation（EU）2018/1101 of 3 August 2018 Laying down the Criteria for the Application of the Second Paragraph of Article 5 of Council Regulation（EC）No 2271/96 Protecting against the Effects of the Extra-Territorial Application of Legislation Adopted by a Third Country, and Actions Based thereon or Resulting therefrom, OJ L199, 7. 8. 2018.

③ European Commission, Notices from European Union Institutions, Bodies, Offices and Agencies, Guidance Note, Questions and Answers: Adoption of Update of the Blocking Statute（2018/C277I/03）, 7. 8. 2018.

盟(The League of Arab States)[①] 为了对抗以色列，颁布了《对以色列联合抵制统一法》[②]，对以色列实施贸易制裁。这些制裁措施包括两方面的内容：一方面，禁止任何阿拉伯国家进口以色列商品或者与以色列从事任何贸易；另一方面，任何第三国的企业如果与以色列从事贸易活动也将受到制裁。制裁的方式就是禁止这些第三国企业在阿拉伯国家从事经营活动。该制裁决议甚至还包括一种“三级制裁”(the tertiary boycott)，即如果一家外国企业与以色列有贸易往来，则任何与这家企业有贸易往来的其他企业也要受到阿拉伯国家的制裁。这实际上是一种“一人犯罪，满门抄斩”的株连政策。[③] 阿拉伯国家联盟专门出台了一份“黑名单”，凡被列入该名单的外国企业都要受到制裁。该名单上有超过1500家美国公司，包括可口可乐、福特等。这些制裁措施一直实行到现在。[④]

阿拉伯国家联盟的这些制裁措施引发了美国的强烈反对和抵制。在美国犹太人协会的呼吁下，美国于1977年6月22日通过了《出口管理法修正案》[⑤]，规定了“反抵制条款”(anti-boycott provisions)，禁止任何“美国人”遵从阿拉伯国家针对美国友邦的制裁法令，否则将给予民事和刑事惩罚。[⑥] 美国商务部下设了一个“遵守反抵制办公室”(Of-

---

① 阿拉伯国家联盟(The League of Arab States)成立于1945年，由22个阿拉伯国家组成(Comoros, Iraq, Lebanon, Saudi Arabia, Syria, Jordan, Yemen, Kuwait, Bahrain, Oman, Qatar, United Arab Emirates, Gaza Strip and West Bank, Egypt, Libya, Sudan, Morocco, Tunisia, Algeria, Mauritania, Somalia and Djibouti)，总部位于埃及首都开罗。

② The Unified Law on the Boycott of Israel, League of Arab States Resolution No. 849, Dec. 11, 1954.

③ See Preston L. Greene Jr., “The Arab Economic Boycott of Israel: The International Law Perspective,” *Vanderbilt Journal of Transnational Law*, Vol. 11, Winter 1978, p. 79.

④ 阿拉伯国家联盟对以色列的制裁措施现在名义上仍有效，但自20世纪90年代中期以后，随着中东和平进程的发展，阿拉伯国家联盟对以色列的制裁开始松动。1994年，海湾合作委员会宣布它们不再支持对第三国的次级制裁。1995年，埃及、约旦和巴勒斯坦宣布了同样的政策。巴林、卡塔尔、摩洛哥、科威特、迪拜和也门等国不仅不支持次级制裁，甚至直接与以色列开展贸易。只有叙利亚仍然支持次级制裁，并在2004年对希腊、丹麦和马耳他等国船舶施加了惩罚，因为这些船舶曾在以色列港口停泊。

⑤ The Export Administration Amendments of 1977, Pub. L. No. 95-52, 91. Stat. 235.

⑥ Export Administration Act of 1979, 50 U. S. C. § 2407 (2000).

fice of Anti-boycott Compliance），专门负责执行该反抵制条款。[①] 美国曾经依照该反抵制条款对多家美国公司进行了处罚。巴克斯特公司、欧莱雅公司、Chrono-Log 公司、阿拉伯银行纽约分行、Perry Equipment 钻井设备公司、Bechtel 公司等跨国公司都曾被美国的反抵制立法所制裁。

自 20 世纪 80 年代初以来，一些国家为了应对美国反托拉斯法的域外适用性，借鉴美国的做法，开始颁布自己的阻却法令，禁止美国反垄断法适用于该国的领域范围。例如，英国 1980 年出台的《贸易利益保护法》（Protection of Trading Interests Act 1980），加拿大 1996 年颁布的《外国域外措施法》（Foreign Extraterritorial Measures Act 1996）[②]，墨西哥 1996 年颁布的《违反国际法的商业保护和外国政策投资法》（Law of Protection of Commerce and Investments from Foreign Policies that Contravene International Law 1996）[③]，以及澳大利亚 1979 年出台的《外国反垄断判决（限制执行）法》[Foreign Antitrust Judgment（Restriction of Enforcement）Act 1979][④]。这些阻却法令包括以下禁止规范：禁止执行外国政府的命令；禁止执行外国法院的判决；禁止向外国法院提供证据或信息；对受到外国制裁的本国公司提供补偿（claw-back）等。[⑤]

欧盟成立后，在 20 世纪 90 年代为了应对美国经济制裁法的域外管辖权，开始颁布欧盟范围内的统一阻却法令，主要是 1996 年 11 月 22 日的第 2271/96 号条例，其全称为《关于反对第三国立法域外适用效果

---

① 参见该办公室官方网站：http：//www. bis. doc. gov/complianceandenforcement/antiboycottcompliance. htm，最后访问日期：2019 年 10 月 1 日。

② 该法规定："对于加拿大公司和古巴之间的任何贸易或商业活动，加拿大公司以及未经其授权的董事、高级职员、经理或员工，均不得遵守美国的域外措施。" 参见 http：//www. canadiannetworkoncuba. ca/Documents/FEMA－96. shtml#Order，最后访问日期：2019 年 5 月 3 日。

③ See Seyed Yaser Ziaee，"Jurisdictional Countermeasures versus Extraterritoriality in International Law，" *Russian Law Journal*，Volume Ⅳ，Issue 4，2016，pp. 27－45.

④ 澳大利亚通过该法案的缘由是美国反垄断法导致四家澳大利亚铀企业被美国法院定罪。See Seyed Yaser Ziaee，"Jurisdictional Countermeasures versus Extraterritoriality in International Law，" *Russian Law Journal*，Volume Ⅳ，Issue 4，2016，pp. 27－45.

⑤ Deborah Senz/Hilary Charlesworth，"Building Blocks：Australia's Response to Foreign Extraterritorial Legislation，" *Melbourne Journal of International Law*，Vol. 2，2001，pp. 69－121.

以及基于此或由此产生的行动的条例》。[1] 欧盟制定该阻却法令的历史背景与美国出台的两部具有域外效力的经济制裁法令——《赫尔姆斯—伯顿法》和《达马托法》相关。

(一)《赫尔姆斯—伯顿法》

1959 年，古巴发生了卡斯特罗革命，对美国采取敌视政策，征收其所有在古巴的美国资产，导致美国与古巴之间的外交矛盾空前尖锐。作为报复，美国对古巴进行经济制裁，1996 年 3 月 12 日，美国出台了《古巴自由民主团结法》[2]，即俗称的《赫尔姆斯—伯顿法》。

《赫尔姆斯—伯顿法》在当时被称为最严厉的制裁法案。该法案的第三条和第四条均具有域外效力。根据《赫尔姆斯—伯顿法》第三条，在古巴 1959 年革命中被征收财产的美国国民可以向美国法院起诉那些利用其被征收的财产进行交易活动的外国公司，并可以要求美国法院判处那些“非法收购”（traffick）该被征收资产的外国公司承担赔偿责任，最高索赔额可达三倍。同时，第三条还禁止美国法院以国际法上的国家行为原则驳回美国公民的索赔诉讼。第四条则规定了美国政府有权拒绝向与被没收的美国财产有关联的外国人或实体的官员、控股股东、委托人以及他们的配偶、未成年子女等发放签证。为了执行《赫尔姆斯—伯顿法》第四条，美国国务院还于 1996 年出版了一份实施指南，其中具体列举了哪类人将被拒绝颁发赴美签证以及相关的甄别程序。[3]《赫尔姆斯—伯顿法》颁布后不久，美国就对几家外国公司颁布了第四条禁令，包括墨西哥的多莫斯集团（Grupo Domos）和加拿大的谢里特国际公司（Sherritt International Corporation）以及一家以色列企业 BM 公

---

① Council Regulation (EC) No 2271/96 of 22 November 1996 Protecting against the Effects of the Extra-Territorial Application of Legislation Adopted by a Third Country, and Actions Based thereon or Resulting therefrom, OJ L209, 29. 11. 1996.

② Cuban Liberty and Democratic Solidarity Act of 1996, Public Law No. 104 – 114, 110 Stat. 785 (1996), 22 U. S. Code, § § 6021 – 6091 (2000).

③ Guidelines Implementing Title IV of the Cuban Liberty and Democratic Solidarity Act, 61 Fed. Reg. 30655 (1996).

司。还有数十家公司也接受了调查。① 1997 年，意大利电信公司 STET 迫于《赫尔姆斯—伯顿法》的压力，主动与美国 ITT 公司达成补偿协议，同意向 ITT 公司支付一笔补偿金，因为 STET 公司参与了古巴电信领域的投资，而古巴电信系统是古巴政府从美国 ITT 公司征收而来的。②

（二）《达马托法》

1996 年 8 月 15 日，时任美国总统克林顿签署了国会提交的《伊朗利比亚制裁法》，又称《达马托法》。③ 根据《达马托法》的规定，美国总统必须对一年内向伊朗和利比亚的石油和天然气部门投资在 4000 万美元以上的外国公司实施制裁。该法还规定了对外国公司违反此法的六项制裁措施，总统可以选择其中两项对外国公司实施制裁。这六项制裁措施包括：美国进出口银行不给该外国公司贷款；美国不给该外国公司发放技术出口许可证；美国金融机构一年内不能向该外国公司提供超过 1000 万美元的贷款；不允许外国公司向美国出口其他产品；不准该外国公司向美国的工程项目投标；不允许该外国公司成为美国政府债券的主要交易商。④

《赫尔姆斯—伯顿法》和《达马托法》不仅严厉制裁古巴、伊朗和利比亚，而且连锁制裁不遵守这两部法律的其他国家的公司和个人。尤其是《达马托法》，它赋予美国总统的几乎是一项“世界警察”职责，使它可以在世界范围内要求任何人遵守美国的法律。⑤ 因此，这两部法案一经出台，就引起了国际社会的轩然大波，各国纷纷批评美国侵犯他国国家主权，严重违反国际法的基本原则。西方学术界也形成正反双

---

① Peter Morton, “Helms-Burton Probe Widens Its Net,” *The Financial Post*, Oct. 1997, p. 5.

② Harry L. Clark, “Dealing with U. S. Extraterritorial Sanctions and Foreign Countermeasures,” *University of Pennsylvania Journal of International Law*, Vol. 20, 1999, pp. 61 – 96.

③ Iran and Libya Sanctions Act, *Public Law* No. 104 – 172, 110 Stat. 1541 (1996).

④ 参见杨元华《赫—伯法案与达马托法案》，《时事报告》1996 年第 9 期，第 49 – 50 页。

⑤ A. Vaughan Lowe, “US Extraterritorial Jurisdiction: The Helms-Burton and D' Amato Acts,” *The International and Comparative Law Quarterly*, Vol. 46, No. 2, 1997, p. 386.

方，围绕该问题进行了一场全球范围的大讨论。① 在此背景下，欧盟颁布第2271/96号条例，旨在消除美国立法的域外效力，保护欧盟公司和个人的合法权益。

二 欧盟1996年阻却法令的内容

欧盟1996年阻却法令在其序言中开宗明义地指出，促进世界贸易的和谐发展，逐步消除国际贸易的限制是欧盟成立的目标之一，欧盟致力于促进成员国之间、成员国与第三国之间的资本自由流动，包括消除与直接投资相关的限制措施，而某一第三国（主要指美国）所颁布的法律法规试图对欧盟成员国管辖下的自然人和法人的行为行使管辖权，违反了欧盟的目标与宗旨，妨害现存的法律秩序，对欧盟及其成员国的自然人、法人的利益产生不利影响。鉴于以上原因，欧盟必须采取废除、中立、阻断相关外国法令的措施，维护现存法律秩序，保护欧盟及其成员国的自然人、法人的利益。

（一）适用对象

1996年阻却法令的正文共12个条款，其中第1条和第11条明确规定了其适用对象。根据第1条的规定，此阻却法令禁止附录中具有域外效力的法律法规以及基于此或由此产生的措施在欧盟境内发生效力，只要这些具有域外效力的法律法规妨害本条令第11条项下的自然人和法人在国际贸易或国际资本流动中涉及欧盟和第三国的商业活动的利益。

第11条明确列举本阻却法令的适用对象有以下五种类型：

---

① E. G. J. Anderson, "U. S. Economic Sanctions on Cuba, Iran & Libya: Helms-Burton and the Iran and Libya Sanctions Act," RDAI (1996) 1007; C. T. Graves, "Extraterritoriality and Its Limits: The Iran and Libya Sanctions Act of 1996," 21 Hastings ICLR (1998) 715; D. Kaye, "The Helms-Burton Act: Title III and International Claims," (1997) 20 Hastings ICLR 729; A. F. Lowenfeld, "Congress and Cuba: The Helms-Burton Act," 90 AJIL (1996) 419; R. L. Muse, "A Public International Law Critique of the Extraterritorial Jurisdiction of the Helms-Burton Act (Cuban Liberty and Democratic Solidarity (Libertad) Act of 1996)," 30 Geo Wash JIL Econ (1996 - 1997) 207; E. Vermulst and B. Driessen, "The Choice of a Switch: The European Reaction to the Helms-Burton Act," 11 LJIL (1998) 81.

1. 定居于欧盟并拥有某一成员国国籍的所有自然人。

2. 在欧盟注册登记的所有法人。

3. 第4055/86号条例中第1款第2项下所列举的自然人和法人。

4. 不在其国籍国居住，但定居于欧盟境内的所有其他自然人。

5. 在欧盟领域内，包括其成员国领水、领空以及所有隶属于某一成员国司法管辖或控制之下并从事其职业交易活动的飞机和船舶中的所有其他自然人。

这五种类型的自然人和法人只有在开展前述第1条中所称国际贸易或国际资本流动中涉及欧盟和第三国的商业活动中受到具有域外立法效力的法律法规妨害时，才是本条例的适用对象。

（二）主要内容

1. 阻止条款

1996年阻却法令第5条规定，任何欧盟的自然人和法人不得遵守外国法院依据附录中所列举的法律法规所作出的要求或禁令。如果不遵守外国法院的要求或禁令将严重损害自然人、法人或欧盟的利益，相关人员可以依据第7条和第8条所允许的程序向欧盟委员会申请授权全部或部分遵守外国法院的要求或禁令，此规定的适用标准依据第8条的程序进行确定。如果有足够的证据证明，不遵守外国法院的要求或禁令将导致自然人或法人受到严重损害，欧盟委员会应当毫不迟延地向第8条中所规定的委员会递交按照本条例的指示所作出的合适措施的草案。

2. 报告义务

报告义务规定体现在第2条中，如果本阻却法令第11条项下的自然人和法人的经济利益受到附录中所列举的法律法规、基于此或由此产生的行动的直接或间接妨害，相关人员应当在获得此类信息后，在30日之内向欧盟委员会汇报；法人的利益受到妨害的，由其董事长、业务经理和其他承担领导职责的人员承担汇报义务。相关人员既可以直接向欧盟委员会，也可以向其成员国的主管部门汇报有关妨害措施的有效信息，欧盟委员会收到直接向其提交的报告之后，应毫不延迟地告知报告人员定居或登记的成员国的主管部门。

3. 不得承认与执行的义务

1996 年阻却法令第 4 条规定，任何欧盟外的法院或由欧盟外的行政机关依据附录中所列举的法律法规所作出的裁决均不得在欧盟境内得到承认与执行。

很明显，第 4 条旨在阻断美国法院基于《赫尔姆斯—伯顿法》第三编的条款作出的法院判决和对欧盟自然人或法人提起的赔偿诉讼在欧盟的可执行性。《赫尔姆斯—伯顿法》第三编的条款自 1996 年生效以来一直被美国历届总统每六个月冻结一次，然而值得一提的是，第三编的冻结状态现已发生改变，2019 年 4 月 17 日，时任美国国务卿蓬佩奥宣布从 2019 年 5 月 2 日起，允许实施《赫尔姆斯—伯顿法》第三编全部内容，准许美国公民起诉那些利用其在古巴革命后被征收资产从事商业活动的外国公司和个人。①

4. 索赔的权利

1996 年阻却法令第 6 条是整个条令的基石，即所谓的索回条款(claw-back clause)，该条授权因受到域外立法效力的影响而受损的欧盟自然人和法人能够索回在美国诉讼中对他们判给的包括法律费用在内的任何损害赔偿金，索赔可以对造成损害的自然人、法人或任何其他实体，或其代理人和中间人作出。获得赔偿的方式可以采取扣押和出售上述人员在欧盟的资产（包括在欧盟注册的公司中所持有的股份）。

5. 成员国确定违反本阻却法令相关规定的制裁措施的义务

根据 1996 年阻却法令第 9 条，如果欧盟自然人或法人违反本阻却法令的相关规定，则应受到制裁，欧盟委员会将制定制裁措施的义务赋予了各成员国，但对制裁措施提出了有效性、合比例性和具有威慑力的要求。

由于本阻却法令不能覆盖欧盟委员会和成员国想要保护的所有自然人和活动范围，仅仅依靠本阻却法令并不能恰当地回应《赫尔姆斯—伯顿法》和《达马托法》，因此，在本阻却法令颁布的同一天，欧盟委

---

① 参见 2019 年 4 月 18 日新华社新闻《美国宣布将允许公民就被古巴“没收”财产提出起诉》：http://news.sina.com.cn/o/2019-04-18/doc-ihvhiqax3610146.shtml，最后访问日期：2019 年 5 月 30 日。

员会还颁布了另一个条例——基于《欧盟条约》第 J.3 和 K.3 条的《联合行动》。[①] 该条例在序言中阐明其与第 2271/96 号条例共同构成一个包括欧盟及其成员国各自权限在内的完整的体系，该条例一共有 3 个条款，最重要的第 1 条规定，每个成员国应当采取其认为必要的措施保护第 2271/96 号条例第 11 条所述的受到其附录中法律法规影响的欧盟自然人和法人的利益。

（三）欧盟阻却法令的暂时搁置

欧盟颁布阻却法令后，立即采取了一系列执法行动。在“道达尔公司案”中，由于法国道达尔石油公司与伊朗国家石油公司于 1997 年签署了一项价值 20 亿美元的天然气合同，美国马上表示将依照《达马托法》对其进行调查。欧盟和法国政府一致为道达尔石油公司撑腰。欧盟委员会公开声明，美国制裁道达尔石油公司是“非法的，不能接受的”，欧盟将动用阻却法令拒绝执行。前文所述的意大利电信公司 STET 和美国 ITT 公司达成补偿协议之后，欧盟也立即表示将根据第 2271/96 号条例对该事件进行调查。[②]

此外，欧盟还寻求通过 WTO 争端解决程序来对抗美国的域外经济制裁。1996 年美国颁布《赫尔姆斯—伯顿法》后，欧盟迅速作出反应，于当年 10 月向 WTO 提起争端解决请求。[③] 欧盟指称，美国的域外制裁措施排除了欧盟成员国根据 WTO《关贸总协定》和《服务贸易总协定》享有的与古巴进行自由贸易的权利。

在欧盟国家的坚决抵制之下，美国政府不得不对《达马托法》的实施网开一面。在法国道达尔石油公司案中，美国总统克林顿顶住了美国国会的压力行使了免除权（waiver），免除了《达马托法》第 4 条对道达尔石油公司的执行。另外，对荷兰皇家壳牌石油公司等欧洲公司在伊朗的石油和天然气开发计划，美国国务院尽管一直给予高度关注，但

---

① Joint Action of 22 November 1996, No L 309/7.

② E. U. Begins Investigation of Italian Firm for Voting E. U. Anti-Helms-Burton Rules, Daily Rep. for Executives (BNA), Jul. 31, 1997, at A-2.

③ Statement by the Representative of the E. C. and Their Member States at the Dispute Settlement Body of the WTO, Oct. 16, 1996.

都没有采取行动。[①]

1997年4月11日，欧盟和美国达成了“欧盟与美国关于美国《赫尔姆斯—伯顿法》和《伊朗利比亚制裁法》的谅解备忘录”[②]。1998年5月18日在伦敦举行的欧盟和美国领导人会议上，双方又达成了一项“跨大西洋政治合作伙伴关系协议”（Transatlantic Partnership on Political Cooperation），从而给予了欧盟国家在实施《赫尔姆斯—伯顿法》和《达马托法》上的一定豁免权。而欧美国家则投桃报李，撤回了在WTO对美国的起诉。欧盟阻却法令此后也长期无用武之地。[③]

2009年之后，随着国际形势的演变和欧盟外交政策的转变，欧盟也不再强烈反对美国的经济制裁政策，甚至开始予以配合。[④] 2015年，经过联合国安理会五个常任理事国和德国的努力，终于达成了《伊核问题全面协议》。根据该协议，美国暂停了对伊朗的一些制裁措施。这样一来，欧美之间在经济制裁领域的冲突与对抗趋于缓和。欧盟阻却法令的实施暂时被搁置。

三 欧盟阻却法令的复活与更新

历史的发展总是充满意外的。2016年特朗普当选美国总统之后，开始改变对伊朗的政策。2018年5月8日，特朗普宣布美国退出“伊核协议”并恢复对伊朗的经济制裁措施。欧盟则强烈反对美国的这一做法。欧盟理事会在2018年8月7日颁布了第2018/1100号条例，复活了原来的第2271/96号条例，并对该条例附录中美国的法律法规进行了更新，同时颁布了细化第5条第2款实施标准的“实施条例”和对

---

① Hugh Pope, “Shell’s Planned Iran Pipeline Poses Test for U. S. ,” Wall St. J. , Mar. 16, 1998, at A15.

② 36 I. L. M. 529 (1997).

③ 2007年，奥地利政府曾援引欧盟阻却法令对BAWAG银行进行调查，理由是该银行为了遵守美国对古巴的制裁令而取消了一家古巴公司的账户。但后来美国政府授予该银行特别豁免权之后，奥地利政府也撤回了调查。

④ 杜涛：《欧盟对待域外经济制裁的政策转变及其背景分析》，《德国研究》2012年第3期，第18－31页。

欧盟公司和个人执行阻却法令的“指南”。

（一）更新理由

欧盟委员会在该条例序言中列明了更新阻却法令的以下理由：

1. 第2271/96号条例针对第三国制定的具有域外立法效力的法律法规、基于此或由此产生的行动而制定，当这种域外立法效力妨害欧盟的自然人和法人参与第三国和欧盟之间的国际贸易和国际资本流动及与此相关联的商业活动时。

2. 此条例认为，这些域外适用的法律法规违反国际法。

3. 第2271/96号条例中得以适用的第三国法律法规已引用于其附录中。

4. 2018年5月8日，美国宣布重启对伊朗的国家限制措施，若干措施具有域外效力，并会妨害欧盟和欧盟的自然人、法人的利益。

5. 因此，为了针对这些限制措施，该条例的附件应当予以更新。

同时，在“指南”中，同样详细阐述了阻却法令制定的目的。首先，阻却法令是欧盟统一反对第三国域外立法非法影响的重要成果。其次，阻却法令旨在打击第三国域外制裁对第11条规定的自然人和法人（以下简称“欧盟运营商”）的非法影响。因此，其主要目的是根据欧盟法律保护欧盟运营商参与合法的国际贸易和/或资本流动以及与第三国的相关商业活动。阻却法令的基本原则是欧盟运营商不应遵守所列的域外立法，或基于此的任何决定、裁决，因为欧盟不承认其对欧盟运营商的适用性/影响。

（二）更新适用范围

针对美国对伊朗重启经济制裁，欧盟更新了阻却法令所针对的美国法律法规，这类规定体现在附录中，分别是：《1993财年国防授权法案》《1992年古巴民主法案》第17章第1704条和第1706条，《1996年古巴自由与民主团结法》《1996年伊朗制裁法案》《2012年伊朗自由与反扩散法案》《2012财年国防授权法案》《2012年伊朗减少威胁和叙利亚人权法案》《伊朗交易和制裁条例》。

（三）细化第5条第2款的“实施条例”

基于第5条第2款的授权性规定，欧盟委员会于2018年8月3日颁布了一项“实施条例”①，用以确定该款中的实施标准，规定申请遵守外国法院要求或禁令的欧盟公司或个人须提供足够的证据来证明，如果不遵守外国法院的要求或禁令，会导致严重的利益损失。在必要的情形下，欧盟委员会可以要求申请者提供额外的证据。欧盟委员会在评判申请书的时候，应当考虑以下标准：

1. 根据利益损失的背景、性质和来源，判断所保护的利益是否可能处于具体的危险之中。

2. 是否存在针对申请者的行政或司法调查，或与附件中列举的域外立法所源自的第三国的事前和解协议。

3. 与附件中列举的域外立法或后续行动所源自的第三国存在实质性联系。例如，申请者的母公司或子公司，或自然人或法人的参与活动隶属该第三国管辖。

4. 申请人是否可以合理地采取措施以避免或减轻损害。

5. 对经济活动的不利影响，特别是申请者是否会面临重大的经济损失，例如可能威胁到其生存能力或造成严重的破产风险。

6. 申请者的活动是否会由于失去无法合理地被取代的、重要的投入或资源而变得过于困难。

7. 是否会严重妨碍申请者所享有的个人权利。

8. 是否对安全、保障、保护人类生命和健康以及保护环境构成威胁。

9. 是否对欧盟执行人道主义、发展和贸易政策的能力或其内部政策的外部方面构成威胁。

10. 在欧盟或其成员国内部或向联盟或其成员国提供战略物资或服务的安全性以及其中任何短缺或中断的影响。

---

① Commission Implementing Regulation (EU) 2018/1101 of 3 August 2018 laying down the criteria for the application of the Second Parag of Article 5 of Council Regulation (EC) No 2271/96 Protecting against the Effects of the Extra-Territorial Application of Legislation Adopted by a Third Country, and Actions Based thereon or Resulting therefrom, OJ L199, 7.8.2019.

11. 在货物、人员、服务和资本的自由流动以及金融和经济稳定性或关键的欧盟基础设施方面对内部市场的影响。

12. 损害的系统性影响，特别是在其对其他部门的影响溢出方面。

13. 一个或若干成员国对就业市场的影响及其在欧盟内部的跨境后果。

14. 任何其他相关因素。

（四）出台《指南——关于更新阻却法令适用问题的问与答》

“指南”以问答的方式呈现，本身并不具有法律约束力，是对阻却法令的解释性说明，用以指导欧盟公司和个人执行阻却法令。“指南”分为四部分，第一部分是一般概念，对阻却法令的含义、适用对象、适用范围、主要内容等进行了通俗的解释。第二部分是索赔事项，指出第6条索赔条款措辞非常宽泛，索赔对象不仅包括造成损害的负责人和实体，还包括其代表，从而为欧盟运营商提供了更广泛的保护，但具体谁可以成为索赔诉讼的被告，取决于案件的具体情况。第三部分是授权事项，该部分对申请授权遵守美国法律法规的事项进行了解释。第四部分是其他事项。该部分指出，当美国公司的欧盟子公司是根据欧盟成员国的法律成立并在欧盟内设立其注册办事处、中央管理机构或主要营业地，它们受欧盟阻却法令的约束。但是，美国公司在欧盟的分支机构不受欧盟阻却法令的约束。

四　欧盟成员国对阻却法令的实施情况

尽管阻却法令直接适用于欧盟成员国，但其在欧盟层面只是一个框架性文件，具体实施还有赖于各成员国的国内法，各成员国有权决定在违反阻却法令时将被施以的处罚，成员国还须修订或解释其国内法律，以便对违反欧盟阻却法令的国民采取执法行动。

在历史上，欧盟成员国实施和执行阻却法令的情况一直不一致。法国、比利时和卢森堡等欧盟成员国根本没有制定实施法，例如法国就曾表示不愿意对持有股份的雷诺等公司实施罚款，因为这相当于“搬起石头砸自己的脚”。

英国、爱尔兰、荷兰和瑞典等成员国制定了国内实施法，并对违反阻却法令者施以刑事处罚。事实上，英国颁布的应对美国域外立法的反措施要早于欧盟阻却法令的出台，英国在1980年就出台了《保护贸易利益法案》，该法案禁止在英国开展商业活动的人遵守以损害英国贸易利益的方式管理国际贸易的非英国措施。[①] 2018年12月12日，英国制定了《2018年美国域外立法（对古巴、伊朗和利比亚的制裁）（保护贸易利益）（修正）令》[②]，该命令于2019年2月1日生效。该命令规定，在英国，违反阻却法令第2条或第5条属于刑事犯罪，可并处罚款。因此，相关的欧盟运营商在英国境内行事，或者是在欧盟境外行事的英国实体，违反阻却法令将构成刑事犯罪。

德国、意大利和西班牙等成员国在国内法中规定，对违反阻却法令的行为处以行政处罚。根据德国法律，违反欧盟阻却法令第5条第1款构成根据《德国对外经济条例》第82条第2款所规定的行政违法行为，可处以高达50万欧元的罚款。

在实践中，在2018年欧盟阻却法令更新之前，欧盟也曾经依据阻却法令对成员国进行调查，也有成员国对其国内企业违反阻却法令提起指控的案例，但这些案例均未进入司法程序。例如，2007年4月，奥地利对其第五大银行BAWAG提起指控，因为该银行取消了近100名古巴国民的账户以遵守美国的制裁，因此违反了欧盟第2271/96号条例。BAWAG辩称，如果不取消所有古巴人的账户，其与美国投资公司Cerberus Capital的并购业务由于违反美国《赫尔姆斯—伯顿法》而一直未有进展。时任奥地利外交部长Ursula Plassnik对BAWAG的行为进行公开谴责："美国法不适用于奥地利。我们不是美国的第51个州。不论是欧盟，还是联合国，都没有对伊朗或古巴实施过全面的经济或联系禁运。"[③] 面对奥地利公众的强烈反对，BAWAG的美国母公司被迫向美国

---

① Protection of Trading Interests Act of 1980, Chapter 11, §1.

② 2018 No. 1357 Protection of Trading Interests, The Extraterritorial US Legislation (Sanctions against Cuba, Iran and Libya) (Protection of Trading Interests) (Amendment) Order 2018.

③ Austria Charges Bank after Cuban Accounts Cancelled, REUTERS, April 27, 2007.

财政部寻求豁免。① 美国财政部于 2007 年 5 月批准了其请求，并允许 BAWAG 恢复与古巴国民的商业关系。② 2007 年 6 月，奥地利正式宣布撤销对 BAWAG 违反欧盟第 2271/96 号条例的指控。③

欧盟阻却法令在 2018 年复活之后，各成员国均出现了一些涉及该阻却法令的司法判决。然而，各国司法案例显示，欧盟成员国在解释和适用欧盟阻却法令时存在不一致的情况。

2018 年，德国汉堡地区法院对两起涉及欧盟阻却法令的案件作出了裁决。第一个案件涉及一家电信供应商，该供应商终止了对一家伊朗银行德国分行的服务。理由是伊朗银行受到美国的制裁，电信供应商认为该银行将无法再履行支付义务。该银行表明，它可以在不使用美国 SWIFT 系统的情况下，通过一个有足够保障的德国账户进行支付。汉堡地区法院指出，一般来说，如果有充分的理由证明，继续履行合同对终止方来说是不合理的，那么，终止方有权要求提出终止要求。但是，在该案中，电信供应商没有充分的证据予以证明。据此，法院下令要求该电信供应商恢复其对伊朗银行德国分行的服务。④ 值得注意的是，本案表明，如果有充分的证据证明合同相对方无力偿债，即使这种无力偿债是由美国的经济制裁造成的，终止合同的行为也会取得成功。在另一起案件中，一家物流公司遭到美国的制裁，因此一家德国银行终止了与该物流公司的服务协议，该物流公司向法院提出诉讼，要求该德国银行恢复其银行服务。德国汉堡地区法院认为，双方所签订的服务协议明确规定，如果银行提供适当的理由，可以终止服务。这就要求理由不能是任意的，而必须是合理的，而该银行为避免受到美国的次级制裁而终止

① See Harry L. Clark, Lisa W. Wang, Foreign Sanctions Countermeasures and Other Responses to U. S. Extraterritorial Sanctions, Report of National Foreign Trade Council, August 2007, at p. 23.

② Austria Drops Charges against BAWAG on Cuban Accounts, Austria Presse Agentur, June 21, 2007.

③ Austria Drops Charges against BAWAG on Cuban Accounts, Austria Presse Agentur, June 21, 2007.

④ LG Hamburg 19. Zivilkammer, Urteil vom 28. 11. 2018, 319 O 265/18, Nennung der Zeigniederlassung als Antragstellerin, Vorliegen eines wichtigen Grundes für ein fristlose Kündigung, http://www.landesrecht-hamburg.de/jportal/portal/page/bsharprod.psml?showdoccase=1&doc.id=JURE180019279&st=ent last accessed on 23. Jun, 2020.

合作的做法构成了这种正当的理由。因此,法院驳回了禁令请求。德国风险法院指出,欧盟阻却法令并没有规定欧盟公司有义务在违背其商业利益的情况下继续与伊朗公司进行贸易,而是旨在确保可以在不受美国制裁影响的情况下作出此类商业决定。①

在意大利,同样出现了两起涉及欧盟阻却法令的案件。第一个案件涉及一家由伊朗居民控制的意大利公司。尽管所涉伊朗居民不受美国制裁,但与该公司有业务往来的银行通知,由于担心美国的制裁,将终止对该公司提供银行服务。与德国汉堡地区法院的做法不同的是,意大利法院裁定,该银行这样做将违反欧盟阻却法令,命令该银行不得终止服务。在第二起案件中,一家意大利公司与一家伊朗公司签订并履行了一项供应合同。由于伊朗公司受到美国的制裁,最后一笔付款被意大利公司的银行所冻结。意大利法院下令解除对资金的冻结,因为美国法律在欧盟没有法律效力,而该伊朗公司在欧盟没有受到任何制裁。②

荷兰也有类似的案件。一家荷兰 Exact B. V 公司(以下简称"Exact 公司")与总部设在库拉索岛的 PAM International N. V. 公司(以下简称"PAM 公司")签订了分销协议,PAM 公司向古巴公司分销 Exact 公司提供的软件。之后,Exact 公司被一家美国投资公司收购,因担心继续执行协议会面临美国的经济制裁,Exact 公司单方面终止了该分销协议。然而,荷兰法院命令 Exact 公司恢复履行分销协议,认为 Exact 公司及其股东因继续执行协议而可能面临美国的制裁,属于应由他们自身承担的风险,不能转嫁给 PAM 公司。荷兰法院还指出,Exact 公司终止协议的要求可能违反了欧盟阻却法令。③ 关于这一点,有报道称,应

---

① LG Hamburg 18. Zivilkammer, Urteil vom 15. 10. 2018, 318 O 330/18, Wirksamkeit der Kündigung des Girokontovertrages durch die Bank, http://www.landesrecht - hamburg.de/jportal/portal/page/bsharprod.psml; jsessionid = 5BD5F232682767BD07261EE2573601A1.jp13? printview = true&showdoccase = 1&doc.id = JURE180018807&st = ent, last accessed on 23. June, 2020.

② Marc Pedberg, Sahra Arif, "Navigating between U. S. secondary sanctions and the EU blocking regulation", available at https://www.kneppelhout.nl/actueel/navigating - between - u - s - secondary - sanctions - and - the - eu - blocking - regulation, last accessed on June 23, 2020.

③ Rechtbank Den Haag, 25 - 06 - 2019, C - 09 - 573240 - KG ZA 19 - 430, available at https://uitspraken.rechtspraak.nl/inziendocument? id = ECLI: NL: RBDHA: 2019: 6301, last accessed on June 23, 2020.

欧盟委员会的要求，荷兰政府目前正在调查 Exact 公司是否违反了欧盟阻却法令。

从以上德国、意大利和荷兰的案例可以看出，各国法院在涉及欧盟阻却法令的案件中重点考虑的因素不同，德国法院重点考虑的因素是美国经济制裁对公司商业利益的影响，而意大利和荷兰法院强调的是其所涉行为是不是基于被阻却的美国经济制裁法。相较于德国法院而言，意大利和荷兰法院对欧盟阻却法令进行了更为严格的适用。鉴于欧盟各成员国对欧盟阻却法令的理解存在差异，欧盟阻却法令在各成员国的实施情况存在不一致的情况，因此，欧盟公司可能会遇到这样的风险：某些在某一成员国不被认为是违法的行为，在另一成员国却可能是违法的。

五 欧盟阻却法令的特征分析

（一）灵活性

依据“指南”的解释，欧盟阻却法令的实施具有较大的灵活性。首先，如果在不遵守美国的制裁法案将导致严重损害欧盟运营商的利益或欧盟的利益时，就会允许欧盟运营商遵守美国的制裁法案。欧盟委员会还制定了一个申请模板，里面包括了申请人提出的授权申请的 13 个潜在标准，其中包括欧盟运营商与美国之间是否存在“实质性联系”，是否遵守美国措施可能产生的“不利影响”，或者由于失去必要的投入或资源而导致申请人的活动过于困难，而这些投入或资源无法合理地被取代等。鉴于美国金融体系的中心地位以及美国在全球成熟的供应链，许多欧洲公司很可能会提出这样的要求。同时，根据“实施条例”第 3 条第（2）款和第（3）款，要求授权的欧盟运营商至少必须解释它们希望被授权遵守的美国法律的条款，以及它们将采取的行为。寻求授权的欧盟运营商还必须证明不遵守美国制裁措施将如何严重损害其利益或欧盟利益。这些宽泛的表述意味着欧盟及其成员国在评估是否授予此类权限时具有高度的自由裁量权。

其次，欧盟阻却法令的灵活性表现在欧盟运营商不会被迫继续与伊朗开展业务上。相反，“指南”却指出，欧盟运营商仍然可以根据欧盟及其成员国的法律自由地开展业务。这意味着它们可以自由选择是否在伊朗或古巴开展工作，是继续还是停止经营活动，以及在经济形势评估的基础上是否参与某个经济部门的经营活动。阻却法令正是为了确保此类商业决策的自由，即欧盟运营商不会被附录中所列域外立法强制执行，欧盟的法律不承认这些立法适用于它们。换言之，欧盟运营商并不会面临美国的经济制裁与阻却法令的双重压力。实际上，在美国决定退出伊核协议以后，包括法国石油巨头道达尔公司、德国西门子公司等在内的百余家欧洲企业陆续中止了在伊朗的投资和贸易活动。甚至欧盟成员国的机构——欧洲投资银行的总裁公开表示，鉴于美国的经济制裁，如果该机构继续其伊朗活动，其全球业务将受到威胁。[①]

（二）政治性

20 世纪 90 年代，欧盟采取了三项关键措施来回应美国的域外立法。首先，欧盟采取“扩音器式外交”（megaphone diplomacy），发布了大量的新闻稿谴责美国的域外立法，特别是《赫尔姆斯—伯顿法》和《达马托法》[②]；其次，欧盟制定了第 2271/96 号条例用以反制美国的域外制裁；最后，欧盟于 1996 年 10 月向世界贸易组织提起争端解决请求。欧盟认为，美国的《赫尔姆斯—伯顿法》侵犯了欧盟成员国依据世界贸易组织《关贸总协定》和《服务贸易总协定》所享有的与古巴进行自由贸易的权利。迫于以上压力，美国与欧盟开始谈判，并于 1997 年 4 月 11 日签署了《关于美国〈赫尔姆斯—伯顿法〉和〈伊朗利

---

① Robin Emmott and Alissa de Carbonnel, “European Investment Bank Casts Doubt on EU Plan to Salvage Nuclear Deal,” Reuters (July 18, 2018), available at https://www.reuters.com/article/us-iran-nuclear-eu/european-investment-bank-casts-doubt-on-eu-plan-to-salvage-nuclear-deal-idUSKBN1K81BD.

② See Press Release No. 23/96, European Union, EU Regrets US Trade Legislation on Cuba, Iran and Libya (Apr. 22, 1996), available at http://www.eurunion.org/news/press/1996-2/pr23-96.htm; Press Release No. 52/97, European Union, European Commission Publishes 1997 Report on US Trade Barriers (July 29, 1997), available at http://www.eurunion.org/news/press/1997-3/pr52-97.htm; Press Release No. 101/98, European Union, European Commission Finds Significant Barriers To Trade with United States (Nov. 30, 1998), available at http://www.eurunion.org/news/press/1998-4/pr101-98.htm.

比亚制裁法〉的谅解备忘录》[①]。1998 年 5 月，美国和欧盟缔结了跨大西洋政治合作伙伴关系协议并达成了关于加强投资保护的纪律谅解，欧盟同意中止 WTO 程序，作为对欧盟承诺加强推进古巴民主进程的回报，美国中止适用《赫尔姆斯—伯顿法》第三编条款，同时免除了《达马托法》第 4 条对欧盟公司的执行义务。需要指出的是，与 1997 年达成的备忘录一样，1998 年的谅解协议旨在解决欧盟对域外制裁的担忧以及美国对协调制裁政策、达成政治诉求的渴望，其本身并不具有法律拘束力，并未得到美国国会的欢迎。赫尔姆斯等一批保守派参议员坚决拒绝根据该谅解协议修订《赫尔姆斯—伯顿法》第三编条款，反对赋予欧盟国家“免除权”[②]。

因此，1996 年的阻却法令并未得以真正实施，该法令承担了一种政治性声明的职能，是欧盟与美国之间谈判的筹码，尽管谈判不能成功地使欧盟公司摆脱陷入两种相互冲突的国家法律的两难境地，但欧盟从战略上赢得了外交主动权，阻却法令成为欧洲追求外交政策目标的一种方式。

时至今日，尽管国际环境发生了变化，美国现任政府的执政态度不同，欧盟阻却法令的激活仍然可以被视为一项政治性声明，它可能再次成为欧盟和美国之间谈判的筹码之一。

六 欧盟阻却法令的法律效果分析

通过以上对欧盟阻却法令的特征以及各成员国立法和执法情况的分析，结合美国宣布重启对伊朗制裁后欧盟主要跨国公司纷纷退出利润丰厚的伊朗市场的实际情况，可以看出，从目前的形势来看，欧盟阻却法令的法律效力有限。

一方面，由于各成员国国内实施阻却法令的立法缺乏统一标准和行

---

① See European Union-United States: Memorandum of Understanding Concerning the U. S. Helms-Burton Act and the U. S. Iran and Libya Sanctions Act, Apr. 11, 1997, 36 I. L. M. 529 (1997).

② 杜涛:《欧盟对待域外经济制裁的政策转变及其背景分析》,《德国研究》2012 年第 3 期，第 26 页。

动机制，在司法过程中，各国法院对欧盟阻却法令的解释和适用也不一致，因此，阻却法令并没有在欧盟得到统一、有效的执行。事实上，欧盟成员国的政府领导人也不对阻却法令抱以希望，例如德国总理安吉拉·默克尔就曾对阻却法令在国家层面的有效实施表示怀疑。① 就算得以执行，其相对较小的罚款与违反美国经济制裁所面临的巨额损失而言，欧盟运营商肯定会作出违反阻却法令而遵守美国法律法规的选择，更何况，其还可以向欧盟委员会申请授权遵守美国的法律法规，从而规避阻却法令的处罚。

另一方面，最重要的阻却法令第 6 条允许追回因适用美国经济制裁法而造成的损害，但该条表述模糊，尚存在诸多未能澄清的事项。例如，该条并未具体说明可以向谁索赔，能否向美国政府请求损害赔偿？针对美国政府的损害赔偿请求将涉及国家主权豁免的问题，因此，如果针对美国政府提出反诉，则被告不可能获得其财产。另外，如果美国公司导致了对欧盟人员或公司的相关损失，第 6 条是否允许对美国公司的欧洲子公司提出索赔或申请对其进行强制执行？这些问题都有待欧盟进一步予以解释。可以合理地推断，在欧盟法院获得的胜诉判决在美国基本上是无法执行的。相较于其他条款，追回措施更为严厉，因此，一些学者认为，追回措施可能会导致公共关系问题并破坏国际交易的稳定性。② 这或许可以解释为什么欧盟委员会对索赔条款进行了比较宽泛的规定。

从目前的分析结果上看，阻却法令就像一只“无牙的老虎”，看似凶猛，实则并不能与美国经济制裁予以真正抗衡，那么，是不是可以认为，“阻却法令”的制定没有意义呢？答案是否定的。从长远来看，欧盟制定阻却法令具有深远的意义，具体体现在以下四个方面。

---

① S. Lohmann（2019），*Extraterritorial U. S：Sanctions：only Domestic Courts Could Effectively Curb the Enforcement of U. S. Law abroad*（SWP Comment，5/2019）. Berlin：Stiftung Wissenschaft und Politik – SWP – Deutsches Institut für Internationale Politik und Sicherheit.，https：//doi. org/10. 18449/2019C05.

② See Steve Coughlan et al.，*Law beyond Borders：Extraterritorial Jurisdiction in an Age of Globalization* 60（Toronto：Irwin Law，2014）and Harry L. Clark，*Dealing with U. S. Extraterritorial Sanctions and Foreign Countermeasures*，25（1），The University of Pennsylvania Journal of International Law 466（2004）.

（一）欧盟制定阻却法令是对美国长臂管辖权的对抗措施

阻却法令是欧盟对美国重新实施对伊朗经济制裁的积极回应，展示出其政治自主和维护现存国际秩序的决心，对维护现代国际法上的国际管辖权制度具有深远的意义。欧盟对美国域外经济制裁的政策转变已经经历了两个阶段：第一个阶段是20世纪末至21世纪前10年，欧盟对美国域外经济制裁进行了猛烈抨击；第二个阶段是2010年至2018年，欧盟采取了与美国同步的政策，加入了共同制裁伊朗的行列。[①] 此次欧盟反转以往态势，再次转而反对美国的域外经济制裁，具有非常重要的国际意义，因为从当今国际社会现实来看，越来越多的国家公开宣布遵守美国的域外经济制裁措施，表示减少或不再继续与伊朗进行石油贸易和相关金融往来，以获取美国政府的制裁豁免。越来越多的跨国公司为了避免被美国制裁，不得不在合同中订立"制裁条款"以规避自己的法律责任。所有这些行为使得美国的域外经济制裁越来越具有了准合法的性质。[②] 在目前国际经贸规则重建的大背景下，作为世界第二大经济体的欧盟旗帜鲜明地反对美国的域外管辖权，对维护现代国际法上的国际管辖权制度，具有非常重要的意义。

（二）欧盟阻却法令是欧美谈判的筹码之一

2018年，欧盟着手更新阻却法令，并非起源于美国对伊朗重启经济制裁，早在2015年2月6日，欧盟委员会就提交了《关于加强反对美国针对古巴、伊朗和叙利亚制裁立法域外效果的立法提案》，建议重新编纂1996年出台的第2271/96号条例。[③] 新条例包含被编纂法案的所有实质性内容，同时还提出，应当对第2271/96号条例的第5条和第12

---

① 杜涛：《欧盟对待域外经济制裁的政策转变及其背景分析》，《德国研究》2012年第3期，第27-28页。

② 杜涛：《欧盟对待域外经济制裁的政策转变及其背景分析》，《德国研究》2012年第3期，第31页。

③ EU Kommission, Vorschlag v. 6. 2. 2015 für eine Verordnung des Europäischen Parlaments und des Rates zum Schutz vor den Auswirkungen der extraterritorialen Anwendung von einem Drittland erlassener Rechtsakte sowie von darauf beruhenden oder sich daraus ergebenden Maßnahmen (Neufassung), COM/2015/48 final - 2015/0027 (COD) einschließlich Annexes 1 - 3.

条的内容进行修改，以赋予欧盟委员会为第5条第2款规定适用标准的权力。[①] 彼时正值美欧双边自由贸易协定——《跨大西洋贸易与投资伙伴协议》（TTIP）谈判期间，欧盟认为，《赫尔姆斯—伯顿法》是TTIP谈判中必须解决的一个基础性的干扰因素，因此，有必要重新编纂阻却法令。由此可见，1996年欧盟出台阻却法令具有其特定的政治目的，并且欧盟借助阻却法令成功地实现了其外交目的，2018年欧盟更新阻却法令，依然有将其作为与美国谈判的筹码的意图。

（三）欧盟阻却法令为欧盟企业在美诉讼提供了抗辩依据

美国法院在将美国法律适用于域外外国企业时，当事人有时候会以“国际礼让”作为抗辩理由，认为外国企业首先应当遵守外国法律，美国应对外国的主权予以礼让和尊重。例如在引人关注的“美国动物科学产品公司诉中国维生素C生产出口企业案件”（简称“维生素C案”）中，美国第二巡回法院针对“在外国公司依外国政府明确指令或命令违反美国《谢尔曼法》时，应适用哪种法律和标准判断”的问题，作出了如下解释：根据由来已久的国际礼让原则，如果行使管辖权会导致美国法院对美国法的适用与他国法律产生直接冲突，即被告不可能同时遵守两种法律时，美国法院（在同时考虑其他因素后）必须避免行使管辖权，以尊重外国法律。[②]

通常，美国法院适用国际礼让原则的首要标准是存在真实的法律冲突，而欧盟通过制定阻却法令就可以证明这种法律冲突存在的可能性。当然，为了证明这种法律冲突存在的真实性，还需要欧盟委员会和各成员国严格适用与执行阻却法令，使得欧美之间存在真正的法律冲突，届时，阻却法令就会从一只“无牙的老虎”变成一只“剑齿虎”，从而达到真正阻断美国国内法在欧盟适用的效果。

退一步讲，就算目前欧盟各成员国对欧盟阻却法令的实施不能达到全部严格适用的程度，但在制定了严格立法的成员国与美国之间，这种

① Begründung Nr. 4 des Vorschlags der EU Kommission, COM/2015/48 final - 2015/0027 (COD).

② 尽管美国联邦最高法院推翻了该二审判决，发回重申，但美国最高法院给出的理由并不是反对礼让原则，而是认为中国商务部出具的“法庭之友”意见书不具有终局证明力。

真正的法律冲突业已形成。一旦欧盟企业或个人在美国法院因为违反美国的经济制裁法案而涉诉，阻却法令将成为欧盟企业或个人可以援引的有力武器。据此，欧盟制定阻却法令并非要“搬起石头砸自己的脚”，而是为将来潜在的法律风险谋局，是欧盟用以对抗美国国内法域外适用的法律武器。

（四）阻却法令作为一项公共政策可以对抗外国经济制裁的实施

在国际私法中，公共秩序被用来排除外国法的适用。[①] 阻却法令属于外国的强制性规范，如果没有阻却法令，本国法院在某些案件中将不得不适用该外国的强制性规范。例如，德国法兰克福法院在2017年通过判决的方式遵守了科威特所制定的强制性规范。2016年6月4日，一名以色列人通过互联网预定了科威特航空公司从德国法兰克福飞往曼谷的航班机票，该航班在科威特一城市中转停留5个小时零5分钟，然而，科威特航空公司在得知客户是以色列人之后取消了他的机票。于是，该以色列人在德国将科威特航空公司告上法庭。科威特航空公司辩称，其取消该以色列公民的机票是因为科威特法律禁止其与以色列公民签订合同。此案的争议焦点在于，外国法院要不要遵守另一国的强制性规范？2017年11月16日，德国法兰克福地区法院作出了肯定的回答，驳回了原告的诉讼请求，该法院认为，科威特法律禁止科威特航空公司与以色列公民签订合同，如果科威特航空公司违反该法律，会受到监禁、艰苦的监狱劳工和罚款的惩罚，那么判处其在德国法律的有效性范围内履行违反其本国法律的合同义务，也是不合理的，所以，科威特航空公司不必运输这名以色列乘客。[②] 德国法院之所以这样判决，就是因为德国并没有针对阿拉伯国家经济制裁的阻却法令。假如该案涉及的是一家美国航空公司和美国的制裁法令，那么德国法院就可能依据欧盟的阻却法令拒绝执行美国的制裁法令。

德国学者萨沙·罗曼（Sascha Lohmann）认为，面对美国经济制裁的域外效力，在当前缺少与美国政府相关的外交协议或存在美国国会的

① 杜涛：《国际私法原理》，复旦大学出版社2018年版，第114页。

② LG Frankfurt a. M. Urt. v. 16. 11. 2017 –2/24 O 37/17, BeckRS 2017, 132344.

巨大阻力的情况下，唯一能够有效保护欧洲主权的补救措施是通过法治的规范权力来实现。[①] 笔者认为，此建议同样适用于当前的中国，中国应当制定具有强制性的阻却法令，鼓励并协助中国企业在美国法院挑战美国政府的域外执法，更好地利用美国宪法制衡制度，维护中国企业的合法权益。

我国国内法也有关于强制性规范直接适用的规定，《中华人民共和国涉外关系法律适用法》第四条规定："中华人民共和国法律对涉外民事关系有强制性规定的，直接适用该强制性规定。"这说明，我国的强制性规范具有直接适用的效力。[②] 因此，如果中国制定了阻却法令，其具有直接适用的效力，在中国企业遭遇美国经济制裁时，则可以援引阻却法令进行抗辩。

七 结论与建议

通过对欧盟阻却法令的分析，我们认为，凡事预则立，不预则废。在当前中美关系日趋紧张的背景下，尽管笔者并不提倡通过所谓的"法律战"来激化中美矛盾，但从防范法律风险的角度来看，中国有必要借鉴欧盟的经验，预备好进行自卫和反击的法律武器。制定自己的阻却法令就是其中一种比较有效的手段。

一方面，中国的跨国企业，特别是与美国有业务往来的企业，应当加强、加深对美国的法律制度的研究，尤其是其具有域外效力的法律法规，强化合规意识，完善合规机制，做好合规计划，开展合规培训，尽可能地降低遭遇经济制裁的风险。

另一方面，中国的外交部门也应综合运用政治、外交和法律手段，积极化解风险。中国立法部门有必要学习欧盟的经验，制定具有积极性和强制性的阻却法令，使之成为我国的一项积极的公共秩序，从而排除

---

① See S. Lohmann (2019), Extraterritorial U. S. Sanctions: only Domestic Courts Could Effectively Curb the Enforcement of U. S. Law abroad. (SWP Comment, 5/2019). Berlin: Stiftung Wissenschaft und Politik-SWP-Deutsches Institut für Internationale Politik und Sicherheit. https://doi. org/10. 18449/2019C05.

② 杜涛：《国际私法原理》，复旦大学出版社 2018 年版，第 123 页。

外国法律的适用，达到对美国域外经济制裁的反制效果。对违反阻却法令者，规定惩罚措施并严格执行，创设与美国法之间真实的法律冲突，为涉诉时援引国际礼让原则提供法律支撑。同时，还应当加快推进中国法域外适用的法律体制建设，在我国国内法中加上域外适用条款，形成对等威慑力，稳妥适度地进行法律反制，也为中国未来可能采取的法律措施提供国内法依据。最后，中国还应当积极开展国际合作，共同反对美国过度的域外管辖。

论欧洲航天技术孵化管控法律制度及启示

On European Space Technology Incubation Control Legal System and Its Enlightenment

蔡高强　刘云萍*

摘要：欧洲航天军民两用技术产业化发展，是世界航天技术转化的模范。21 世纪以来，欧空局启动 ESA 企业孵化中心（ESA BIC），并与欧盟共同创建欧洲网络孵化器与孵化网络，联合欧洲空间组织等机构相继出台了一系列的政策和措施，建立了科学的航天技术孵化衔接机制、规范的合同管理制度、严格的审议评估制度，激励和促进了航天技术孵化，实现了欧洲航天技术产业化发展。欧洲航天技术孵化管控法律制度所具有的体系性强、管控方式外紧内松、管控措施具有高度的透明性和公正性、管控地域分布广的特点，为我国完善航天技术孵化管控制度提供了有益的借鉴。

关键词：欧空局；航天技术；法律管控

Abstract: The industrialization of dual-use technologies for military and civilian aerospace in Europe is a model for the transformation of aerospace technology in the world. Since the beginning of this century, ESA has

---

* 蔡高强，男，湘潭大学法学院教授，法学博士，博士研究生导师。主要从事国际法、国际空间法和国家航天立法研究。先后主持和参与国家社科基金课题、省社科课题、司法部课题 30 余项。刘云萍，女，湘潭大学法学院硕士研究生。主要研究方向为国际空间法。

launched the ESA Business Incubation Center (ESA BIC), and has jointly established a European network incubator and incubation network with the European Union, and has jointly issued a series of policies and measures with European space organizations and other institutions to establish a scientific space technology incubation connection mechanism, standardized contract management system, and strict review and evaluation system have stimulated and promoted the incubation of space technology and realized the industrialization of European space technology. The European aerospace technology incubation management system is systematic, the management and control methods are tight and internally loose, the management and control measures are highly transparent and fair, and the management and control are widely distributed, which provide a useful reference for China to improve the aerospace technology incubation management control system.

Key Words: European Space Agency (ESA); space technology; legal control

---

从当今世界科学技术发展趋势看，军、民技术日趋融合，高新技术两用化的特征越来越明显。航天技术是世界公认的高新技术，充分发挥出航天军工企业在军品技术、设备、人力、资源等方面的独特优势，重点发展航天军民两用高新技术产业是国际趋势。欧洲国家通过建立企业孵化中心以及创建技术孵化网络来发展航天技术两用产业。欧空局启动ESA 企业孵化中心（ESA BIC）不仅解决了航天技术商业化应用问题，同时也形成了军民技术流转的可持续发展模式。

一 欧洲航天技术孵化管控法律制度的形成与发展

欧洲航天技术孵化管控从法律与政策的提出，到航天技术孵化器的建立，再到航天技术孵化网络的搭建，航天技术孵化管控制度在不断完善。具体来说，欧洲航天技术孵化管控制度的发展大致可以分为三个阶段。

空间技术也被称作航天技术。航天技术孵化阶段指的是技术开发阶段。航天技术研发所需的成本很高，但也能带来巨大的商业价值，因此航天技术往往受到比一般技术更严格的审查和管控。如欧空局企业孵化器（ESA BIC）中的初创企业，对航天技术孵化会审核和监察技术研发，同时也会对企业管理、技术研究成果等进行更严格的审查和管理。总之，欧洲航天技术孵化管控是源于对航天技术的保护以及对技术的转移管控。

技术转移不同于技术转让，技术转让是技术的供应方把自己所拥有的有关制造某种产品、应用某种工艺或者提供某项服务的系统知识转让给技术接受方的行为。而技术转移是指某种技术（包括成熟技术和处于发明状态的技术）由其起源地点或实践领域转而应用于其他地点或领域的过程。航天技术孵化管控就是对已经成熟的航天技术或处于发明状态的航天技术发生转移的过程进行管理和控制。欧空局技术转让计划办公室（TTPO）的使命是激励和促进空间技术、系统向非空间技术转移和过渡。截至 2019 年 7 月，该办公室已经通过技术经纪人网络成功地将 340 多种空间技术转移到非空间部门，进行各种应用，如将探地雷达用于检测矿井隧道中的裂缝。并且专门为太空项目开发的先进技术也被民用化，现在三分之二的 ESA BIC 公司开始使用卫星信号和数据，将它们与智能手机和无人机等其他领域的最新技术相结合，使得导航系统技术、地球观测应用产生了更高的效益。① 随着商业航天的发展，技术开发与应用的管控也发生着动态的变化。

（一）欧洲各国先后确立航天技术孵化管控的制度和政策

法国政府鼓励国防系统的科研机构与企业建立合作伙伴关系，坚持相互间“战略对话”。为了鼓励军民结合，政策规定国家研究与技术基金拨款要向具有合作关系的军民两用技术开发与产业化项目倾斜。法国

① 参见网址：https：//www. esa. int/For_ Media/Press_ Releases/The_ ESA_ 500_ fostering_ start - up_ companies_ to_ use_ space_ technology_ on_ Earth，最后访问日期：2019 年 9 月 2 日。

武器装备总署（French Armament Procurement Agency）的主要任务是管理军备项目，采购武器装备，联系科学技术专家，管理武器装备的试验和评估等，它是法国国防技术研究和工业政策的主要执行者，也是执行两用技术策略的主体。法国武器装备总署重视促进法国军民两用技术的发展，通过制定有关政策和大型开发计划来推动军民两用技术的发展，并设有专门机构负责军民两用技术的研究与规划工作。法国武器装备总署是连接航天技术与产业发展的机构，同时也是法国航天技术孵化管控的主体。

英国国防部下设国防评估与研究局（Defense Evaluation and Research Agency），一方面负责促进军用技术向民用领域转移，其中部分技术转移是通过与私营单位合作完成的；另一方面采取商业运作模式，通过发展民用技术和参加商业活动，保障其经济利益和国际竞争力。其下设立的国防科技多元化推广（Defense Diversification Agency）对军民两用技术既有促进和协调也有管控的权力。

（二）欧洲制定了一系列的航天技术孵化管控措施

20 世纪 90 年代，欧洲在航天工业政策方面出现了目标上的偏差及不平衡，主要航天国家的经济和预算管理导致政府冻结和削减了对民用及防务航天项目的财政分配。[①] 欧洲航天部门研发难以维持欧洲当时航天实力水平。国家的投入萎缩以及对新科技投入的匮乏，造成欧洲航天竞争力的下降。在 1999 年 12 月的布鲁塞尔会议上，欧盟各国达成共识：协同一致，采取共同的空间政策。欧盟建立新的管理机制和运行程序，确保协调国家、政府和各投资方的资源，加速航天领域的全面发展。

欧盟委员会于 2003 年 11 月 11 日发布指导航天发展的纲领性文件——《航天：扩充中的欧盟新疆域 欧洲航天政策行动计划》。该文件认为："欧洲需要一个以需求牵引的长期的航天政策，能够开发航天技术的特殊利益，来支持欧盟的政策及目标。"欧洲航天局、欧盟

① 杨小亭：《航天技术应用产业发展公共政策分析研究》，博士学位论文，复旦大学，2012 年。

(EU)、各国航天局、国防部、产业界及经营者在航天政策的制定和实施过程中开始进一步协调其整个航天战略以避免重复，更有效地利用各成员国的资金发展航天事业。

2007 年欧空局技术转移计划办公室（TTPO）通过国家技术转让网络倡议（NTTI）来支持各国技术转让举措。该倡议鼓励各国通过空间部门提供的技术与非空间部门对技术的要求相互匹配[①]，促进航天技术的民用化。此外，进一步推进技术孵化，ESA 制定了“通用技术支持计划”(GSTP)，该计划的主要内容是支持产品研发、支持先进技术运用、提高工程和工具水平，以及支持项目的及时突破等，并通过上述措施降低产品成本和缩短产品到市场的时间。[②] 与此同时，ESA 还通过“技术研发计划”（TRP）和“通用研究计划”（GSP）等形成了完善的支持技术研发的机制，并通过支持通用性研究和技术研发，形成了无缝的创新链。

（三）欧洲空间孵化网络推进航天技术孵化的政策

2000 年，欧空局设立了企业孵化中心（ESA BIC），旨在为企业家和初创企业提供机会，将它们的想法和发明转变为成功的空间技术。同时这些中心与其国家合作伙伴和欧空局一起，为目前正在孵化的 300 多家初创企业提供必要的技术专业知识和业务发展支持。[③]

2002 年 7 月，欧洲空间孵化器（ESINET）由 ESA 和 EC 合作成立，由四名成员组成：EBN，Wallonia Space Logistics，意大利公司 D'Appolonia 和 ESA 的企业孵化器。2007 年初，ESA 邀请欧洲商业和创新中心网络（EBN[④]）将 ESINET 整合到 EBN 网络中，以进一步专业化和部署其业务。ESINET 的主要使命是在非空间部门创造性地使用空间

---

① 参见网址：https://spaceinimages.esa.int/Our_ Activities/Space_ Engineering_ Technology/TTP2/National_ Technology_ Transfer_ Initiatives，最后访问日期：2019 年 9 月 1 日。

② 付郁、张召才：《欧洲航天局 2016 年部长级会议：在“航天 4.0”阶段实现欧洲航天一体化》，2017 年第 5 期。

③ 参见网址：https://www.esa.int/Our_ Activities/Space_ Engineering_ Technology/Business_ Incubation/ESA_ Business_ Incubation_ Centres12，最后访问日期：2019 年 9 月 1 日。

④ 参见网址：https://www.esa.int/Our_ Activities/Space_ Engineering_ Technology/TTP2/EBN_ Congress_ to_ be_ held_ in_ Canterbury，最后访问日期：2019 年 9 月 2 日。

技术/或系统的新服务或应用领域激励和支持企业发展。欧洲空间孵化器（ESINET）包括20个创业机构，其目标是促使军民技术转移，推动新企业的形成，促进航天产业和非航天产业的交流。

欧空局的技术协调在一定程度上是对技术孵化的一种间接控制，一些高端的技术在技术协调的过程中就已经被控制在政府手中，而通过协调后，一些风险性和危害性不大，符合国家安全政策和“公约”规定的技术，直接被公布在官网上。但由于技术的特殊性，一些技术只能以书面的形式公布，一些创业公司想要申请提案就只能到政府部门去了解情况。因此技术协调在一定程度上填补了“战略”空白，减少了不必要的重复，同时也巩固了欧洲战略能力，使欧洲空间技术政策和规划协调一致，有助于军民两用技术和产业政策之间的连续性和一致性。①

二 欧洲航天技术孵化管控制度的主要内容

欧洲对于航天技术孵化控制的关键是平衡经济需求与基本国家安全和国防需求。② 一方面，面临着严峻的大规模武器扩散问题，具有军事用途的技术虽然被各个国家严格把控，但由于科技的迅猛发展，双重用途技术和知识被滥用的可能性在增加。另一方面，如果将技术紧紧控制在一国之内，不仅无法发展和提升技术，而且将国民经济利益拒之门外。具有核查和管控双重用途的技术早已成了各国政府面临的一个难题。③ 纵观欧洲航天技术孵化管控的政策内容，ESA企业孵化中心通过严格的合同制度控制了技术的研发和推广，军民技术转移网络孵化间接控制技术的转入，采取多级审议、多重监管对技术孵化过程实行严格把关，这些管控制度很好地平衡了国家安全与经济效益两者之间的关系。

欧洲航天技术管控的主体多样，其中欧空局作为航天技术管控机制

---

① 参见网址：https：//www. esa. int/Our_ Activities/Space_ Engineering_ Technology/Technology_ Harmonisation，最后访问日期：2019年9月2日。

② The Benefits of Twenty Years of Civil-military Cooperation，Focus，p. 45. For Eurocontrol One of the Key Challenges Has Been to Balance Economic Needs with Essential National Security and Defence Requirements，Last Accessed on September 9，2019.

③ Fight against the Proliferation of Weapons of Mass Destruction – EU Strategy against Proliferation of Weapons of Mass Destruction Prev. doc. no：15656/03.

的主要执行者，有效地衔接和运转着欧洲航天技术孵化的整个过程。欧空局对航天技术的管控最主要的特点是通过招标加评审的方式达到管控的目的。荷兰诺德韦克技术孵化中心是欧洲最早开始的一批通过企业来孵化航天技术的中心，它为企业空间技术和在技术领域内提供业务启动支持和技术专业知识。①

（一）欧洲航天技术孵化管控衔接机制

欧空局技术孵化的最终目的是实现空间技术转为非空间技术，但也将孵化过程中所产生的技术或非空间技术直接吸纳为空间技术，技术孵化的最终结果是实现航天技术落地，从而实现产业化发展。有学者称欧空局技术孵化产业是世界上最大的与空间相关的企业家生态系统。② 因此欧空局通过管理企业家生态系统也是达到管控的一种手段。欧空局航天商业发展得益于企业孵化中心和技术转移网络的协调与配合。③

“欧空局公约”规定欧空局的任务是促进空间研究和技术及其空间应用等，并制定空间领域的活动和方案。欧空局设有产业政策委员会(IPC)、安全委员会（SEC）和咨询办公室（THAG）等，同时下设欧洲航天研究与技术中心（ESTEC）内部的技术转移计划办公室（TT-PO)，主要负责 ESA 技术经纪人网络和 ESA 企业孵化中心与技术论坛数据库。除此以外，还有欧空局专利组合和投资支持这些业务。欧洲商业与创新网络（EBN）是独立于欧空局的一个组织机构，主要负责欧洲空间孵化网络（ESINET)，该网络的核心是欧洲空间孵化器（ESI)。欧洲通过各种计划和倡议来完成技术孵化这一环节，欧空局下设的机构部门承担评标、审核或评估等不同职能，以达到管控空间技术、企业研

① 参见网址：http：//www. esa. int/Applications/Telecommunications_ Integrated_ Applications/Business_ Incubation/ESA_ Business_ Incubation_ Centres4，最后访问日期：2019 年 10 月 5 日。

② 参见网址：http：//www. esa. int/Our_ Activities/Space_ Engineering_ Technology/TTP2/Coletti_ Biotechnologies_ A_ new_ automated_ portable_ molecular_ and_ cellular_ DNS_ laboratory，最后访问日期：2019 年 9 月 1 日。

③ 参见网址：https：//www. esa. int/For_ Media/Press_ Releases/The_ ESA_ 500_ fostering_ start - up_ companies_ to_ use_ space_ technology_ on_ Earth，最后访问日期：2019 年 10 月 1 日。

发技术和其他由此而产生的技术和信息的目的。

一般来说，符合条件的企业或个人需要按照一定的程序参与到欧空局的整个技术孵化过程中。除企业孵化中心是由申请者直接将提案提交给指定负责人外，欧空局还通过其 EMITS 采购系统提供研发招标邀请，同时也为企业提供新的研发方案，包括一系列 ESA 技术计划的定期或永久性的征集建议书和公告，这些计划和倡议往往在官网上公布提交途径和方式，以及附上项目管理人的联系方式，申请者按照要求上交提案即可完成前期投标过程。申请者按照要求上交提案之后，负责招标的评标委员会将按照内部程序进行审核，当项目进行到中期和后期时，负责项目审核的委员会将对企业技术孵化程度进行实质和程序上的审查。

（二）欧洲航天技术孵化管控的合同管理制度

合同制度是欧洲航天技术孵化管控手段之一，此外还有多个配套计划和公告等审核系统管控欧洲航天技术。该制度下的合同是欧空局企业孵化中心颁布的提案倡议，因而申请者的提案对双方均不具有强制约束力，但可以作为合同范本，具体合同内容要经过双方逐案谈判才能确定。

1. 初创企业或个人准入门槛

欧空局一般通过委托现有 20 个孵化中心进行产业的发展。通常在不违背欧空局公约、产业政策以及安全规定等法律原则的条件下，各个 ESA 企业孵化中心可以制定自己的入选企业的标准。例如，（1）要求公司是初创 5 年内的公司，否则只能重新创建一个。（2）要求申请人具有一个基于空间技术或数据的创新理念。（3）要求该公司的法人是欧洲公民。（4）该公司的总部只能设立在孵化中心的办公室（例如，公司总部只能是在荷兰的诺德韦克孵化中心的办公室）。其中申请者不限于具有法人资格的初创公司，个人也可以申请。[①] 除此以外，即使

① Permanent Open Call for Proposals for the European Space Agency Business Incubation Centre Noordwijk（"ESA BIC Noordwijk"）ESA BIC Noordwijk-Open Call（ESA BIC Noordwijk Permanent Open Call（POC 2019/2020））. https：//www. sbicnoordwijk. nl/wp – content/uploads/ESA – BIC – Noordwijk – POC – 2019. zip，最后访问日期：2020 年 9 月 2 日。

ESA BIC 的公司要参与技术孵化中心项目，也要依据公开征求意见书完成一系列的申请程序，这一过程决定了该公司参与的成败。如在上交提案前，首先要先和技术孵化中心的社区经理会面，进行非正式的介绍，安排预约。其次，要下载公开招募文件，完成申请，提交如孵化提案、业务计划等相关附录。再次，所有上交的提案由招标开放委员会（TOB）按正式要求进行审核，并在一定日期里将结果公布。最后，申请人可以进一步提出商业计划，在投标评估委员会（TEB）[①] 决定之前展示其公司。如果该公司被选中，那么就可以和技术孵化中心安排第一次会议。

2. 资助资金使用限制和里程碑式交付

欧空局企业孵化项目使用的资助资金受到明确的限制。欧洲有 20 个企业孵化中心，每个孵化中心的资金支持实体都不同，但是对于技术孵化过程中资金使用的情况则有着明确的规定。荷兰诺德韦克企业孵化中心（SBIC）通过提供资金、商业和技术援助以及办公室和服务，为企业孵化项目和想法提供支持。提供资助的方式和范围是通过逐案谈判进行的。其中谈判过程中可能会获得最高 5 万欧元的奖金。一般来说，给予一个项目以奖励不是为了直接劳动力成本，而是需要在荷兰展开该项目，除非荷兰境内没有产品或服务，或者价格昂贵得多。例外情况则需经 SBIC 批准。其中 10% 的奖金 5000 欧元，可以花在市场研究材料、活动和会议门票上，90% 的奖金，即 4. 5 万欧元可以用于产品开发和知识产权。[②]

此外，欧洲企业孵化中心还安排了专项贷款机制。荷兰诺德韦克企业孵化中心与 Rabobank Bollenstreek 合作，向技术创业公司提供有利的种质前贷款协议（pre-seed loan）。因此公司或个人响应欧空局诺德韦克企业孵化中心（BIC Noordwijk）的公开倡议可获得贷款。另外，如果

---

① 参见网址：https：//www. sbicnoordwijk. nl/esa – bic/#about，最后访问日期：2019 年 9 月 1 日。

② Permanent Open Call for Proposals for the European Space Agency Business Incubation Centre Noordwijk（“ESA BIC Noordwijk”）ESA BIC Noordwijk – Open Call（ESA BIC Noordwijk Permanent Open Call（POC 2019/2020）），available at https：//www. sbicnoordwijk. nl/wp – content/uploads/ESA – BIC – Noordwijk – POC – 2019. zip.

Rabobank Bollenstreek 认为有必要，可以要求申请者提供更多的信息，一是评估申请者获得贷款的权利，二是保障银行公正的评估程序。该贷款是由欧空局企业孵化中心评标委员会决定的，申请者最高可获得 5 万欧元的贷款。欧空局技术评估委员会在最终批准之后，贷款将根据里程碑付款计划进行。在此期间，技术启动者将获得低于市场水平 1.5% 的利率和 3 年的宽限期优待。3 年后，技术启动者必须在其后 2 年内偿还贷款，如果技术启动者在 3 年后无法偿还贷款，则 Rabobank 和技术孵化公司应商定一项偿还计划，在该计划中，两者应该充分合作，使 Rabobank 能够尽可能多地收回贷款。鉴于这一贷款的具体性质和目的，技术孵化器会设置一个贷款服务申请的联络点（如荷兰 SBIC Noordwijk B. V. 是贷款服务联络点），申请者的商业信息和个人资料将与 Rabobank 共享。①

根据严格的合同制度以及技术孵化的特殊性，双方是按照阶段性成果完成交付的（里程碑式交付）。

3. 知识产权权属

在欧空局技术孵化的过程中，Incubatee 依法享有在合同之下所产生的知识产权。合同之下所产生的任何研究成果的所有权均属于 Incubatee。在孵化前，Incubatee 要跟企业孵化中心说明所使用的软件是技术研发前产生的还是技术研发过程中产生的。如诺德韦克合同草案第 12 条规定："被认为是技术研发前就存在的软件不受特许权使用费的约束；孵化者使用的软件未说明或说明不明确的应当向企业孵化中心及时披露，并提供相应证明材料；如果在技术孵化过程中使用了合同以外知识产权，不仅应当向企业孵化中心提供相关的证据，还要说明合理的理由。如果未提供相关证据和理由，则所交付的信息应视为在合同框架内生成的。"② 可见，欧空局对于技术研发中产生的知识产权有着严格且明确的规定，Incubatee 无法证明知识产权归属时即将此类知识产权视

① ESA BIC Noordwijk—Open Call, Section IV: Pre-Seed Loan Facility, available at https: //www. sbicnoordwijk. nl/wp – content/uploads/ESA – BIC – Noordwijk – POC – 2019. zip, last accessed on September 1, 2019.

② 参见网址：https: //www. sbicnoordwijk. nl/esa – bic/，最后访问日期：2019 年 9 月 2 日。

为合同之下产生的，因此对此类知识产权有一定的限制。

除此以外，欧空局对技术孵化下知识产权的使用享有便利条件，即欧空局对于技术孵化过程中产生的技术数据等信息享有再生权。[①] 例如依照诺德韦克孵化中心的合同草案，如果欧空局或成员国要求使用合同下产生的知识产权，以执行欧空局（机构）在空间研究和技术及空间应用领域的方案，欧空局为此提供相关的工作。如果欧空局在提出要求后的60天内，Incubatee 未能决定或无法确认其愿意从事所要求的工作，则欧空局将自动获得全球免费、不可撤销但可转让、可非排他性地使用此类知识产权的独家许可权，该许可应限于欧空局成员国的领土。在这种情况下，欧空局及其成员国拥有与第三方进行谈判并与第三方达成任何其他协议的权利。[②] 很明显，欧空局对企业技术孵化所产生的知识产权在使用方面具有主导性，一方面欧空局给予企业孵化者机会，即其可以继续利用知识产权完成欧空局提供的相关研究项目；另一方面，如果企业孵化者不愿意或者无法承担研究项目，则欧空局可以授权世界范围内符合条件的承包商借助此技术完成研究计划。该种知识产权的规制对于欧空局管制和使用知识产权有很大的灵活性，并确保了技术研究项目的优先性和可持续性，即在欧空局的控制之下，知识产权的使用受到欧空局的灵活调配。但对于企业孵化者所产生的知识产权的保护程度就难以得到完全保障。

4. 保密义务

荷兰诺德韦克孵化中心的合同草案对于技术孵化过程中所产生的技术有严格的保密要求。其第 11 条第 1 款规定，各方应对与另一方有关活动的所有事项享有完全的自由裁量权，并且每一方将确保其雇员和代理人遵守第 11 条规定并由该方承担与第 11 条相关的义务。第 2 款规定，任何一方均不得向任何第三方披露从另一方获得的任何文件、信息和材料，无论是标记还是未标记（例如“机密”“专有信息”“机密信息”字样），未经一方事先书面同意，另一方都可以要求收件人签署保

---

① 参见网址：https：//esamultimedia. esa. int/docs/LEX – L/Contracts/ESA – REG – 008 – EN. pdf，最后访问日期：2019 年 9 月。

② 参见网址：https：//www. sbicnoordwijk. nl/esa – bic/，最后访问日期：2019 年 9 月 1 日。

密协议。第 5 款明确了不适用的机密信息内容，一是披露时属于公有领域，或者是在因违反合同而被披露成为公有领域的一部分；二是双方或与第三方在信息披露过程中出现了不符合机密信息保护的条件。另外，该保密条款也规定了合同的内容为保密信息，需一直保密到合同终止之后。这表明，对于企业技术孵化合同中所涉及的内容，技术孵化情况，欧空局有严格的要求和控制，除已经披露在公共领域中的涉密信息之外都不得暴露。

（三）严格的审议评估机制

对技术的审核评估是欧洲航天技术孵化管控的核心。因此审核的参考标准以及审核的程序和具体内容成了欧空局审核的焦点。此外，欧空局在航天技术产业化发展下形成了多级评估小组以及多套评估体系，这既推动了航天技术的发展又保障了航天技术的安全、可持续发展。

1. 技术管控审核标准——技术准备级别 TRL

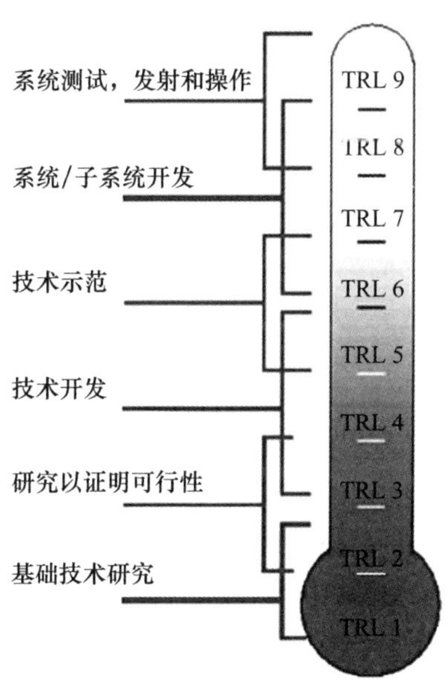

图 1　欧洲航天技术孵化管控审核标准

资料来源：欧空局官网，参见网址：http：//www. esa. int/esasearch? q = trl&start = 11，最后访问日期：2019 年 9 月 2 日。

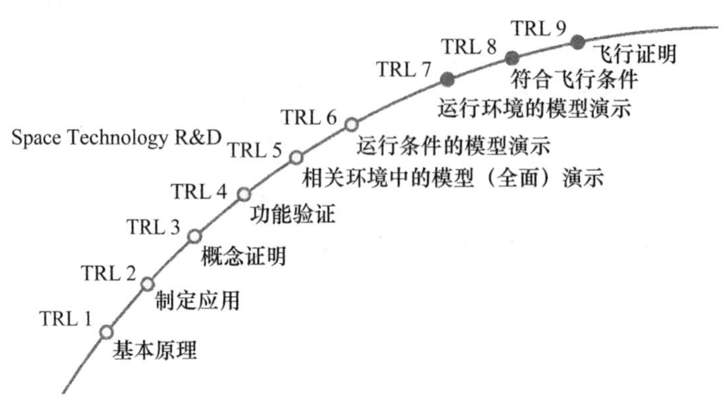

图 2　欧洲航天技术孵化管控评估体系

资料来源：欧空局官网，参见网址：http：//www.esa.int/esasearch？q = trl&start = 11，最后访问日期：2019 年 9 月 2 日。

欧空局引入 NASA 采用的技术准备级别（TRL），对特定技术的成熟度进行独立于学科的评估。[①] TRL 已经成为航天领域的标准，2013 年 ISO TRL 工作组（WG）出版了标准 ISO 16290“技术准备水平定义（TRLs）及其评估标准”[②]。欧空局将技术水平分成九个等级，范围涵盖适用于飞行和市场的产品，技术等级决定研究项目和产品水平，相应地，技术水平越高，其管控和审查也就越严格。通常，欧空局技术官员核查技术等级在 1—4 的技术产品或项目，而技术等级在 5—9 的一般通过欧空局的内部程序进行审核。[③] 欧空局的大多数提案倡议或机会公告以及各组计划都含有技术等级的审核。

欧空局企业孵化中心（ESA BIC）对初创公司会从进入合同阶段到

---

① 参见网址：https：//www.esa.int/Our_ Activities/Space_ Engineering_ Technology/Shaping_ the_ Future/Technology_ Readiness_ Levels_ TRL/（print），最后访问日期：2019 年 9 月 2 日。

② 参见网址：https：//www.esa.int/Our_ Activities/Space_ Engineering_ Technology/Shaping_ the_ Future/Technology_ Readiness_ Levels_ TRL/（print），最后访问日期：2019 年 9 月 2 日。

③ 参见网址：http：//www.esa.int/esasearch？q = ANNEX + A% 3A + LAYOUT + FOR + CONTRACT + CLOSURE + DOCUMENTATION&r = （Contract Closure Document），最后访问日期：2019 年 9 月 1 日。

中期报告再到最终报告进行审核，审核主体中会有专门技术人员对技术进行评级，据此采取不同的保护措施，同时技术等级评估也是判断项目是否达标的标准。此外，欧空局创新三角计划（TRP）和通用支持技术计划（GSTP）等对技术准备等级做了具体区分，根据技术准备等级的不同，除采取的保护措施不同外，对技术孵化过程中的项目资助也不同。比如 GSTP 6.2，可从欧空局获得的最大供资水平取决于该项目所对应的 TRL 水平，以及从事这项工作的组织类型。对于寻求开发 TRL 从 3—5（相当于生产原型工程模型）的项目，ESA 最多资助 75% 的资金。对于寻求将 TRL 提高到 6 或 7（相当于准备商业化产品）的项目，大型公司和其他机构最多获得 50% 的资金，而中小型企业，最高可利用 75% 的资金。①

2. 多阶段审核及审核程序

欧空局对于航天技术孵化审核和评估体系是根据申请者所在项目的不同而有所区分的。因此对所孵化技术的审核也就有不同的审核主体、审核程序以及参照标准。例如，申请者依托的是企业孵化中心（荷兰诺德韦克孵化中心）进行航天技术孵化，研发技术或生产产品。在荷兰诺德韦克企业孵化中心，SBIC Noordwijk 和 ESA 接收到申请者的投标后，首先评估的是申请人提案的可受理性，即只有在所有正式要求都得到满足的情况下，才对该提案进行评估，并将评估结果通知申请人。如果提案符合要求，申请者要对评审委员会提出的问题和要求给出回复，最终评审委员会对申请作出终局决定。② 其中评审过程分成两个阶段。第一阶段由 SBIC 所在的管理部门、欧空局、Robobank Bollenstreek 和荷兰航天局（NSO）参加；第二阶段是欧空局范围内的管理，由欧空局奖励委员会（ESA Award Board）负责。评审委

---

① 参见网址：http://www.esa.int/Our_Activities/Space_Engineering_Technology/GSTP_6.2_Competitiveness_Element_always_open_for_business，最后访问日期：2019 年 9 月 1 日。

② Permanent Open Call for Proposals for the European Space Agency Business Incubation Centre Noordwijk（"ESA BIC Noordwijk"）ESA BIC Noordwijk - Open Call（ESA BIC Noordwijk Permanent Open Call（POC 2019/2020）），available at https://www.sbicnoordwijk.nl/wp-content/uploads/ESA-BIC-Noordwijk-POC-2019.zip，last accessed on September 2，2019.

员会的评价内容主要是由人、技术、资产三个要素代表的公司实力背景，技术研发和产品开发战略等以及公司成本、投资、规划商业市场竞争等，当然，每一类评价内容都有不同的评价标准。欧洲评价委员会每季度举行一次会议，对前三个月的提案进行评价。因此，一般从建议书到安排合同，其审核期限原则上不得超过四个月。再如，欧洲航天技术孵化的其他项目如通用技术支持计划（GSTP），该计划是为弥合技术在空间项目与开放市场上的差距而设立的，其主要任务是帮助新技术快速完成等级升级，将空间项目技术转化成生产可行产品的技术，同时也为相关行业提供技术支持和产品评估。[①] 该类项目对可以孵化的技术种类没有作出明确区分，依旧是采取招标邀请的方式，申请者通过提供想法和方案上交提案或者合同草案，最终决定权在欧空局和项目主要负责人手中。

此外，欧空局监察长有权对欧空局计划中的技术和管理质量进行独立评估，他通过三种不同类型的审查机制开展工作。一是项目技术审查：ESA 的每个项目都会经过周期性的重大技术评审，而监察长和项目负责主任会共同主持该审查活动。审查包括正在进行的工作的技术完整性，以及研究团队可能低估或忽视的潜在的或细节的研究环节。对于航天器的项目审查通常可能涉及 60 人，其中一半来自项目组，另一半来自其他地区的独立人员。审核工作为期大约 10 周，由不同的小组负责处理大量项目文件。审查委员会将讨论重大的问题以及经协商达成一致的方式，给出项目意见。二是项目计划审核，监察长组织一个综合项目计划审查（IPRev），对每个项目一开始提交的申请规划即目标、组织、法律和预算框架以及风险等进行审核。这里主要针对的是项目审核，涉及技术审查的相对较少。三是调查委员会的临时调查，通常在短时间内下发通知，所调查的异常问题类型可能包括失败的仪器、研发技术泄露、技术研发失败等。[②] 上述三种审核内容几乎涵盖了航天技术孵

① 参见网址：http：//www. esa. int/Our_ Activities/Space_ Engineering_ Technology/Shaping_ the_ Future/About_ the_ General_ Support_ Technology_ Programme_ GSTP，最后访问日期：2019 年 9 月 2 日。

② 参见网址：https：//www. esa. int/Our_ Activities/Space_ Engineering_ Technology/Reviews，最后访问日期：2019 年 10 月 1 日。

化过程中可能遇到的问题。

三 欧洲航天技术孵化管控的特点

经综合分析欧洲航天技术孵化管控制度，可以将其特点归纳为管控制度体系性强，管控方式外紧内松，管控具有高度的一致性、透明性和公正性以及管控地域分布广等方面。

（一）航天技术孵化管控制度体系性强

欧洲航天技术孵化管控所具有的很强的体系性主要体现在政策计划、机构管理以及具体操作的落实上。首先，对于政策计划而言，现在欧空局颁布的国家技术转让网络倡议（NTTI）和信息、数据、知识产权规则对航天技术管控有一般性的指导作用。而欧洲 20 个企业孵化中心是通过“永久公开征集企业孵化中心提案”（例如，Permanent open call for proposals for the European Space Agency Bussiness Incubation Centre Sud France［ESA BIC Sud France］）来初步筛选那些想要进行技术孵化的企业的，在其“提案”通过后会采用严格的合同制度来约束孵化企业关于孵化的技术权利以及应履行的义务。除此之外，欧空局还通过 EMITS 采购系统提供研发招标邀请，包括一系列 ESA 技术计划的定期或永久的征集建议书和机会公告（AO），为想要进行技术孵化的企业提供支持。

不仅如此，对机构管理和技术管控而言，欧空局主要通过技术转移与计划办公室（TTPO）来管理 ESA 技术经纪人网络和 ESA 企业孵化中心和技术论坛数据库，企业孵化中心即企业孵化器（ESI）由欧洲空间孵化网络（ESINET）管理。一般企业的提案以及企业孵化技术的后续管理和审核，除负责该孵化企业的机构外，欧空局还设有监察长来负责整个技术孵化以及孵化企业的监管和评估工作，同时监察长会将审核情况报告给欧空局的局长。

在具体操作的落实上，欧空局技术与协调办公室是衔接政策计划以及机构管理和技术孵化的连接点。它通过制定欧洲技术线路图，协调欧洲空间技术中军民两用技术和产业政策的关系，形成孵化技术与成熟技术之间的反馈机制，从而通过管控机构对将要进入孵化中的技术进行调整。综上可知，欧洲空间技术形成了从政策计划到管控机构以及监管机构，再到技术协调与反馈的一个完整的技术孵化管控体系。

(二) 航天技术孵化管控方式外紧内松

欧洲航天技术孵化大多是通过公开召集提案的方式吸引有想法和技术的人加入，这种方式看似管制很松，但真正决定权在欧空局。孵化公司要对孵化的技术进行大致描述，以及预估技术成果和技术需求。投标评估委员会或者该企业的中心负责人，将会对现有提案中的技术进行审核和评估，再根据企业发展的状况，来确定技术孵化的企业。比如，申请者将提案交到企业孵化中心处，欧洲企业孵化中心评估委员会将进行一个初步评估，公布企业名单之后还会有一个企业展示环节，最终经过评估委员会的商议，在确定企业后再进行企业和孵化中心逐案谈判的环节。这其中还有一个环节，就是企业申请贷款，贷款的银行也会对企业进行实质性的审查，以评估企业的资产状况。

此外，欧空局也会对所申请的企业进行审核。申请者在进入技术孵化这个环节前有着严格的标准和限制以及技术要求。一旦公司经审核通过，与企业孵化中心签订合同，技术孵化企业将会获得技术援助、资金支持以及研究场地或召开专家会议等优惠性政策，同时在技术孵化的过程中所孵化出的技术也属于公司所有。如果公司启动或运营资金不够，还可以通过优惠的贷款来帮扶公司的发展。欧空局等负责机构还会设定奖金，该奖金是根据孵化技术的水平 TRL 来确定的，这给予技术孵化公司极大的发展空间。

(三) 航天技术孵化管控具有高度的一致性和透明性以及公正性

欧空局对根据其颁布的倡议和计划项目以及合同草案等上交的提案或文案的统一性要求很高。申请者需依据程序上交提案，通过线上或者电子邮件或者纸质档案进行统一提交。例如，ESA 招标过程中在考量技术孵化财务情况时，投标评估委员会通常会借助 ESA PSS 表格所显示的成本数据，再依照 ESA 合同通过的一般招标条件，进行统一的审查、比较和选择。[①] 这种方式既优化了工作效率，也增加了审核的公正性。

航天技术孵化管控程序的透明度很高，具体体现在合同制度的明确性和审核的多重性以及审查内容的规范性上。合同中会明确规定申请者的准入门槛，明确限制财政资金的使用情况，明确规定知识产权以及保密义务，以及明确技术成果交付方式。对航天技术孵化的审查，由多个审查主体如招标开放委员会、投标评估委员会、企业孵化中心负责人、资金支持实体以及监察长和欧空局局长等实施，审查主体在不同阶段和程序中审查不同的内容，多数阶段的审查结果会通过网上公布，审查主体也会将该提案的建议一并公布。最后，欧空局对特定技术的成熟度进行独立于学科的评估[②]，技术水平 TRL 已经成为航天领域的技术标准。综上所述，从技术孵化管控的一致性和透明性中可以看出程序上的公正，同时对技术成熟度进行独立审核为技术孵化管控提供了实质性依据。

（四）航天技术孵化管控的地域分布广

从欧洲 20 个企业孵化中心的地理位置分布上看，欧洲航天企业孵化中心遍布范围广，且大多接近各国的科学和技术研究基地。以 BIC Noordwijk 为例，它位于欧空局最大的基地和欧空局的科学和技术中心 ESTEC 附近的空间商业园，如此的位置优势促进了先进技术融入空间活动，以及技术方案的改善应用。首先，这使该中心的初创企业有机会获得欧空局工程师的专门知识以及利用 ESTEC 的实验室和测试设施。其次，这些企业孵化中心是空间技术商业化的枢纽，它创造形成了创新的高科技创业环境。如此的地理环境设计促进了 ESA 技术的双向转移和控制，有助于将航天技术领域的技术、系统和诀窍转移到非航天领域，也有利于将非航天领域的技术引入航天领域。此外，欧洲空间孵化器（ESI）还与欧洲和加拿大近 40 个国家和地区的孵化器取得联系，

---

① 参见网址：https：//www. esa. int/About_ Us/Business_ with_ ESA/How_ to_ do/How_ to_ use_ PSS_ forms，最后访问日期：2019 年 9 月 1 日。

② 参见网址：https：//www. esa. int/Our_ Activities/Space_ Engineering_ Technology/Shaping_ the_ Future/Technology_ Readiness_ Levels_ TRL/（print），最后访问日期：2019 年 10 月 15 日。

各个孵化器之间在技术孵化过程中形成了联动的交流机制，这也扩大了技术孵化管控的辐射范围。

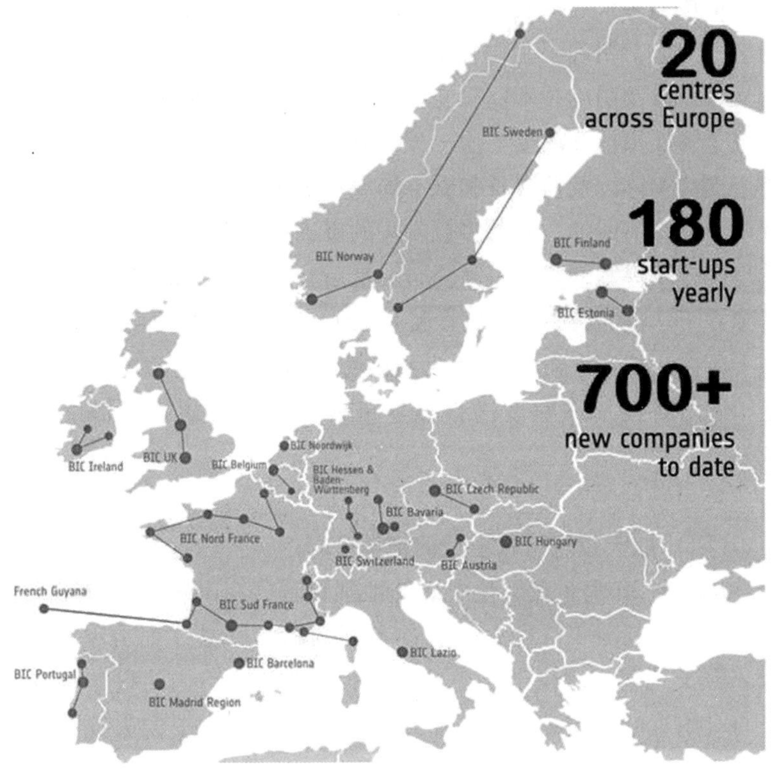

图3 欧洲航天技术孵化中心的分布

四 欧洲航天技术孵化管控制度对中国的启示

对航天技术孵化的管控是加快发展军民两用技术产业化的核心。通过近40年的军转民工作，我国航天科技工业逐步形成了一系列具有航天自身特色的军民两用技术应用产品，在研发、制造等环节上积累了很多有益的经验。[①] 但是在发展军民两用品、两用技术上仍存在很大的瓶

① 王一然：《秉承航天精神，促进军转民及军民两用技术产业化发展》，《军民两用技术与产品》2007年第12期。

颈。如航天技术发展没有形成产业链条，航天企业承担不起技术孵化的研发费用，各地方航天技术未形成航天技术数据库共享机制，航天技术公开招标数量少、形式单一，且有时间限制，航天技术孵化管控制度的相关研究仅仅停留在理论层面，航天技术孵化管控缺乏法律规制，缺乏航天技术孵化的监管机构等一系列问题，这些都阻碍着航天技术孵化和军民产业化发展。对此，欧洲航天技术孵化管控制度为中国航天技术军民两用化产业发展提供了诸多经验借鉴。

（一）加快我国的航天技术管控法律制度的建立

首先，国家应尽快出台航天立法。与欧洲航天产业制度和政策相比，我国在航天技术管控领域的规范还停留在以政策控制为核心的阶段，一部国家性质的航天立法至今没有出台。而这背后的根本原因是中国航天业发展缺乏一个顶层的制度做规划和指导，导致我国现行的有关航天业发展的法律、行政法规或者政府政策等处于一种“交错混乱”的状态。现行的制度模糊了军企和民企之间的定位，掩盖了民营企业发展不起来的本质问题：军企在发展航天产业上处于绝对领导地位，民营航天企业没有独立性，即国家给予民营航天企业发展的市场空间，却没有提供良好的发展平台和政策，民营企业依旧是被军方牵着鼻子走。而一旦我国通过立法明确二者之间的定位，加之政府出台细化的政策，民营企业方可在确定的领域范围以及平台上施展拳脚。此外，针对我国航天技术孵化管控这一制度的建立，可将其放在航天技术法律管控这一类规范之下；针对航天技术孵化管控的具体化，可结合合同的规范制度进行。因此，航天立法的出台是发展我国航天技术产业，推动军民融合，建立航天技术管控制度的关键动力。

其次，加快统筹中央和地方航天技术管控法规及政策，及时出台针对航天技术管控的法规及配套政策。欧空局技术孵化产业之所以享有世界上最大的与空间相关的企业家生态系统的美誉，离不开其在政策计划、机构管理以及具体操作落实方面的协调体系。对于我国来说，航天产品的出口管控模式从“军民混线”转型为“军民双线”是成功的，但是对于航天技术研发来说会割裂军民技术的融合发展。而从实际情况来看，我国有关航天技术管控的法律法规数量少且效力层级低，中央和地方以及地方与地方之间有关航天技术管控的法规重叠或是空白问题突出。所以无论是在法规和政策的顶层规划上，还是在具体的政策实施上，有关航天技术管控制度建立的最大问题就是中央与地方以及地方与地方之间的协调不充分，缺乏统筹。尽管在这一方面我国工业和信息化部办公厅下属的国防科工局的综合司会征集、出台了《军用技术转民用技术推广目录》，这里面就有关于航天技术军转民的示范，但是这种局部的技术性的统筹，根本无法改善现行航天技术管控法律政策与制度的混乱局面。因此，针对此问题，我国可以根据实际情况，参照欧洲技术孵化管控模式，建立一套具有中国特色的航天技术孵化管控制度。从现阶段来看，我国中央军民融合发展委员会可以先成立一个临时的统筹航天技术法律及其政策的专委会，等发展到一定的阶段，再将其转化为航天技术发展协调办公室，进而协调中国空间技术中军民两用技术和产业政策的关系，形成孵化技术与成熟技术之间的反馈机制，从而通过管控机构对将要进入孵化阶段的技术进行调整。

最后，创新航天技术管控合同制度，加快制定航天技术审核标准以及评估程序，进而构建完整的民营航天企业招标以及扶持系统。欧洲航天技术孵化管控的关键就是严格合同制度以及实施严密的审核程序。现阶段，我国的航天技术开发的招标工作部分是通过国家军民融合公共服务平台完成的，其余的则通过地方平台完成，可以看出，这些平台提供了技术需求、产品需求以及融资需求服务，但总体来看，官网上所显示的内容也仅仅是部分航天技术发展的招标计划。此外，我国对于军民技术等级的笼统划分，很难让一些民营企业积极参与技术研发。对此，我国除了借鉴欧美国家对外公布航天技术明确的区分标准这一做法外，还应当向民营企业提供更多的招标计划和激励计划。通过提供合同范本的方式邀请民营企业参与孵化航天技术的过程，这样不仅可以促进民营航天产业的发展，而且可以更加公平、合理且透明地管控民营航天企业技术研发以及应用。至于构建多层级的合同审核体系，则可以通过军方和民营企业以及资金提供方等多方参与，将合同审核分成几个阶段，而对该合同的评估结果将直接与资金扶持相挂钩。当然，对民营企业所扶持的资金也应当作出相应的限制，让财政支持发挥最大的效用。

总之，现阶段最重要的就是尽快颁布航天立法，以使相关机构可以依法制定相应的合同，以及发展政策和激励计划。只有这样，民营航天企业才能在军民融合下更加独立自主地孵化航天技术，进而推进军民两用技术的产业化。

（二）明确航天技术孵化管控的机构

确定政府主管机构要注意两个问题。一是横向管控机构：管控航天两用技术孵化计划执行主体以及监管主体以及协调主体；二是纵向管控机构：航天技术孵化的中央管理机构和地方分管的机构；军方管理机构与民口企业。我国国家航天局主要是负责民用航天管理及国际空间合作的政府机构，履行政府相应的管理职责。[①] 其中系统工程司主要负责的是组织重大航天科研项目论证，管理、协调和监督重大航天科研型号技术的研制、生产和试验。而航天技术孵化属于航天技术研发领域，其特殊性在军民两用技术的融合上。因此，可以将“航天技术孵化计划的执行”职能交给国家航天局的系统工程司，它不仅要落实全国各个区域航天技术孵化计划，同时还要向其他司及时反映技术研发情况并作出技术计划执行报告。航天技术孵化的监管主体要独立于国家航天局，可以由中央和地方政府另外组成技术专家组、招标评估委员会、项目评估委员会、监察长等按照程序对技术孵化管控进行评估，从而形成航天技术孵化反馈机制，及时为航天技术的未来发展提供方向。

首先，从民企参军政策来看，现行中国航天技术孵化管控手段依旧严格，民营企业要经过严格的筛选和审查以及具备各项资格证书才能参与。与欧洲航天技术孵化管控相比，允许民营企业参与的方式完全不同。欧洲航天企业孵化中心不断吸收有想法和技术的企业参与进来，不论其资质如何，如果该申请者的想法或技术可以参与技术孵化，那么就会获得航天企业孵化中心的技术援助和资金支持；但不达标技术和想法会被欧空局吸收，同时技术评估机构会向申请者反馈意见。反观中国技术孵化管控机制，只有具备资质的民营企业才能参与技术孵化，这会造成很多有想法的申请者望而却步，“具备资质”这个门槛的设定直接阻

---

① 参见网址：http：//www. cnsa. gov. cn/n6758821/index. html，最后访问日期：2019 年9月2 日。

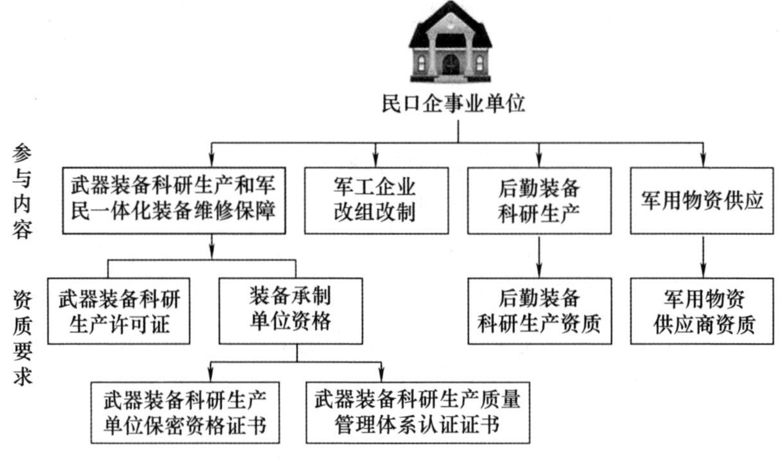

图4　关于我国民参军政策的解读

资料来源：国家军民融合公共服务平台，参见网址：http：//jmjh. miit. gov. cn/loadModuleWebMessage. action？moduleId = 222&page = 1，最后访问日期：2019 年 9 月 15 日。

碍了航天技术孵化的脚步。其次，航天局无法获得申请者的技术和想法，申请者更无法获得对技术继续优化和改进的建议。另外，该民参军政策中对于企业审查、资质审核主体单一，这不仅影响航天技术孵化管控的公平性和透明性，而且缺少技术孵化管控的全局性。综上所述，限定航天企业技术孵化条件，应撤掉“具备资质”这一限制，而用技术孵化项目和计划来征集技术提案加以代替。审核企业是否符合资质的主体应当多元化，除原有审核主体外，应当加入各区域技术孵化中心负责人、项目投资人以及监察长在内的主体共同审核。

我国为推动军民结合产业集聚化、规模化发展，工业和信息化部自 2009 年起，已经分七个批次建立了 32 个军民结合产业基地。① 因此，国家航天局可借助军民结合产业基地进行航天技术孵化，形成军民融合航天技术孵化产业园。② 同时借助现有的网络技术，将全国所有航天孵

① 参见网址：http：//jmjh. miit. gov. cn/loadModuleWebMessage. action？moduleId = 1077，最后访问日期：2019 年 9 月 1 日。

② 陶春、郭百森：《军民融合提升区域创新能力的对策研究》，《军民两用技术与产品》2016 年第 17 期。

化中心联系起来，建立企业孵化网络。另外应对航天技术进行统计，建立全国技术数据库，用于技术孵化管控的调控。

（三）科学制定航天技术孵化管控政策

欧洲航天局官网上公布了十几种航天技术孵化计划或倡议以及公开征集提案，对不同的计划有不同的要求，例如通用支持技术计划（GSTP）、核心技术计划（CTP）、技术研究计划（TRP）等。这是欧空局、欧盟以及各国航天局以及各国政府或者其他实体机构共同制订的长远计划，在很大程度上推动了航天技术民用化。目前，我国在技术孵化方面没有指导政策，也没有为孵化的企业提供良好的政策保障。据航天局公布的官方文件以及各地的航天技术孵化政策，各地航天技术孵化情况处于发展缓慢的状态，虽然政府颁布民参军政策，但是没有优惠性和保障性政策，各地企业难免面临着技术孵化投资大、工程大，企业夭折风险高的困难。因而企业都不愿意冒险，这种制度牵制了民企参与航天技术开发的积极性。因此对技术孵化计划应该开放投标与竞标，鼓励中小企业发展航天技术，稳定航天技术孵化企业的信心。另外，要突出合同管理制度的优势，确定知识产权权属，确定保密等义务，激发中小企业参与研发航天技术的积极性。

欧洲航天局技术孵化除有欧空局、欧盟的财政支持外，还有很大一部分资金来源于企业实体的投资。而我国现在的军民两用产品或技术开发主要还是依靠财政支持，其他企业实体在资金方面所发挥的作用依旧很小。因此，我国应当及时调整航天技术发展的融资政策。例如，通过上市公司、发行企业债等多种方式建立多层次、多渠道的投融资体系。航天科技工业是先进生产力的代表，是现代大工业、大协作的体现。高新技术实现产业化突出的特点之一是具有资金密集的性质，单纯的“自己出钱、自己办事”的作坊式工业模式，已无法带动产业化的发展。

因此，航天工业要充分发挥证券市场的作用，挖掘创业板市场的潜力，建立起多层次的资本市场体系，使高新技术企业通过上市融资，获得产品发展所需持续、稳定的大量资金，形成一批包括中国卫星、航天机电、航天动力、火箭股份、中兴通讯、航天长峰等在内的上市公司，这些公司利用资本平台发展航天民品，取得了良好的效果。

同时，航天科技工业通过发行企业债募集资金，用于支持民用产业在卫星应用、新能源等领域项目的研发。积极参与地方经济建设，推动区域发展。航天科技工业地域分布较广，下属企业在所在地区或城市一般都是当地的强势企业，既具有人才、技术的优势，又兼备资金和生产实力。利用航天高科技优势，推进带动型产业的发展，使航天军工技术、项目和资金投入，能为所在地区带来更大规模人、财、物的投入效果。通过与神华、华能等国内行业领先的大企业集团及与上海市、天津市、重庆市、内蒙古自治区、海南省、成都市、西安市、杭州市等地方政府的合作，不仅推动了重大项目的发展，还充分调动了合作双方的积极性，实现了军转民协调发展、优势互补、共同繁荣。

欧盟转基因食品安全立法、评估及经验借鉴

Evaluation and Reference of European GM Food Safety Legislation

陈亚芸[*]

摘要：欧盟转基因食品安全立法堪称世界典范，其立法理念十分超前，立法技术先进。总体上，欧盟对转基因食品持谨慎态度，监管十分严格。其背后有着复杂的经济、社会、文化及消费者态度因素。欧盟转基因食品安全立法的执行评估也颇具特色，其动态地跟踪立法的执行情况，了解实践中的不足，为进一步修订立法打下基础。欧盟立法和执法经验也为世界其他国家转基因食品安全立法提供了很好的范式。

关键词：欧盟；转基因食品；立法

Abstract: The EU's legislation and regulation on GM food safety is second to none in the world. In general, the EU takes a cautious attitude towards genetically modified food with strict regulation. There are complex economic, social, cultural and consumer attitudes behind it. The evaluation of the implementation of GM food safety legislation in the European Union is also characteristic. The EU keeps track of the implementation of legislation in a dynamic way to understand the deficiencies in practice and lay a foundation for further legislative amendments. EU legislation and enforcement experience also pro-

* 陈亚芸，女，1984年生，法学博士，河南大学法学院副教授。

vides a good paradigm for GM food safety legislation in other countries in the world.

Key Words: EU; GMF; Legislation

一 欧盟转基因食品安全立法回溯

欧盟转基因食品安全立法经历了从无到有并不断丰富的过程。在欧共体成立的较长时期内，其重心在于制定和完善共同农业政策。随着20世纪80年代转基因技术的产生和发展，欧盟开始着手对其进行法律规制。虽然至今为止转基因技术发展时间并不长，仍存在科学上的不确定性，其安全性也不断遭受消费者质疑，但是基于其在世界范围内的迅猛发展，转基因食品已经成为欧盟共同农业政策和食品安全监管的重要组成部分。欧盟转基因食品安全立法成果丰硕，已经成为世界立法的典范，具体从内容和时间上看大致可分为两个阶段。

第一阶段从20世纪90年代初至90年代中期，主要集中对转基因工程试验阶段进行安全性监管。代表性的法规为1990年《关于含有使用转基因微生物指令》(90/219/EEC)①、《关于转基因生物有意环境释放指令》(90/220/EEC)②、《保护生物制剂工作人员安全指令》(90/679/EEC)③、《关于成员国危险品公路运输指令》(94/55/EC)④。该阶段立法主要调整实验阶段转基因微生物安全，防止因其泄漏而造成工作人员健康和生态环境危害。

---

① Council Directive 90/219/EEC of 23 April 1990 on the Contained Use of Genetically Modified Micro-organisms, OJ N0. L 117 of 8. 5. 1990, p. 1.

② Council Directive of 3 April 1990 on the Deliberate Release into the Environment of Genetically Modified Organisms (90/220/EEC).

③ Council Directive of 26 November 1990 on the Protection of Workers from Riskes Related to Exposure to Biological Agents at Work (90/679/EEC), available at http: //www. biosafety. be/GB/Dir. Eur. GB/Other/90_ 679/TC. html.

④ Council Directive 94/55/EC of 21 November 1994 on the Approximation of the Laws of the Member States with Regard to the Transport of Dangerous Goods by Road, OJ L 319, 12. 12. 1994, P. 7, 94/55/EC.

第二阶段从21世纪初至今，该阶段主要致力于对转基因食品商业化生产和上市销售的监管，立法主要规范转基因食品标识、转基因产品回溯和召回、转基因产品上市审批、转基因食品运输，并对转基因食品立法基本原则进行梳理和总结。该阶段具体立法如《转基因生物有意环境释放同时废止90/220/EEC指令》(2001/18/EC)①、《转基因食品和饲料管理条例》(1829/2003/EC)②、《转基因生物追溯性及标志办法以及含转基因生物物质的食品及饲料成品的追溯性管理条例》(1830/2003/EC)③、《转基因食品跨界运输条例》(1946/2003/EC)④、《关于未经授权Bt10转基因玉米应急措施决定》(2005/317/EC)⑤、《根据1829/2003/EC条例批准1507号转基因玉米及制成品上市决定》(2006/197/EC)⑥ 等。而在上述系列立法中十分重要的当属《转基因生物有意环境释放同时废止90/220/EEC指令》(2001/18/EC) 和《转基因食品和饲料管理条例》(1829/2003/EC)。

欧盟转基因食品安全立法目标主要包含以下四个方面。其一，保护人类健康和环境。转基因生物或者转基因食品只有在科学地评估健康和环境的风险且按照欧盟具体程序审批之后才能投放市场。其二，制定统一、高效和透明的转基因作物风险评估和审批程序。其三，建立转基因食品标签制度，确保消费者、农民和食品饲料供应商知情并作出选择。其四，建立上市的转基因作物追溯制度。⑦

---

① Directive 2001/18/EC of the European Parliament and of the Council of 12 March 2001 on the Deliberate Release into the Environment of Genetically Modified Organisms and Repealing Council Directive 90/220/EEC, OJ. L 106/1.

② Regulation on Genetically Modified Food and Feed, 1829/2003/EC.

③ Regulation on Traceability and Labeling of Genetically Modified Organisms and the Traceability of Food and Feed Products Produced from Genetically Modified Organisms, 1830/2003/EC.

④ Regulation 1946/2003/EC of the European Parliament and of the Council on Transboundary Movements of Genetically Modified Organisms, OJ. L287/1.

⑤ Commission Decision of 18 April 2005 on Emergency Measures Regarding the Non-auhorized Genetically Modified Organism Bt 10 in Maize Products, 2005/317/EEC, OJ. L 101/14.

⑥ Commission Decision of 3 March 2006 Authorising the Placing on the Market of Food Containing, Consisting of, or Produced from Genetically Modified Maize Line 1507 Pursuant to Regulation (EC) No 1829/2003 of the European Parliament and of the Council (2006/197/EC), OJ. L70/82.

⑦ 参见网址：http://ec. europa. eu/food/plant/gmo/legislation/index_ en. htm，最后访问日期：2019年8月15日。

从上述对欧盟转基因食品安全立法发展过程的梳理看，21 世纪以来欧盟在立法数量、调整范围、调整手段上都有量和质的突破。通过立法增强了欧盟成员国间的合作与协调，扩大了欧盟活动范围。这一方面源于转基因技术及生产实践的发展，同时也体现出欧盟对于食品安全监管的日益重视和审慎的态度。还应看到，转基因食品安全立法多为二级立法，欧盟行动能力有限，在欧盟基础条约中还没有专门针对转基因食品安全的相关规定，目前立法仅作了分散而笼统的规定。根据欧盟及其成员国权能的划分，消费者保护和环境属于共享权能，而关于保护和改善人类健康的立法，欧盟仅享有补充权能。转基因食品安全与环境、消费者保护和人类健康保护息息相关，欧盟在该领域的权能和行动范围的扩展还有很大的上升空间。

二 欧盟转基因食品安全立法执行评估①

(一)《转基因生物有意环境释放同时废止 90/220/EEC 指令》(2001/18/EC) 执行情况评估

2001/18/EC 指令取代了之前的90/220/EEC 指令，于2002 年10 月17 日正式生效。根据该指令第 31 条 4—7 款的规定，每三年成员国应向欧盟委员会报告其国内执行该条例采取的办法以及与转基因作物和食品相关的实践。欧盟委员会在此基础上应向欧盟议会和理事会提交关于该指令 B 和 C 部分运行的报告。自该指令生效以来，2003 年 10 月，欧盟向理事会和议会提交了第一份报告，2006 年提交了第二份报告。欧盟网站最新资料截止到第二份报告，其后无资料更新。②

此次评估主要围绕指令 B 和 C 部分展开，欧盟委员会通过向成员

① 该部分资料皆来自于欧盟网站，参见网址：http：//ec. europa. eu/food/plant/gmo/reports_ studies/index_ en. htm，最后访问日期：2019 年 10 月 15 日。

② Commission Staff Working Document-Accompanying Document to the Second Report from the Commission to the Council and the European Parliament on the Experience of Member States with GMOs Placed on the Market under Directive 2001/18/EC {COM (2007) 81 final} / * SEC/2007/0274 * / available at http：//ec. europa. eu/food/plant/docs/plant_ gmo_ report - studies_ 2nd_ com_ report _ experience_ ms_ gmo_ annex_ en. pdf.

国发放调查问卷收集资料，一共设计了45个问题。截止到2006年报告出台，除了葡萄牙没有反馈信息之外，其他欧盟成员国都积极提供了最新数据。B部分主要涉及成员国政府对于B部分咨询公众意见、区别对待程序和逐步淘汰抗生素耐药标记等义务的执行情况。C部分包括审批后十年的时间限制、审批后监测以及标签和可追溯性要求。其中比较有代表性的问题如从2002年10月7日2001/18/EC指令生效时起，成员国共受理了多少份转基因作物试验申请？同意和否决的情况如何？在同意的申请中，完成了多少份田间试验？

表1 关于2001/18/EC指令的执行情况

	申请的数量 （植物和非植物）	同意	不同意	撤销	未决	总数
奥地利、爱尔兰、卢森堡	0					0
比利时	1（植物） 2（临床试验）	2	1			3
德国	25	21		1	3	25
丹麦	1			1		1
西班牙	89	72	9	2	6	89
芬兰	2	2				2
法国	42（植物） 12（临床试验）	42	1		11	54
意大利	5	3			2	5
荷兰	7（植物） 6（临床试验）	13				13
葡萄牙	—					—
瑞典	16（植物） 1（临床试验）	17			1	18
英国	9	9				9

从总的执行情况来看，关于该指令的信息反馈不够理想。最终报告止步于2006年，并不符合该指令三年提交一次报告的要求。从现有反馈的情况看，部分国家拖延甚至拒绝提供相关数据。欧盟委员会部分调

查问卷的问题设计流于形式，无法精确搜集、反映、总结成员国的相关数据和实践，使得报告监督制度没有发挥出真正的效用。

(二)《转基因生物追溯性及标志办法以及含转基因生物物质的食品及饲料成品的追溯性管理条例》(1830/2003/EC) 执行情况评估①

2006 年 5 月 10 日，根据该条例第 12 条的规定，欧盟委员会要向欧洲议会和理事会提交一份关于该条例实施情况的报告。由于成员国提供的数据十分有限，欧盟委员会又开始起草新的报告，搜集更多的资料以获得全面的执行情况。23 个成员国提交了相关数据，一些工业协会和公司也提交了相关资料。对成员国资料的搜集主要通过问卷调查的方式进行，问卷设计了十个相关问题。分别是：(1) 可追溯性规则的解释。(2) 可追溯性规则的实施和效果。(3) GMOs 混合物的可追溯性。(4) 标签规则的解释。(5) 标签规则的实施和效果。(6) 低于阈值的可追溯性和标签要求的例外情况。(7) 唯一标识。(8) 监督和控制措施。(9)《卡塔赫纳生物安全议定书》要求下的相关立法措施。(10) 其他。该报告于 2008 年 9 月 17 日正式出台。

该报告分为六个部分。第一，欧盟境内转基因食品销售情况。欧洲食品和零售行业对转基因食品的营销仍有抵制，在欧洲市场上销售的大多数转基因产品都是用于动物饲料的，主要来自进口的大宗商品，主要是大豆和玉米。许多成员国报告说，其境内没有任何转基因作物种植。2006 年 MON810 仍然是六个成员国（西班牙、法国、德国、捷克共和国、斯洛伐克和葡萄牙）中唯一种植的转基因作物，总种植面积约为 6 万公顷。2007 年这些地区播种面积增加到 11 万公顷。

第二，可追溯性规制的执行情况。尽管有些人担心立法的复杂性以及该条例与监管之间的要求重叠，但大多数成员国在解释追溯规则时都没有出现问题。大多数成员国发现，追溯规则对标签和知情选择的影响是积极的，因为它们促进了官方控制、风险管理和整个系统的运作。对进口转基因商品的追踪和监管产生了积极影响，也减轻了消费者对于转

① 参见网址：http：//eur - lex. europa. eu/legal - content/EN/TXT/PDF/? uri = CELEX：52008DC0560&from = EN，最后访问日期：2019 年 10 月 1 日。

基因食品的安全担忧。同时，一些成员国也指出了部分问题。如只有大型企业才具备用以分析报告或采集样本的保证、证书系统和验证系统，尽管该条例不要求提交分析报告或进行抽样。这实际上可能导致大小企业在追溯制度上成本和效果的不一致。再如，部分运营商并不总是会意识到它们有义务将各自的文档保存 5 年，而且只有在少数情况下是这样做的。最后，由于欧洲零售商排斥使用含有转基因成分的食品，在食品源头上，一些生产商为避免强制标签的麻烦，在不易检测的情形下倾向于进行不合理标识。

第三，大多数成员国报告称，官方对标签规则的解释没有问题，而且总体上认可标签制度对于规范市场秩序，保障消费者知情权的积极作用。少数几个成员国指出，它们还不是太明白“转基因食品和饲料”这一术语的准确解释，特别如转基因成分的产品仅用于工业用途（例如用于清洁煎锅的油）是否需要标注。其他问题还包括错误标签（例如，标签表明产品“可能”含有转基因成分），不符合成员国国内法的标签（例如“非转基因”或“无转基因”），缺乏说明在非预包装产品中存在转基因产品的文件，以及在超过了 0.9% 阈值的情况下缺乏标签。

第四，标记阈值和 GMOS 偶然出现的问题。当谷物、面粉或加工产品的混合物需要分析时，就会出现实际的困难，因为它们可能含有来自同一原料的不同成分，如玉米淀粉和面粉。还有些成员国认为有必要标识出种质中的转基因成分。一个专业协会指出，0.9% 的门槛构成了一个武断的选择，应该提高到一个更实际的水平。与此同时，有几个成员国报告了它们对“转基因成分意外存在”的看法。对转基因作物存在于食品和饲料链中是偶然的还是由于运营商的疏忽，各成员国认定的方法不同。运营商通常必须提供证据，证明它们有意避免在生产的各个阶段掺杂转基因成分。这些证据包括订购和购买非转基因材料的证书，使用不同的储存区，以及没有转基因生物的生产线。一些成员国还检查生产的顺序、清洗程序以及所有必要的措施，得出存在转基因成分是不确定的，技术上是不可避免的。少数几个成员国报告说，如果食品和饲料链中的原始材料被贴上转基因的标签，那么最终的产品也会被贴上转基因的标签，即使它们的含量低于 0.9% 。因为在这种情况下，它们的存在并不被认为是偶然的。

第五，统一标识的使用。大多数成员国将独特的标识符视为识别和标记转基因产品的有用工具并报告说没有出现严重问题。少数几个成员国指出，在产品文档中唯一的标识符缺失。

第六，成员国执行该条例的情况以及执行 2004/787/EC 建议的情况。大多数成员国认为，该条例的执行基本符合要求，只是在具体执行方式上各国的实践有所不同。一些成员国对大部分检测都是加以记录的，而抽样和分析由于成本因素而受到限制。几个成员国报告了可用资源有限的问题，以及由此导致的检查和控制的减少。在一些成员国中，需要额外增加季节性工作人员，例如审核种质包装。一些成员国认为，产品不包含任何可检测和可识别的转基因成分，但仍需贴上标签。正如在一份报告中成员国指出了 2004/787/EC 在抽样和检测方面的实施问题。大多数成员国认为，它的实施既昂贵又耗时，尤其是在大量货物运输的情形下。它们声称，根据建议对进口的散装货物进行检查和抽样，对政府造成了很大的负担，结果与所花的时间和经济负担不相称。它们认为要求的增量样本数量过高，特别是在载重量超过 500 吨的船只上。一些成员国报告说，它们采用的是旧的饲料抽样指令 76/371/EEC 的抽样方法，建立了对饲料的官方控制抽样定量方法。此外，该建议不可能适用于预先包装好的食品或少量的原料。

（三）《转基因食品和饲料管理条例》（1829/2003/EC）执行情况评估①

《转基因食品和饲料管理条例》（1829/2003）于 2004 年 4 月 1 日起施行。它涵盖了作为食品和饲料直接使用的转基因生物以及含有转基因生物成分的食物和饲料。如此一来，该条例调整的范围很大，所有可能被用作食物或饲料的转基因生物或作为食物或饲料生产的原料都被认为是用于食品和饲料的转基因生物。本条例所规定的风险评估包括对转

---

① Report from the Commission to the Council and the European Parliament on the Implementation of Regulation（EC）No 1829/2003 of the European Parliament and of the Council on Genetically Modified Food and Feed，Brussels，COM（2006）626 final，25. 10. 2006，available at https：//eur－lex. europa. eu/legal－content/EN/TXT/PDF/? uri＝CELEX：52006DC0626&from＝EN.

基因食品和转基因饲料的安全评估，以及可能的环境风险评估，并为此专门设立了欧洲食品安全局（EFSA）专门执行相关评估。除此之外，对本条例管辖范围内种植的转基因生物，欧洲食品安全局应要求成员国主管机关在 2001/18/EC 指令下进行环境风险评估。根据该条例第 47 条和第 48 条[①]的规定，欧盟委员会将向欧洲议会和理事会提交一份关于该条例实施情况的报告。该条例第 47 条是有关在某些条件下对从有利的风险评估中受益的转基因材料的偶然或技术上不可避免地存在的过渡措施的规定："1. 在食品或饲料中含有 GMOs，含量不高于 0.5%，不应被视为违反第 4 条（2）或第 16 条（2）项，前提是：（a）这种存在是偶然的，或者在技术上是不可避免的；（b）基因改造材料得到社区科学委员会积极意见支持或管理局在本条例实施之日之前的有利意见；（c）其授权申请未按照有关的社区立法予以驳回；（d）检测方法是公开的。2. 为了证明这种材料的存在是偶然的，或者在技术上是不可避免的，操作者必须向主管机关证明他们已经采取了适当的步骤来避免这些材料的存在。3. 第 1 款所指的阈值可以根据第 35（2）条所述的程序降低，特别是对于直接销售给最终消费者的 GMOs。4. 执行本条的详细规则应按照第 35（2）条所述程序进行。5. 本条规定在本条例施行之日起三年内适用。"第 48 条是有关审查的规定："1. 不迟于 2005 年 11 月 7 日，根据所取得的经验，委员会应向欧洲议会和理事会提交一份关于本条例执行情况的报告，特别是第 47 条，并在适当的情况下随附任何适当的建议。该报告和任何建议都应向公众开放。2. 在不影响国家政府权力的情况下，委员会应监督本条例的实施及其对人类和动物健康、消费者保护、消费者信息和内部市场运作的影响，并在必要时尽早提出建议。"

关于《转基因食品和饲料管理条例》实施情况的报告一共分为两大部分。第一部分为有关 1829/2003 条例的执行情况，第二部分为制定实施措施和具体说明。具体而言，第一部分项下包括审批程序、根据本条例第 46 条规定的过渡性措施对食品和饲料进行授权、本条例实施之

---

① 参见网址：https：//eur－lex. europa. eu/legal－content/EN/TXT/PDF/？uri＝CELEX：32003R1829&from＝EN，最后访问日期：2019 年 9 月 30 日。

前已经上市销售的转基因食品的通知程序、转基因食品和饲料的标签制度、未经授权的转基因食品和欧盟食品兽医办公室对13个成员国的检查。第二部分包括常设委员会关于食品链和动物卫生开展的活动、出台的实施细则和准则、2001/18/EC指令和1829/2003条例之间的关系、对未经批准或技术上不可避免的转基因材料存在所采取的措施、利用转基因生物发酵生产但在最终产品中没有出现转基因成分的食品和饲料、关于该条例对标签部分规定的澄清和结论。具体有以下几个方面值得注意:

第一，审批程序。审批程序分三步走。第一步，当事人向成员国提交拟上市销售转基因食品和饲料的申请，成员国应毫不迟延地将申请递交给欧洲食品安全局（EFSA)。第二步，欧洲食品安全局的准备和发表的意见。欧洲食品安全局最长在6个月内给出意见，在此期间应在其官方网站上公布申请摘要，并与欧盟委员会和成员国进行协商。第三步通过是否批准相关申请的决定。截至2006年7月1日，已收到了34份申请。为了促进欧洲食品安全局、成员国和欧盟委员会之间的信息交流，EFSA建立了一个电子系统（称为GMO EFSAnet)，提供了一个安全的数据通信平台。

第二，根据本条例第46条规定的过渡性措施对食品和饲料进行授权。在该条例生效之前，转基因食品和饲料的授权程序是在（EC）第258/97号和第2001/18/EC号指令下进行的。为了确保顺利过渡到新的授权制度，该条例第46条规定了过渡措施，允许在授权程序的高级阶段的申请继续按照相关立法进行审议和批准。在2006年7月1日之前，根据该条例（EC）第258/97号指令，批准转基因食品投放市场的4项决定，并在第2001/18/EC号指令下通过了对含有或包含转基因食品进入饲料市场的决定。

第三，本条例实施之前已经上市销售的转基因食品的通知程序。某些转基因食品和饲料产品早在1997年之前就已在欧盟合法销售，因为它们是在其他法律下获得批准的，或者不需要特定的审批程序。为了覆盖这些转基因产品，该条例第8条和第20条规定，希望继续销售现有产品的经营者必须在2004年10月18日之前通知欧盟委员会并提交关于转基因产品的详细信息。欧盟委员会随后审查了这些通知的有效性，并同意将26个转基因生物纳入转基因食品和饲料欧共体登记的特定部分。它们可以在市场上再销售3—9年，此后运营商必须重新提交申请以更新授权。

第四，转基因食品和饲料的标签制度。根据该条例第13条的规定，食品必须贴上标签，标明在特定情况下转基因成分的存在。然而，该条例第12条规定，当转基因成分比例低于0.9%，且这种存在是偶然的或者在技术上不可避免的，则可以免于标注。根据成员国的样本分析报告，欧盟境内未按照规定进行标注的转基因食品低于2%（基于7129个分析样本得出的数据）。不遵守转基因饲料标签要求的比率为6%（在2478个分析样本中有153个）。

第五，食品和兽医办公室对13个成员国进行了检查，检查结果如下：（1）13个成员国都指定了主管部门负责转基因食品和饲料的监管。（2）所有成员国都根据欧盟委员会2005/317/EC号决定对BT10进行了充分有效的控制。（3）在成员国中发现的大多数侵权行为都与食品和饲料的错误标签有关。（4）调查结果表明，拥有高度区域自治的成员国，在地区和中央层面的协调能力较弱，缺乏总体控制。（5）在食品、饲料和种质方面，成员国抽样水平差异很大。具体来说，6个成员国没有在食品和饲料的进口点进行取样控制。根据2004/2005年提供的数据，3个成员国没有对种质发货进行抽样控制，以监测是否存在转基因生物。（6）欧盟委员会关于GMOs的取样和检测技术指导2004/787/EC建议以及1830/2003号条例在被检查的成员国中并没有被很好地遵守。在一些情况下，成员国使用了替代的抽样策略，如国际标准ISO 2859或欧共体立法（关于饲料控制的第76/37/EEC指令，或关于分支毒素取样的98/53/EC指令）。主管部门表示，在应用该建议的抽样规定方面存在困难，特别是对大量食品和饲料进行抽样。（7）尽管仍有一些实验室缺乏必要的认证，但官方处理分析的标准通常被认可为ISO标准（ISO 17025或ISO 45000）。大多数实验室可以定性和定量地分析那些经过认证的参考材料的转基因生物，尽管对不同成员国分析的数量有所不同。（8）仍有4个成员国无法对食物或饲料中转基因生物成分进行量化，即无法确定转基因生物成分含量是否高于0.9%的阈值水平，因此无法执行条例第12条规定的标签要求。（9）6个成员国对种质中含有的微量转基因成分没有采取行动。

第六，常设委员会关于食品链和动物卫生开展的活动。自该条例于2004 年 11 月 7 日生效以来，关于转基因食品、饲料和环境风险的内容举行了 8 次会议。本委员会在会议期间，就应澄清的一些条例的某些方面进行了意见交换。

第七，对未经批准或技术上不可避免地存在的转基因材料所采取的措施。欧盟委员会通过了第 641/2004 号条例（EC)，其中包括执行第 47 条的细则。在此基础上欧盟委员会于 2004 年 4 月 18 日公布了一份清单，其中包括 4 种转基因食品和 9 种转基因饲料产品。

最终在结论部分指出该条例只在有限的时间内实施，其实施方面的经验极为有限，因此只有取得进一步的经验和报告才能真正了解该条例的实施情况，提出修改现行条例的建议还为时过早。关于该条例的第二份报告应用足够长的时间进行准备，以便更深入地了解监管实施的不同方面。截至目前第二份报告尚未出台。

（四）90/219/EEC 指令及替代其的 2009/41/EC 指令执行情况评估[①]

根据 2009/41/EC 指令第 17 条的规定，成员国应定期提交报告，汇报关于基因改造微生物的使用情况。该指令第 17 条第 2 款和第 3 款规定，欧盟委员会应根据各成员国向其提交的报告每三年发布一次报告。根据欧盟网站的资料，迄今为止欧盟委员会共出台了四份报告，分别是：1996—1999 年度报告、2003—2006 年度报告、2006—2009 年度报告和 2009—2014 年度报告。下文以 2009—2014 年度报告为蓝本，分析欧盟各国对 2009/41/EC 指令的执行情况。

2009—2014 年度报告在 26 份国别报告上形成，其中两个国家没有提供相关报告。成员国围绕 8 个问题提供信息，分别是活动和设施、通

① Commission Working Document, Experience of Member States with Directive 2009/41/EC of the European Parliament and of the Council of 6 May 2009 on the contained use of genetically modified micro - organisms (recast) for the period 2009 - 2014 {SWD (2016) 445 final}, available at https: //ec. europa. eu/food/sites/food/files/plant/docs/gmo_ rep - stud _ 3yrs - report _ 2009 - 2014. pdf, last accessed on January 1, 2018.

知和审批系统、意外事故、检查和执法问题、条款解释问题、临床试验使用该指令的规定、公众咨询和信息以及废物处理。其中比较重要的部分包括以下几个方面：

第一，活动和设施。根据该指令第2条c款的规定，包含使用的意思是："任何微生物在基因上被改变的活动，或者在任何其他方式中，这些微生物被培养、储存、运输、销毁、处置或使用；而具体的遏制措施是用来限制它们与一般人口和环境的接触。"包含的使用活动分为4个类别：类1表示不存在或可忽略的风险；类2、3和类4分别代表具有低、中、高风险的活动。根据该指令的规定，在第一次使用时，必须将其活动的场所通知国家主管部门。在通知之后，类1中包含的活动可以继续进行，而不需要进一步通知，其余类别则需要额外的特定通知。捷克共和国目前正在修改立法，要求每一类别包括类1在内都需要通知。根据成员国所提供的信息，大多数活动都属于类1或类2。在报告期间罗马尼亚没有相关活动。大多数活动都与研究有关，少量用于商业用途，如诊断制剂、药物产品或临床试验等。

第二，通知和审批系统。成员国主管部门略有不同。在保加利亚、捷克共和国、丹麦、爱尔兰、立陶宛、马耳他、荷兰、波兰、葡萄牙、罗马尼亚、斯洛伐克和斯洛文尼亚，通知和批准的主管部门是环境部或与环境相关的部门。在其他成员国如奥地利、克罗地亚、塞浦路斯、爱沙尼亚、法国、匈牙利、意大利、拉脱维亚和英国等，主管部门是其他部委或部门联合。如在奥地利、克罗地亚、意大利和英国，卫生部会参与其中，塞浦路斯和爱沙尼亚包括劳动部，匈牙利和拉脱维亚包含农业和农村发展部，法国包括国家高等教育、科学与研究部，比利时、芬兰和西班牙包括生物技术和生物安全部，瑞典包括工作环境部门，德国包括食品和消费者保护部门。总体而言，除了少数例外，大部分成员国都在规定时间内完成了国内立法及部门对接。

第三，意外事故。芬兰、荷兰、斯洛伐克、瑞典和英国根据该指令第2条（d）和第14条、15条规定的程序报告了事故情况。芬兰报告了一些轻微的类2事故，且没有造成严重后果。荷兰报告了13起事故，没有对环境和健康造成影响。斯洛伐克报告了由病毒学研究所（1级和2级GMOs）、神经免疫学研究所（1级和2级GMOs）和斯洛伐克技术学院（1级GMOs）等不同设施引起的3起事故。瑞典报道了一起意外事故，学生意外使用了注射过转基因病毒疫苗的注射器。英国报告了8起事故。在报告的8起事故中，其中6起涉及类2事故，另外2起涉及类3事故。

第四，检查和执法问题。一些成员国检查由主管部门的专门检查员进行，而部分国家检查则是在主管部门的要求下由其他部门或服务部门的专门检查员进行。参与检查的人员数量在各成员国之间也有所不同。程序包括按照规定的标准（周期性、风险等级等）进行的定期年度检查、临时检查、第一次批准设施的审计、材料的抽样以及对文件和过程的审核。在奥地利，检查是根据活动的特点来组织实施（如风险等级、大型设备、动物接种）的。在捷克和保加利亚，检查则按年度进行。在丹麦，检查都是在出现新通知或变化的情况下进行的。在芬兰、爱尔兰、立陶宛和英国，其检查强度主要基于活动的安全等级。在德国，尽管各个联邦州在检查周期方面有所不同，但在风险分类和使用模式上方法一致。爱沙尼亚、立陶宛和马耳他三国认为，有必要对核查人员进行培训并与其他成员国开展联合检查。在检查过程中也出现了一些问题，包括废物管理、文档不准确或过时、对最新的通用技术缺乏了解、职工培训不足、未取得适当的授权与擅自使用、关于基因工程设施或实验室的鉴定和标识缺失、标准控制措施不足以及在某些情况下生物安全措施不够（如去污、防护衣等环节）。

第五，条款解释问题。比利时认为，2001/41/EC指令关于细菌转化的商业活动需要进一步加以解释。特别是，对一些新技术使用转基因生物的情形是否属于指令调整的范围提出疑问，并希望欧盟委员会根据实践的发展及时审查和澄清指令的适用范围。

第六，公众咨询和信息。各成员国公共咨询方式各不相同。一些成员国如奥地利、捷克共和国、法国、爱尔兰、罗马尼亚和西班牙对类3和类4活动进行公共磋商和咨询。其他国家如波兰则允许有关部门决定是否需要对这些活动进行公共咨询。大多数成员国建立了网站，定期进行公共咨询。除此之外，其他与公众进行信息交流的方法还包括成立咨询机构和举办研讨会（捷克共和国）、出版年度报告（克罗地亚、捷克共和国、德国、西班牙和英国）、印发地方或国家报纸（丹麦、荷兰），发行小册子（爱沙尼亚）、发行相关部门出版物（斯洛伐克），以及出版会议记录类出版物（英国）。在马耳他还有两个电台进行专门的采访。一些成员国如奥地利、保加利亚、塞浦路斯、芬兰、葡萄牙和瑞典因为在报告期内没有收到磋商申请，所以没有进行公开磋商。

三　欧盟转基因食品安全立法及执法经验借鉴

虽然欧盟境内转基因作物审批和种植实践非常有限，由于消费者对转基因作物的谨慎和排斥态度，欧盟层面关于转基因食品的安全立法规制最为完备，而且有日趋严格的发展趋势。其立法水平世界领先，其中有诸多值得我们借鉴的理念和制度设计，主要表现在以下方面。

第一，现阶段立法宗旨和目标十分明确，各项立法紧紧围绕目标展开。欧盟转基因食品安全立法的宗旨是：（1）任何转基因产品在投放市场之前，在欧盟层面都需经过最高标准的安全评估，以保护人类和动物的健康以及环境。（2）制定统一、高效和透明的转基因作物风险评估和审批程序。（3）确保市场上的转基因生物标签清晰，使消费者和专业人士能够作出明智的选择。（4）确保投放市场的转基因生物的可追溯性。① 围绕上述宗旨和目标，欧盟转基因食品安全立法由五个重要部分组成：《转基因生物有意环境释放指令》（2001/18/EC）、《转基因食品和饲料管理条例》（1829/2003/EC）、《转基因生物追溯性及标识办法以及含转基因生物物质的食品及饲料成品的追溯性管理条例》（1830/2003/EC）、《转基因食品跨界运输条例》（1946/2003/EC）和《允许成员国限制或者禁止在本国国内种植转基因作物指令》（2015/412/EC）。该五项条例和指令充分回应了欧盟不同阶段出现的现实问题，构成转基因食品安全立法的基础。

第二，转基因食品安全立法原则十分清晰，从始至终贯彻预防原则。欧盟在《转基因生物追溯性及标识办法以及含转基因生物物质的食品及饲料成品的追溯性管理条例》的序言中明确规定："转基因生物

① 参见网址：https：//ec. europa. eu/food/plant/gmo/legislation _ en，最后访问日期：2019 年 9 月 10 日。

的可追溯性应有助于在对人类健康、动物健康或环境（包括生态系统）产生无法预见的不利影响的情况下撤回产品，并有助于确定监测的目标，以审查其潜在影响，特别是对环境的潜在影响。可追溯性还应按照预防原则进行风险管理。”除这一直接规定外，预防原则还体现在转基因食品进口、运输、上市、转基因技术试验、环境释放以及转基因作物和非转基因作物共存等各个立法环节。

第三，立法体系完备，且极具操作性。欧盟立法几乎涵盖了转基因食品进口、审批、储存、运输、上市销售、转基因饲料加工等各个生产和流通环节。其中最具代表性的是转基因食品可追溯制度和标签制度，这从根本上缓解了消费者的担心，保障了消费者的知情权和选择权。1830/2003/EC 条例有几个方面的规定十分值得关注和借鉴：

其一，本条例将转基因食品追溯和标签制度根据对象不同划分为含有转基因生物产品和转基因食品与饲料产品，分别对其可追溯性和标签进行规定。该条例第 4 条规定了含转基因生物产品和转基因食品与饲料产品的可追溯和标签制度。对于含转基因生物产品，该条例规定，包括散装在内的含转基因生物的产品在投放市场的第一阶段，经营者应确保以书面形式向接收该产品的经营者传递下列信息：（a）该产品含有或包含转基因生物；（b）按照第 8 条规定给这些转基因生物分配唯一标识符。在产品上市的所有后续阶段，经营者应确保按照上述规定以书面形式将所收到的信息发送给收到产品的经营者。在包装要求方面经营者应确保：（a）对含有转基因生物的预包装产品，标签上应出现本产品含有转基因生物或本产品含有转基因［生物名称］的字样；（b）对于提供给最终消费者的非预包装产品，关于本产品含有转基因生物或本产品含有转基因［生物名称］的字样应出现在产品的展示上，或作出与之相关的说明。除此之外，还规定了可追溯和标签制度的例外，即产品中转基因生物的含量不超过 2001/18/EC 指令规定的阈值的比例（即小于 0.9%）且该情形是偶发的或在技术上是不可避免的。

本条例第 5 条对于转基因食品和饲料产品可追溯制度进行了规定，指出在将由转基因生物生产的产品投放市场时，经营者应确保以书面形式向接收该产品的经营者传递以下信息：（a）指明由转基因生物生产的每一种饲料材料或添加剂；（b）对于不存在成分清单的产品，应表明该产品是由转基因生物生产的。其在供应链内的每一笔交易完成之后的五年时间内，每一个经营者都必须保存这一信息的记录，并能够确定他们从谁那里购买了这些产品以及向谁提供过这些产品。

其二，本条例规定了检查和控制措施。具体规定体现在第 9 条之中，指出各成员国应确保在适当时候进行检查和采取其他控制措施，包括抽样检查和测试（定性和定量），以确保遵守本条例。检验和控制措施还可以包括对产品持有的检验和控制。欧盟委员会应制定和出版关于抽样和测试的技术指导，以便协调一致地执行前述规定。同时应提供所有已经批准和投入流通的转基因生物信息和参考资料，包括在可能的情况下披露未授权的有关转基因生物的资料。

其三，本条例规定了惩罚措施和报告反馈机制。本条例第 11 条规定了惩罚机制，要求成员国制定违反本条例的处罚规则，并采取一切必要措施确保这些规则得到执行。本条例第 12 条要求不迟于 2005 年 10 月 18 日，欧洲委员会应向欧洲议会和理事会提交关于执行本条例的报告，特别是关于本条例第 4（3）条的报告，并在适当时候提出建议。

第四，健全的立法评估体系和严格的执法体系。欧盟最具特色的是其健全的立法评估体系，这一制度在世界上首屈一指。如前文所述，截至目前欧盟已经完成《转基因生物有意环境释放同时废止 90/220/EEC 指令》（2001/18/EC）执行情况评估、《转基因生物追溯性及标识办法以及含转基因生物物质的食品及饲料成品的追溯性管理条例》（1830/2003/EC）执行情况评估、《转基因食品和饲料管理条例》（1829/2003/EC）执行情况评估和《90/219/EEC 指令及替代其的 2009/41/EC 指令》执行情况评估。从评估结果上能清晰地知晓其条例和指令执行过程中所取得的成绩和存在的问题。通过定期评估了解实践中的不足，为进一步立法修订做准备。当然，这种评估的监督机制不限于上述成员国汇报和欧盟委员会报告，还包括转基因食品上市后的环境监测，其对象是转基因跨国巨头。①

转基因食品安全监管确实是一个世界性难题，欧盟开创了一个很好

---

① 参见网址：https：//ec. europa. eu/food/plant/gmo/reports_ studies_ en，最后访问日期：2019 年 10 月1 日。

的范式。通过成员国的定期汇报、欧盟委员会报告以及 EFSA 等监管机构的日常监管，在欧盟及其成员国以及具体转基因食品市场主体间形成一个良好的约束机制，基本上能够保证相关条例和指令的执行。这种制度设计，一方面体现出欧盟立法和执法一贯的透明度、公众参与度和高效的要求，另一方面得益于其先进的立法理念。当然，从内因上说，还是源于民众对于转基因食品所持的谨慎和排斥的态度，要求欧盟在立法层面予以最严格的监管。

第五，转基因食品安全监管机构权责明确，工作流程清晰并负责、高效。最具代表性的是 EFSA。一是工作目标明确。EFSA 成立于 20 世纪 90 年代末，是为回应当时发生的一系列食品危机而组建的，旨在就与食物链相关的风险提供科学建议和沟通。由于转基因技术的复杂性，相关科学决策很难直接转化为普通民众能够理解的简单指导方针和建议，EFSA 的重要任务之一就是不仅要与主要合作伙伴和利益攸关方进行有效沟通，还要与公众进行广泛的沟通，以帮助弥合科学与消费者之间的鸿沟。二是具有独立性。EFSA 是由欧盟资助的欧洲机构，独立于欧盟立法和行政机构（委员会、理事会、议会）和欧盟成员国。根据《一般食品法》建立的欧洲食品安全体系，其中风险评估（科学）和风险管理（政策）的责任是分开的。欧洲食品安全管理局负责风险评估，其独立性包括财政独立、机构独立和人员独立。其独立地位是其公证高效工作的重要保证。三是具有高效性。转基因食品进口审批中欧盟及其成员国间的分工十分明确，为避免拖延而设置了严格的时间要求。在收集和分析数据方面发挥了重要作用，通过与成员国合作以确保风险评估得到现有最全面的科学信息的支持。自成立以来，欧洲食品安全管理局就牛海绵状脑病（BSE）、沙门氏菌、阿斯巴甜等食品添加剂、致敏食品成分、转基因生物、杀虫剂以及禽流感等动物健康问题提供了广泛的科学建议。①

第六，自始至终强调公开透明和公众参与。例如在转基因作物审批阶段，欧洲食品安全局将最后意见呈报给欧盟委员会，并在二者网站上

---

① 参见网址：http：//www. efsa. europa. eu/en/aboutefsa，最后访问日期：2019 年 10 月 1 日。

披露信息，让公众知晓。欧盟委员会在一个月内听取民众的意见，和成员国一起作出最终是否批准的决定。欧盟理事会于 2019 年 6 月 13 日正式通过了一项关于欧盟食物链风险评估透明度和可持续性的新规定。目的旨在提高欧盟食品链风险评估的透明度，加强欧洲食品安全局研究的可靠性、客观性和独立性，并重新审视 EFSA 的治理工作，以确保其长期可持续性。这一新规定直接源于欧洲公民的倡议，规定在风险评估过程中，公民将自动获得所有行业提交的研究报告和信息（除构成商业秘密外）。所有委托进行的研究都将通知欧洲食品安全局，以确保申请授权的公司提交所有相关信息，防止其隐瞒不利的研究情况。欧洲议会、成员国和民众将派代表适当参与欧洲食品安全局的管理，与所有相关方进行公开对话。①

同时还应客观地看到其也存在一些问题，例如，其一，定期报告机制执行不严格，并没有按时定期更新。部分成员国没有采取配合措施，提供反馈数据，导致欧盟委员会数据样本不足，不得不屡次推迟报告出台时间，要求成员国重新提供数据。其二，如本文开篇所述转基因食品安全立法多为二级立法，欧盟行动能力有限，在欧盟基础性条约中还没有专门针对转基因食品安全的相关规定。根据欧盟及其成员国的权能划分，消费者保护和环境属于共享权能，而关于保护和改善人类健康，欧盟仅享有补充权能。这直接决定了欧盟相关条例和指令只能作出最低门槛的指导立法，具体立法和执法措施还需要成员国进一步制定。成员国间的差异必然导致在具体操作中会存在诸多不同。就《转基因生物追溯性及标识办法以及含转基因生物物质的食品及饲料成品的追溯性管理条例》而言，其将违反条例的惩罚措施下放至成员国，要求成员国应制定违反本条例规定的处罚规则。从总体上说，欧盟转基因食品安全立法为其他国家和地区立法提供了先进的经验，值得长期跟踪研究并有选择地加以借鉴。

① https：//ec. europa. eu/food/safety/general_ food_ law/transparency - and - sustainability - eu - risk - assessment - food - chain_ en. 新规定于 2019 年 9 月 6 日在官方杂志上发表。在发表 20 天后生效，18 个月后即 2021 年 3 月，将开始适用。

匈牙利新国际私法对欧盟法的因应与发展

The Response and Development of Hungary's New Private International Law to European Union Law

袁发强　张柽柳*

摘要：2017 年修订后的匈牙利国际私法，是以欧盟法的不断发展为直接动因，以国家社会制度的转变为现实背景，以解决原有法案的缺陷为基本目标的最新立法成果。该法案反映出加入欧盟的匈牙利为履行成员国义务作出的因应行为，规定了欧盟法律优先适用原则、公共秩序保留与强制性规则，致力于削弱法律适用的属地主义倾向，调整了人格权的法律适用规则及对“有利的法”的运用，并对国际民事诉讼协议管辖制度以及外国判决的承认与执行规则加以完善。与此同时，该法案也在同居者与注册伴侣、物权的法律适用规则方面对欧盟法有所发展。总体上，该法案实现了与欧盟法的兼容，通过对意思自治原则和最密切联系原则的恰当设置确保法律的稳定性与灵活性，并以寻找“更有利的法”力求平衡实质正义与形式正义的冲突。其中，该法案对“有利的法”的运用值得我国国际私法学习和借鉴。

---

* 袁发强，男，1966 年生，湖北武汉人，华东政法大学国际法学院教授，法学博士，博士生导师。主要研究领域：国际私法、国际商事仲裁、国际航运法律。张柽柳，女，1995 年生，陕西安康人，华东政法大学国际法学院 2018 级硕士研究生。研究方向：国际私法。

关键词：匈牙利；国际私法；欧盟法

Abstract: Hungary's private international law revised in 2017 was the latest legislative achievement with the continuous development of European Union law as the direct cause. That is the changes of the national social system as the realistic background, and the basic goal to solve the defects of the original bill. The New Act reflects the response of Hungary that joins the EU to fulfill the obligations of its member states with stipulating the principle of priority application of EU law, the reservation of public order and imperative rules. It's committed to weakening the territorial tendency of the application of law, adjusting the application rules of the personality rights and "favorable laws", and improving the jurisdiction system of international civil litigation agreements and the recognition and enforcement rules of foreign judgments. Meanwhile, the Act has also developed EU law in terms of the application rules of cohabitants, registered partners and rights in rem in general, the New Act is compatible with EU law, ensuring the stability and flexibility of the law through the proper setting of the principle of autonomy of the parties and the doctrine of the most significant relationship, and it strives to balance the conflict between substantive justice and formal justice by finding a "more favorable law". Among them, the application of the "beneficial law" in the New Act is worth of study and reference for China's private international law.

Key Words: Hungary; private international law; European Union law

21 世纪以来，世界各国尤其是中东欧国家，纷纷踏上国际私法的改革之路。2004 年 5 月 1 日，匈牙利正式加入欧盟。[①] 面对国内外形势的巨大变化以及国际私法理论与实践的持续发展，匈牙利决定修改其国

① 参见欧盟官网，https://eur-lex.europa.eu/legal-content/EN/TXT/?qid=1588982927971&uri=CELEX:52003SC1205，最后访问日期：2020 年 5 月 6 日。

际私法立法。2014 年底，匈牙利政府计划编纂新的国际私法法典。[①] 2015 年 5 月 28 日，匈牙利政府发布了《第 1337/2015 号政府决议》，设立了由国际私法学者、法律从业人员和司法部代表组成的国际私法编纂委员会（以下称“委员会”），其主要目的是制定一部符合欧盟法律和国际条约规定的现代国际私法法典。[②]

根据该决议的安排，委员会的立法任务分为三个阶段：首先，委员会就有关新国际私法的重要概念与问题提出建议，进行背景研究并编写相关材料，详尽阐述新国际私法的基本构想，形成初步研究报告以作为草案的基础；其次，委员会向专业学者和社会公众公开征求意见，同时设立若干工作组，由这些工作组根据专业意见和社会讨论分别提出各自领域的草案建议；最后则是由委员会根据基本构想和各工作组提出的建议拟订新国际私法的立法草案，以便将其提交给匈牙利议会。

2017 年 4 月 4 日，匈牙利议会通过了《关于国际私法的 2017 年第 28 号法案》（下文称“新法案”），[③] 其已于 2018 年 1 月 1 日正式生效，完全取代了《1979 年关于国际私法的第 13 号法案》（下文称“匈牙利 1979 年国际私法”）。鉴于新法案体现出一些新的特点，反映出加入欧盟的匈牙利对欧盟法和海牙国际私法的跟进，其中有值得我国学习和借鉴之处。

一 新法案的制定原因与立法结构

（一）新法案的制定原因

匈牙利加入欧盟之前，其国内政治和社会经济制度发生了重大变

① Katalin Raffai, “The New Hungarian Private International Law Act—a Wind of Change,” *Acta Univer-sitatis Sapientiae*, *Legal Studies*, Vol. 6, No. 1, 2018, p. 122.

② 1337/2015 (V. 27.) Korm. határozat az új nemzetközi magánjogi szabályozás kodi fikációjáról és a Nemzetközi Magánjogi Kodifikációs Bizottság felállításáról。参见匈牙利国家立法网 (Nemzeti Jogszabálytár), http://njt.hu/cgi_bin/njt_doc.cgi?docid=175783.336322#foot_1_place.

③ 匈牙利国民议会《关于国际私法的 2017 年第 28 号法案》公布于 2017 年 4 月 11 日第 54 号《匈牙利官方公报》第 6527－6552 页，参见匈牙利官方公报 (Magyar Közlöny), available at http://njt.hu/cgi_bin/njt_doc.cgi?docid=201468.337224, last accessed on 15 April 2020.

化，跨境民商事交往更加频繁，法律冲突事件也不断增多。在匈牙利加入欧盟之后，其成员国资格为匈牙利进行国内改革，尤其是法律制度的改革带来了新的契机。根据欧共体各项条约所确立的法律秩序，加入欧盟意味着承认欧盟法对匈牙利的约束力，并且某些法律规则还具有直接适用性，优先于可能与之相冲突的匈牙利国内法规定。因此，接受欧盟法对匈牙利构成挑战，其国内法律需要随着欧盟法的发展发生相应变化，以消除两者的不一致之处。①

1. 直接动因：欧盟法的不断发展

在《欧盟运行条约》第 81 条的授权下，欧盟有权在具有跨境影响的民事事务中开展司法合作。这些民事司法合作在内容上至少包括国际私法的三大核心领域——管辖权、法律适用以及判决的承认与执行；在措施上包括采取使成员国法律与欧盟法趋同的措施。② 按照《欧盟运行条约》第 288 条第 2 款的规定，“条例”（regulations）具有普遍适用性，其应具有完全的约束力并直接适用于所有成员国。③ 随着欧洲一体化的深入推进，越来越多的欧盟法，尤其是欧盟国际私法以“条例”的形式通过，并在各成员国施行。可以说，欧盟法在其成员国国内法中占据了很大比例，完全或部分地排除了某些领域的自主立法。匈牙利加入欧盟后，有义务遵守欧盟法，确保包括国际私法在内的匈牙利国内立法符合欧盟法的要求。

除了相符性的要求之外，欧盟还要求各成员国确保欧盟法或者欧盟国际私法条例的优先地位。匈牙利原国际私法缺乏这一内容而只提及了国际条约的优先权。此外，匈牙利作为海牙国际私法会议的成员国，参加了许多海牙国际私法会议制定的条约。这些条约在法律渊源层面的优先权也不断扩大，导致实践中越来越难以在匈牙利国内法、欧盟法、国

---

① Tamás Szabados, “The New Hungarian Private International Law Act: New Rules, New Questions,” *Rabels Zeitschrift für ausländisches und internationales Privatrecht*, Vol. 82, No. 4, 2018, p. 975.

② 参见程卫东、李靖堃译《欧洲联盟基础条约（经〈里斯本条约〉修订）》，社会科学文献出版社 2010 年版，第 79—80 页。

③ 参见程卫东、李靖堃译《欧洲联盟基础条约（经〈里斯本条约〉修订）》，第 149 页。

际条约中确定应适用哪种法律。在某些情况下，这几种不同的渊源可能都具有相关性，从而造成了法律适用的不确定性。[①]

2. 现实背景：国家社会制度的转变

匈牙利1979年国际私法颁布时，它还是社会主义国家。20世纪80年代末，东欧局势发生了剧烈的动荡。1989年10月23日，匈牙利通过宪法修正案，将原来的“匈牙利人民共和国”更名为“匈牙利共和国”，决定取消作为集体国家元首的共和国主席团在国家机构中的领导作用，确立多党制和议会民主制的政治体制，并在国家机构中体现出立法、行政、司法三权分立的原则。匈牙利国内的社会和政治环境已经完全改变，经济关系也从计划经济转变为市场经济。由于政治和经济的转型，匈牙利再次加入国际贸易潮流中，使得个人和资产的跨境流动愈发频繁。[②] 这一趋势在匈牙利成为欧盟成员国后进一步加强。加入欧盟，约束和限制了匈牙利管理跨国民商事交往的主权权力，为资本、商品与人员在欧盟内部的自由流动创造了更好的外部条件，进一步满足了市场经济的要求。

为了与国家政治、经济关系相适应，特别是与匈牙利成为欧盟成员国的形势相适应，匈牙利于2011年至2016年相继完成了对宪法、民法、民事诉讼法等国内法的修订。修订国际私法规则不仅是适用欧盟法以确保外部协调的需要，也是统一所有实体条款和程序条款之间的概念、术语和制度，以促进这些国内法律渊源之间内部协调的需要。[③]

3. 基本目标：解决原有法案的缺陷

如前所述，匈牙利发生了巨大变化。这一方面导致国际私法案件数量大幅增长并且越来越复杂，法律适用变得更加困难；另一方面，匈牙利1979年国际私法颁行的时间间隔久、跨度大，又因国际私法的理论

---

① Katalin Raffai, “The New Hungarian Private International Law Act—a Wind of Change,” *Acta Univer-sitatis Sapientiae*, *Legal Studies*, Vol. 6, No. 1, 2018, pp. 121 – 122.

② Tamás Szabados, “The New Hungarian Private International Law Act: New Rules, New Questions,” *Rabels Zeitschrift für ausländisches und internationales Privatrecht*, Vol. 82, No. 4, 2018, pp. 974 – 975.

③ Katalin Raffai, “The New Hungarian Private International Law Act—a Wind of Change,” *Acta Univer-sitatis Sapientiae*, *Legal Studies*, Vol. 6, No. 1, 2018, p. 122.

与实践持续发展，该法存在着一些空白和不确定因素，体现出不适应性，具体表现在三个方面：第一，在调整范围上，越来越多的民商事法律关系含有了涉外因素，而该法缺乏对这一趋势的相应反映，立法所涉领域相对有限；第二，在冲突规则上，该法不仅多采用单边冲突规范，双边冲突规范的连接点也较为单一、僵化，法律适用缺乏灵活性；第三，在管辖权上，该法中有关专属管辖权的规定较多，协议管辖的范围狭小，而且几乎没有关于涉外财产案件以及除监护与保佐事项以外的其他涉外家事案件的专门管辖规则，也缺乏对国际民事司法合作的最新动态之反映。

综合这些问题，需要新的解决方案消除匈牙利 1979 年国际私法的痼疾和不确定因素，以确保国际私法规则适用的明确性、合理性和一致性。①

（二）新法案的立法结构

新法案共 12 章 47 节 134 条。在法案结构方面，委员会在讨论了多种方法后，提出两种新的替代性方案。第一种方案强调法律结构应当反映实践适用过程，因而关于管辖权规则应紧接着导言一章之后制定；其次是法律适用的一般规则和特殊规则；最后是诉讼程序、承认与执行的规则。这是海牙国际私法会议制定的国际私法条约和欧盟国际私法条例惯常采用的立法结构。第二种方案则基于对“法律实践是否会更容易按照专题顺序逐章讨论管辖权、法律适用、承认和执行外国判决”这一问题的思考，提出每一章的法律关系都应当包含这三类规则。② 例如，瑞士、捷克与比利时的国际私法所采用的结构体系即如此。

经过多番讨论商定后，委员会认为，这两种新方案都会使法律结构过于复杂，增加立法难度，最终决定保留匈牙利 1979 年国际私法的法

① Tamás Szabados, “The New Hungarian Private International Law Act: New Rules, New Questions,” *Rabels Zeitschrift für ausländisches und internationales Privatrecht*, Vol. 82, No. 4, 2018, pp. 975 – 976.

② Tamás Szabados, “The New Hungarian Private International Law Act: New Rules, New Questions,” *Rabels Zeitschrift für ausländisches und internationales Privatrecht*, Vol. 82, No. 4, 2018, p. 976.

典结构，并在几个地方稍作修改，从而形成了现在的“总则、法律适用、国际民事诉讼和最后规定”的立法结构。[①] 就章节顺序而言，法律适用规则的变动最大：婚姻家庭的法律适用被提前至第三章；知识产权的法律适用被移至物权之后；与婚姻家庭有着密切联系的同居者和注册伴侣的法律适用则另设一章加以规制而不纳入家庭关系之中。调整后的结构不仅更加符合法律关系产生的先后顺序，也遵循了匈牙利 2013 年《民法典》的结构。

现行新法案的结构和顺序为：第一章总则，规定了适用范围、术语的含义、一般原则以及识别、反致、公共秩序保留、外国法的查明等适用于冲突规范的一般制度。第二章至第八章为法律适用规则，分别对人法、家庭法、同居者和注册伴侣、物权、知识产权、债法、继承法这七个领域规定了相应的冲突规则。第九章至第十一章为国际民事诉讼规则，分别规定诉讼程序（包括送达与取证规则）、管辖权、外国判决的承认和执行。第十二章是最后规定，包括生效条款、过渡性条款、修改条款和废除条款等内容。

二 新法案对欧盟法的因应

（一）欧盟法律优先适用原则

根据新法案第 1 条和第 2 条的规定，新法案仅在有限的范围内适用于具有涉外因素的私法关系，包括法律适用、国际管辖权规则及其行使程序规则、承认与执行外国判决的规则，但不适用于由欧盟法可直接适用、具有普遍效力的领域和国际条约涵盖的事项。可见，新法案在承袭匈牙利 1979 年国际私法确立的“国际条约优先适用原则”的同时，考虑到匈牙利已经成为欧盟成员国，增加了“欧盟法律优先适用原则”。这一规定旨在解决匈牙利国内法与国际法在涉外民商事领域的关系，强调新法案自身的辅助性，与匈牙利的国际义务相协调。[②] 不仅是匈牙

---

① Katalin Raffai, “The New Hungarian Private International Law Act—a Wind of Change,” *Acta Univer-sitatis Sapientiae*, *Legal Studies*, Vol. 6, No. 1, 2018, pp. 123 – 124.

② See Katalin Raffai, Sarolta Szabó, “Selected Issues on Recent Hungarian Private International Law Codification,” *Acta Juridica Hungarica*, Vol. 51, No. 2, 2010, p. 137.

利，“欧盟法律优先适用”的规定也纷纷出现在其他相继加入欧盟的罗马尼亚、捷克、克罗地亚等国家最新修改的国际私法之中。

应予注意的是，新法案第 2 条只是明确规定了涉外民商事领域的国际立法与国内立法的关系，而没有一并解释欧盟法与国际条约之间的适用关系。如果欧盟法与国际条约有不同规定的，应当如何适用法律呢？实际上，从新法案的许多规定来看，尽管缺乏“欧盟法首要原则”这样一个明确的条款来宣布其首要地位，该原则仍然存在。[①]

首先，从欧盟国际私法条例的内容来看，这些条例通常会在序言和正文中明确阐明其自身的适用问题，包括如何处理其与相关国际条约，尤其是与海牙国际私法条约之间的适用关系。例如，欧盟理事会 2003 年 11 月 27 日《关于婚姻与父母责任事项的管辖权及判决的承认与执行并废除第 1347/2000 号条例的第 2201/2003 号条例》第 60 条和第 62 条第 1 款规定，在成员国之间的关系中，就该条例管辖的事项而言，该条例应优先适用于海牙国际私法会议 1961 年 10 月 5 日《关于未成年人保护的管辖权和法律适用的公约》、1970 年 6 月 1 日《承认离婚及分居的公约》以及 1980 年 10 月 25 日《关于国际诱拐儿童的民事方面的公约》；这些海牙公约对本条例未规定的事项产生效力。按此规定，匈牙利应当优先适用该欧盟条例；该欧盟条例没有规定的，则适用上述海牙公约。

其次，由于欧盟国际私法的解决方案通常被视为成员国自主立法的典范，即使是匈牙利未参加的欧盟国际私法条例，委员会也会考虑其中的有益规定并将其适当反映在新法案中，以确保二者在更大范围内的一致性。以夫妻财产关系为例，虽然匈牙利没有参加欧盟理事会 2016 年 6 月 24 日《关于在婚姻财产效力事项的管辖权、法律适用、判决的承认与执行领域强化合作的第 2016/1104 号条例》，[②] 但是新法案第 28 条仍确保了法律选择的可能性，唯一区别在于后者增加了法院地法可以作

---

① Tamás Szabados, “The New Hungarian Private International Law Act: New Rules, New Questions,” *Rabels Zeitschrift für ausländisches und internationales Privatrecht*, Vol. 82, No. 4, 2018, p. 978.

② 参见欧盟官网，https://eur-lex.europa.eu/legal-content/EN/TXT/?uri=celex:32016D0954, Last Accessed on 12 April 2020.

为由当事人选择的法律。

最后，对于欧盟立法尚未涵盖的领域，遵守欧洲法院的相关判决也具有重要意义。[①] 新法案决定修改有关多国籍者出生姓名的法律适用规则就很好地说明了这一点。为确保符合欧洲法院的判决[②]，新法案第 16 条允许多国籍者可以就其出生姓名的使用选择适用其中一个国籍国法。

综合这些理由和解释，欧盟法首要适用的法律地位既是立法要求的反映，也是便利实践处理的需要。

（二）公共秩序保留和强制性规则

结合欧盟法所要求的一致性和优先性，各成员国的内部公共秩序也应当尊重并服从欧盟的公共秩序。不过，这一限制并未对成员国的主权造成实质性影响。欧洲法院在 Yvonne van Duyn v. Home Office 案中裁定，[③] 公共秩序合理的具体情况可能因国家和时代而异，必须承认成员国在《欧洲联盟条约》规定的范围内有酌情处理权，可以自由决定对公共秩序的要求，并根据所追求目标的合法性决定干预的限度。随后，在 Régina v. Pierre Bouchereau 案中，[④] 欧洲法院认为，公共秩序应当尊重国家的基本价值，需要不断变化以便适应社会发展的需要，且公共秩序必须涉及真正和足够严重的威胁以至于影响社会的根本利益。

这些立法和判决深深地影响了后来的欧盟国际私法，并得到匈牙利的遵循。新法案第 12 条规定，如果在某案件中适用外国法律的结果明显严重违反了匈牙利法律制度的基本价值和宪法原则，该外国法的适用与匈牙利的公共秩序相抵触，则不得适用该外国法。由此可见，新法案采用公共秩序保留的“结果标准”，即外国法的规定本身不是决定性的因素，只有当适用外国法对匈牙利的公共秩序产生损害结果时才排除外

---

① Tamás Szabados, “EU Private International Law in Hungary: An Overview on the Occasion of the 15th Anniversary of Hungary's Accession to the EU,” *Eltelawjournal*, No. 2, 2018, p. 46.

② ECJ Case C - 148/02, Carlos Garcia Avello v. Belgian State [2003], ECR I - 11613, Para. 28.

③ ECJ Case C - 41/74, Yvonne van Duyn v. Home Office [1974], ECR I - 1337, Para. 18 - 20.

④ ECJ Case C - 30/77, Régina v. Pierre Bouchereau [1977], ECR I - 1999, Para. 34 - 35.

国法的适用。新法案还以“明显严重违反”作为进一步限制使用的条件。简言之，该条既旨在加强公共秩序的消极防御功能，防止外国法的运用结果可能会对匈牙利的经济、政治和社会价值观产生不利影响；同时也在一定程度上限制法官的自由裁量权，以尽可能地避免司法实践中对公共秩序保留的滥用或误用。[①]

法理学通常是将强制性规则视为公共秩序的积极组成部分，但是并未具体说明一项既定规则需要满足哪些要求才能获得绝对的强制性适用。从匈牙利法律的发展历程来看，以往的匈牙利立法和判例并没有具体提及这一领域。[②] 匈牙利 1979 年国际私法也没有单独规定强制性规则，只同时规定了法律规避和公共秩序保留。

为实现司法礼让与促进国际合作的立法目标，加上《罗马条例 I》和《罗马条例 II》的积极影响，新法案打破原有的法律传统，实现了强制性规则与公共秩序的分离，公共秩序仅保留其消极功能，积极功能由强制性规则独立发挥，效力范围也远远超出合同之债和非合同之债。[③] 依据其第 13 条，不论新法案规定的法律条款如何，如果从其内容和目的上可以清楚地确定它是属于新法案范围内的法律关系中必须无条件执行的强制性规则，则应当得到适用，而且并不局限于匈牙利国内法，与实际情况密切相关且对其认定具有决定性意义的外国强制性规则也可纳入适用考虑范围。

在经济全球化和欧洲一体化的背景下，由于各国在涉外民商事关系的各个领域，尤其是外汇管制等金融安全、环境治理、劳动者权益保护、贸易投资安全等公法领域的国际合作不断加深，拒绝承认外国强制性规则的域外效力不但不利于匈牙利进一步开展与其他国家，尤其是与欧盟成员国之间的民商事交往，而且可能会割裂第三国与案件的重要联

---

① See Katalin Raffai, Sarolta Szabó, “Selected Issues on Recent Hungarian Private International Law Codification,” *Acta Juridica Hungarica*, Vol. 51, No. 2, 2010, p. 145.

② See Katalin Raffai, Sarolta Szabó, “Selected Issues on Recent Hungarian Private International Law Codification,” *Acta Juridica Hungarica*, Vol. 51, No. 2, 2010, p. 147.

③ Tamás Szabados, “The New Hungarian Private International Law Act: New Rules, New Questions,” *Rabels Zeitschrift für ausländisches und internationales Privatrecht*, Vol. 82, No. 4, 2018, p. 983.

系，以至于无法公正地处理有关争议。强制性规则的目的是保护公共利益，服务于相关国家的基本政策、经济和社会政治利益。因此，无论在国内关系还是在受外国事实影响的关系中，它们的适用都是强制性的。①

委员会同样注意到，法律规避制度已经鲜少出现在欧盟国际私法当中。鉴于此，新法案也未保留关于法律规避的任何规定。产生这一变化的主要原因在于：法律规避着眼于当事人的欺诈行为，而且随着意思自治原则的适用范围不断拓宽，当事人的自治权日益增强，可以想象的欺诈案件变得很少，即使在某些可能的情况下，国际私法的其他制度也可以提供适当的保障。② 立法取缔法律规避制度固然有其现实可行性基础，但是，这可能会就法律规避与其他制度的相互关系留下疑问：法律规避是新法案未予保留的独立制度，还是强制性规则或公共秩序的一部分呢？鉴于新法案赋予了“强制性规则”独立的法律地位，从适用范围、运用结果和立法目的来看，其不仅将国内、国外的强制性规则都纳入考虑之中，而且特别强调这些规则必须适用而不得排除或规避，这与原先的“法律规避”制度殊途同归。因此，有充分理由可以认为，新法案实际上是将法律规避包含在强制性规则这一制度中的。

（三）法律适用的一般规则与方法

1. 削弱法律适用的属地主义倾向

在法律适用方面，委员会试图运用现代的法律选择方法，以削弱匈牙利 1979 年国际私法在法律适用上的属地主义倾向，从而更加贴近和符合欧盟国际私法的认识和理解。为此目的，委员会作出了三方面的积极努力。

第一，删除特定情形下适用外国法取决于互惠关系的规定。尽管匈

① Katalin Raffai, “The New Hungarian Private International Law Act—a Wind of Change,” *Acta Univer-sitatis Sapientiae*, *Legal Studies*, Vol. 6, No. 1, 2018, p. 127.

② Tamás Szabados, “The New Hungarian Private International Law Act: New Rules, New Questions,” *Rabels Zeitschrift für ausländisches und internationales Privatrecht*, Vol. 82, No. 4, 2018, p. 985.

牙利1979年国际私法已经认识到外国法的适用不以互惠为条件，但考虑到当时的匈牙利与西方国家在法律制度上的差异，出于保护国家主权及利益之目的，某些法律关系只有在互惠条件下才可以适用外国法。① 这一点同样得到了罗马尼亚国际私法的认同。② 新法案则完全没有提及法律适用需要以互惠为条件，互惠仅在国际民事诉讼中发挥作用，尤其是在承认与执行外国判决方面。究其原因，主要有二：一是现实情况的客观要求。过去几十年的经济和政治变革使匈牙利成为市场经济国家，对法律适用要求互惠颇显多余。二是国际私法理论的发展。国际私法的使命是指定最适合解决案件的管辖法律，这一目标不应当受到任何互惠要求的影响。③

第二，取消行政机关对涉外结婚与收养的干预。新法案第26条是有关婚姻的法律适用规范。按照该条第1款和第4款的规定，婚姻只有在满足缔结婚姻时双方的属人法所要求的实质要件时才有效；如果依照匈牙利法律，结婚具有不可排除的障碍，则不得在匈牙利缔结婚姻。对比新旧规定，新法案依旧重视匈牙利法律对婚姻事项的管辖能力，但是不再要求在匈牙利结婚的外国人、意欲在国外结婚的匈牙利国民或在匈牙利居住的无国籍人、住所在国外的匈牙利国民必须由匈牙利外交机构、司法部长或者其他各级行政机构证明其缔结婚姻不存在障碍事项。就涉外收养而言，根据新法案第33条第1款的规定，收养在符合收养时收养人和被收养人的属人法所规定的要件时即为有效，而无须取得匈牙利监护机关的同意（匈牙利国民收养非匈牙利国民）或者批准（非匈牙利国民收养匈牙利国民），且收养必须符合匈牙利法律规定的条件才能获得同意或者批准。匈牙利认为，涉外结婚与收养的效力问题需要从严掌握，新法案继续采用了重叠适用的冲突规范，但是由于“婚姻自由”与“儿童最佳利益”等理念的深入人心、跨境婚姻与收养案件数量的持续增多以及法律关系的愈加复杂，取消行政机关的职能干预以

---

① 参见匈牙利1979年国际私法第6条和第17条。

② 参见罗马尼亚2011年10月1日《民法典》第2561条。

③ Tamás Szabados, "The New Hungarian Private International Law Act: New Rules, New Questions," *Rabels Zeitschrift für ausländisches und internationales Privatrecht*, Vol. 82, No. 4, 2018, p. 984.

减少法律适用困难具有现实必要性。

第三，增加灵活开放型系属公式的适用。在欧盟国际私法不断扩大对当事人意思自治原则和最密切联系原则的适用并已经发展出一套相对完善的立法体系的背景下，新法案也深化了对这两大原则的规定。在一般原则上，新法案第 7 条赋予了当事人法律选择权，明确该权利应当以明示的方式行使，且不得影响第三人的既得权利；第 11 条则规定了最密切联系原则作为“一般性辅助规则”的法律地位，即如果新法案对属于其适用范围内的法律关系未作规定，则适用与该法律关系有着最密切联系的国家的法律。上述两个条款将当事人意思自治原则和最密切联系原则作为宣示性条款规定在总则之中，不仅可以为具体规则提供一般指导以维护法律体系的协调一致，还可以在缺乏具体规则的情况下发挥作用，有效弥补法律漏洞，填补法律空白。在具体规则上，新法案对法律选择的权利、主体、时间、范围与溯及力等进行了详细的规定；最密切联系原则也主要作为法律适用的补充原则而被纳入涉外民事纠纷中。基于此，这两大原则的适用范围从合同之债拓展至自然人、婚姻家庭、物权以及非合同之债等领域，基本实现了普遍性适用，大大增加了法律适用的灵活性。

2. 调整损害人格权的法律适用规则

对于损害人格权的法律适用问题，欧盟最初计划将其纳入《罗马条例 II》中加以一并规定，但是欧盟各成员国始终无法在人格权保护和言论自由保障的政策平衡上达成一致意见，该条例最终没有涉及该问题，成员国可就此作出单独规定。[①] 委员会根据以往的国际私法经验以及欧洲法院的相关判决，对损害人格权的法律适用规则进行了修订，主要具有以下特点：

第一，适用范围扩大。从新法案第 23 条第 1 款的规定来看，该条对人格权的关注重点不再局限于损害请求权，而是扩展至损害人格权的全部事项，包括侵权行为是否发生以及侵权行为的后果。受到侵犯的自然人适用受害方的惯常居所地法；法人则适用其章程指定的主事务所所

① 黄志慧:《国际人格权侵权法律适用问题之司法协调：从欧盟到中国》,《政法论丛》2015 年第 2 期。

在地法。新法案选择惯常居所地而非国籍作为当事人属人法的连接点，既是出于欧盟国际私法广泛使用这一连接因素的范式转变，也是因为惯常居所地是个人生活的实际中心所在地，可以反映受害方与特定地域之间真实、实质、长期的联系。①

第二，赋予受害方有限选择权。第 2 款允许任何受害方最迟可以在应诉阶段于法院指定的期限内选择适用利益中心所在国法、加害方的惯常居所地法（法人则是章程指定的主事务所所在地法）或者匈牙利法。受害者单方选择权是弱者权益保护原则在冲突法上的反映，是内容导向与结果导向的规则，为受害人提供可选择的连接点，使其在新法案指定的范围内决定应适用的法律，可以最大限度地实现保护受害人利益的立法目的。在连接点的选择上，利益中心所在国法在欧洲法院的一些判决中被用来确定与侵犯人格权有关的管辖权，② 新法案将其引入法律适用中。此外，将匈牙利法律作为受害方的选择之一，既是为达到扩大匈牙利法律适用之目的，也从侧面反映出新法案对于复合连接点的审慎运用。

第三，增加侵害风险的法律适用。根据第 3 款，前两款的规定不仅适用于受害方所受到的实际损害，当存在侵害人格权的风险时亦可适

---

① 尽管新法案在参考欧洲法院有关案例后重新界定了“惯常居所地”并经常使用，但是在属人法上形成了“以国籍为主、惯常居所地和住所地为辅”的模式。根据新法案第 15 条及其他规定，个人的属人法首先是其国籍国法，惯常居所地法只能在没有国籍或国籍不明，或法律有其他规定的情况下发挥作用。匈牙利坚持“国籍原则”的主要原因在于：第一，匈牙利作为大陆法系国家，其国际私法的法律传统便是以国籍为连接点，追求公民身份而非领土方法；第二，匈牙利系移民国家，近年来大量匈牙利国民出国工作并居住在国外，遵循国籍原则有利于确保匈牙利法律适用于生活在国外的匈牙利国民的私法关系；第三，匈牙利通过简化的入籍程序，对于具有匈牙利血统但居住在其他国家（主要是邻国）的非匈牙利国民实行一体化政策，使其获得匈牙利国籍，这种趋势可能会导致必须由匈牙利法院查明双重或多重国籍国民属人法的案件增多，需要确保匈牙利法律适用于这类人；第四，出于实际考虑，相比之下国籍更容易遵循和定义，确定更加方便，而惯常居所则需要广泛核查事实。（Tamás Szabados, *Bestimmung des Personalstatuts in den postsozialistischen Staaten*, Zeitschrift für europäisches Privatrecht, No. 1, 2016, pp. 282 – 284; quoted from Tamás Szabados, “The New Hungarian Private International Law Act: New Rules, New Questions,” *Rabels Zeitschrift für ausländisches und internationales Privatrecht*, Vol. 82, No. 4, 2018, pp. 986 – 987.）

② ECJ Joined Cases C – 509/09 and C – 161/10, eDate Advertising GmbH and Others v X and Société MGN LIMITED [2011], ECR I – 10269, Para. 48 – 52.

用。将此纳入国际私法无疑是一项新规定，有利于加大对受害者的人格权保护，具有特别典型的进步意义。

3. 对“有利的法”的运用

“有利的法”是国际私法冲突规则逐步向实质正义发展的典型表现。为顺应体现实质正义的需要，加上对欧盟国际私法立法经验的借鉴，立法修改在法律选择适用上加强了以结果为导向的选法规则的适用，使得“有利的法”在实践的运用上兼具稳定性和灵活性。

匈牙利对于“有利的法”的规定体现在新法案第 18 条、第 25 条、第 32 条和第 34 条之中。新法案第 18 条是关于成年人保护的法律适用条款，其规定：“监护以及其他不影响成年人行为能力的保护措施，其设置要件、成立、变更、终止、法律后果以及因此而产生的法律关系，适用对所依据的事实进行裁判时该当事人的惯常居所地法。如果对当事成年人更为有利的，法院可以例外地适用或考虑与案件有更密切联系的另一国法律。”新法案第 25 条规定：“涉及子女的家庭关系，在对子女更为有利时，适用匈牙利法律。”该条作为第三章家庭法的一般规则之一，其在法律选择方法上延续了匈牙利 1979 年国际私法的做法：首先，“有利的法”适用于父母与子女的家庭关系，立法所保护的对象为子女；其次，法院只需要判断匈牙利法律是否对子女更为有利，而无须考虑第三国实体法如何规定。第 32 条规定：“如果依照第 31 条应适用的法律，生父的法律地位空缺，则在对子女更为有利时，应适用与案件有密切联系的另一国法律。”第 34 条规定：“父母与子女之间的法律关系以及监护（完全成年以及姓名使用除外）适用法院地法。如果对子女更为有利的，法院可以例外地适用与案件有密切联系的另一国法律。”

从这些规定来看，新法案一方面通过“功能主义”的路径对“有利的法”进行恰当设置，每项立法条文只规定了一个连接点，以寻找“更有利的法”为立法目标；另一方面，新法案顺应“儿童最佳利益”和“成年人保护”的国际私法发展趋势，明确指明法律所要保护的对象。据此，法官只需在特定的两类可适用的法律中选择一个对被保护人“更为有利的法”，以此直接达到实质结果有利于相关当事人的目的，从而恰当地平衡选法方法的形式正义与适用结果的实质正义之间的冲突，使得“有利的法”并非仅仅停留在思想层面，而是成为具有可操作性的冲突规则，有利于在个案中实现保护当事人权益的立法目的。

（四）国际民事诉讼程序规则

1. 修改和完善协议管辖制度

2015 年 6 月 11 日，欧盟作为一个整体批准了海牙国际私法会议 2005 年 6 月 30 日《选择法院协议公约》，该公约于 2015 年 10 月 1 日正式对欧盟以及作为欧盟成员国的匈牙利生效。[①] 为顺应公约与本国现实发展的要求，新法案修改了协议管辖的有关内容，其总体目标是为当事人提供自主权，使之能够选择一个最适合当事人解决法律纠纷的诉讼法院。[②] 根据新法案第 99 条的规定，具体包括以下四个方面：

第一，选择范围的扩大。根据第 1 款的规定，可供当事人选择管辖法院的范围不限于国际经济合同纠纷，还包括非合同之债、损害人格权、动产物权、继承以及其他涉外财产事项纠纷（破产程序除外）。对于这些纠纷，双方当事人可以协议约定既已发生的法律争议或者（因特定法律关系而发生的）将来法律争议由某个国家的多个法院或者某个、某几个特定法院行使国际管辖权。

第二，选择形式的增加。新法案一改传统上“书面协议”的强制性要求，纳入了更具灵活性和多样性的选择形式。第 3 款规定，当事人除采用书面形式约定国际管辖权外，还可以采用经书面确认的口头形式；或者采用符合双方以往惯例的形式；或者在国际商业贸易中以符合当事人知道或应当知道的贸易惯例的形式，并且这种惯例对于订立此类合同的当事人在有关业务中是众所周知并经常考虑的。

第三，选择无效的情形。按照第 2 款的规定，如果选择法院协议违反匈牙利法院专属管辖和排除匈牙利法院管辖的规定的，则该协议无效。

第四，选择无效的处理。为防止和避免实践中产生因选择法院协议

---

① 参见海牙国际私法会议官方网站，https：//www. hcch. net/en/instruments/conventions/status－table/？ cid＝98，last accessed on 24 April 2020.

② Tamás Szabados，“The New Hungarian Private International Law Act：New Rules，New Questions，” *Rabels Zeitschrift für ausländisches und internationales Privatrecht*，Vol. 82，No. 4，2018，p. 1000.

无效而导致的管辖权消极冲突，第 7 款规定，如果当事人选择的外国法院经匈牙利本国法院确定其缺乏管辖权，则匈牙利法院可以根据一般规则确立其管辖权。

2. 变更承认与执行外国判决的条件

随着《阿姆斯特丹条约》《里斯本条约》等欧共体条约的发展，欧盟在国际民事司法合作的法律基础方面不断拓展，权能也进一步加强。欧盟国际司法合作的转折点是“相互承认原则”。该原则可以促进成员国主管机构之间的合作和个人权利的司法保护。各国在适用承认与执行其他欧盟成员国判决时，应进一步减少“中间措施”①。匈牙利为推行“相互承认原则”在国际私法领域的适用，对承认与执行外国法院判决的条件进行了较大程度的修改，以进一步减少承认与执行外国判决的司法障碍。具体表现为以下两点：

一是承认与执行外国判决的一般条件。根据新法案第 109 条的规定，其摒弃了“对匈牙利法院或其他机关无专属管辖权的外国判决应予承认；有专属管辖权的只能在本法规定的例外情况下予以承认”之做法，转而以外国法院的正当管辖权、判决的最终效力以及不存在拒绝承认之任何事由作为承认外国法院判决的充分必要条件。② 此外，新法案对外国法院正当管辖权之确定采取相对宽松的立法态度。除非新法案另有规定，只要外国法院是根据作出判决的法院地法，或者是根据匈牙利法院依照新法案所确立的国际管辖权之管辖依据行使管辖权，抑或是通过国籍、惯常居所地或法律事实发生地等连接因素而取得管辖权的，则外国法院的管辖权应被认为是有充分依据的。这些规定可以保障外国法院的管辖权具有充分依据，不至于在实践中出现过多的因外国法院管辖权不合格而拒绝承认与执行外国判决的案件，最终有利于促进民商事判决在不同国家间的承认和执行。

---

① 叶斌：《欧盟国际私法的新发展：权能扩张与欧洲化》，《欧洲研究》2010 年第 5 期。

② 根据新法案第 109 条第 4 款的规定，拒绝承认外国判决之任何事由包括违反匈牙利的公共秩序或者一事不再理原则，或者诉讼文书未送达当事人或其代理人等。（参见邹国勇译《匈牙利 2017 年〈关于国际私法的第 28 号法律〉》，黄进、肖永平、刘仁山主编：《中国国际私法与比较法年刊（2017 年・第二十一卷）》，法律出版社 2018 年版，第 367—368 页。）

二是互惠原则在承认与执行外国财产事项判决中的适用。[①] 以互惠原则作为承认与执行外国法院财产事项判决的另一项前提条件，是匈牙利国际私法的一贯传统。然而，匈牙利1979年国际私法与新法案对于适用互惠的态度却大相径庭：前者侧重于保护国家司法主权，如果外国法院或其他机关的裁判因本法规定的原因而不能予以承认，即使存在互惠条件也不得执行；后者侧重于促进国际司法合作并且尊重当事人选择，突破了互惠原则的强制性要求。根据新法案第113条第2款的规定，如果该案排除了匈牙利法院的国际管辖权，或者外国法院的管辖权以当事人双方的选择协议为基础且该协议符合匈牙利法律的规定，即使没有互惠也可以得到承认。这一转变既体现出匈牙利在外国财产事项判决的承认与执行上对互惠原则之要求呈现出宽松化的趋势，也反映出匈牙利意图弱化互惠原则可能造成的消极影响，以妥当地保障国际民商事交往与司法合作的深入发展，以及当事人的私人合法利益。

三　新法案对欧盟法的发展

毋庸置疑，加入欧盟，对匈牙利的国际私法产生了巨大影响。然而，由于欧盟一体化进程的渐进性、成员范围的动态性、深度的不统一性和司法合作的分散性，使得成员国不同的政策利益和价值观也不可避免地影响了欧盟国际私法的发展。[②] 就匈牙利新法案而言，其在同居者和注册伴侣以及物权领域的法律适用规则方面体现出立法的先进性、合理性和科学性，可以为欧盟深化和加强这些领域的民事司法合作提供一些思路和启发。

（一）同居者和注册伴侣：比照适用夫妻规则，尽量使注册伴侣有效成立及解除

近年来，世界范围内的非婚同居关系数量巨大并呈增长趋势，含有

① 结合新法案第113条和第114条的规定来看，第113条所指的财产事项并不包括破产程序，后者的承认与执行仍然以互惠关系为条件。

② Tamás Szabados, "EU Private International Law in Hungary: An Overview on the Occasion of the 15th Anniversary of Hungary's Accession to the EU," *Eltelawjournal*, No. 2, 2018, pp. 41 – 43.

跨境因素的同居者和注册伴侣方面的争议也随之增多，如何构建合理的国际私法规则是世界各国面临的新问题。

从国际情况来看，在迅速发展的同居者领域，迄今为止尚无生效的国际立法。尽管欧盟于2016年6月24日通过了《关于在注册伴侣财产效力事项的管辖权、法律适用、判决的承认与执行领域强化合作的第2016/1104号条例》，但是，该条例旨在以“联盟法”方法在欧盟范围内解决注册伴侣在财产效力事项方面复杂的法律冲突，[①] 而没有将注册伴侣的成立、效力与解除等事项纳入规制范围。另外，由于匈牙利历来对于规制有关婚姻家庭、同居者和注册伴侣的国际私法问题相对谨慎，基于社会秩序和法律传统中根深蒂固的价值观与特定的政策考虑，匈牙利决定不加入该条例。[②]

从国内情况来看，匈牙利2013年《民法典》对同居者的权利义务、财产关系与法律责任等事项作出了一些与夫妻关系相同或类似的安排。为保障同性伴侣的法律权利，匈牙利于2009年确立注册伴侣制度，赋予18岁以上的同性注册伴侣以近乎已婚夫妻所有的权利义务，结婚、离婚、收养、生殖与姓名等事项除外。[③] 此外，虽然修改后的匈牙利2012年《宪法》依然不承认同性婚姻，但是明确禁止一切反同性恋之歧视。这些规定反映出匈牙利对于同居者和注册伴侣等非婚关系所持的相对包容的态度。

鉴于这些发展情况，新法案单独增设了关于同居者和注册伴侣法律适用的第四章。就同居者而言，根据第35条和第36条，同居者的共同国籍、成立、解除、法律效力以及财产关系等事项比照适用第三章家庭法第24条、第27条和第28条对于夫妻关系的相关规定。就注册伴侣而言，根据第37条第1款和第4款，有关共同国籍、成立、有效性及其法律后果也是比照适用第24条、第26条至第29条之规定，但是姓

---

① 邹国勇、林萌：《欧盟在注册伴侣财产事项领域国际私法的统一化——2016年〈注册伴侣财产事项条例〉述评》，《武大国际法评论》2018年第6期。

② 参见欧盟官网，https://eur-lex.europa.eu/legal-content/EN/TXT/?uri=celex:32016D0954，Last Accessed on 20 February 2020.

③ 2009年4月20日，匈牙利议会通过了《关于注册伴侣关系的第29号法案》，该法案共18条，已于2009年7月1日起正式生效。

名的使用与法律另有规定的除外。[①] “比照适用夫妻关系之规定”这一方法，既考虑到同居者和注册伴侣的独立性、特殊性及其与夫妻关系的差异性，相对简化的法律规定也可以减少立法难度，为该问题的解决起到一定的表率作用。例如，克罗地亚2019年1月29日生效的《国际私法》第七章家庭法同样增设了第五节“未婚同居关系和生活伴侣关系”。其中第40条第1款规定：未婚同居者之间和生活伴侣之间的人身关系，比照适用本法第34条关于夫妻人身关系的规定。

此外，由于宗教信仰、社会经济发展水平和民事法律制度的差异，欧盟各成员国对注册伴侣关系的法律效力采取了不同的立法态度。由于有6个欧盟成员国尚未规定注册伴侣制度，依照其他成员国法律有效成立的注册伴侣关系可能无法得到这些国家的认可。[②] 委员会注意到这一现状，在新法案第37条第2款中规定，即使拟注册伴侣的属人法不承认注册伴侣制度，但如果无匈牙利国籍的拟注册伴侣证明依照其属人法，他不具有任何婚姻障碍以及至少拟注册伴侣的一方是匈牙利国民或者在国内具有惯常居所，不构成建立注册伴侣关系的障碍，其效力也不受影响。在此情形下，注册伴侣关系的法律后果适用匈牙利法律（第37条第3款），其终止则可以由法院适用其本国法律（第38条第2款）。这些规定是“尽量使法律行为方式有效”的立法精神在注册伴侣关系方面的反映，这样既可以有效防止出现大量的“跛脚注册伴侣”现象，休现出对同性伴侣的权益保护及人文关怀，同时又不至于产生复杂化和不合理的法律适用结果。

（二）特殊动产物权：有限的意思自治

目前在涉外物权领域没有已生效的多边公约，欧盟法律也尚未提供

---

① 这一规定再次表明，注册伴侣并不能像配偶那样相互使用对方的姓名。因此，如果外国法律规定伴侣关系经注册后，允许登记伴侣使用对方的姓名或者采用共同的姓氏，则匈牙利法律与外国法律发生了冲突。（Ádám Fuglinszky，“Hungarian Law and Practice of Civil Partnerships with Special Regard to Same-Sex Couples,” *Cuadernos de Derecho Transnacional*, Vol. 9, No. 2, 2017, pp. 305 – 306.）

② 6个国家分别是保加利亚、拉脱维亚、立陶宛、波兰、罗马尼亚和斯洛伐克。（参见欧盟官网，https://europa.eu/youreurope/citizens/family/couple/registered-partners/index_en.htm，last accessed on 10 April 2020.）

全面的有关规定。从反面来看，这意味着各成员国在制定适用于物权的法律适用规则时有很大的回旋余地。在此背景下，匈牙利对物权的法律适用规则进行了初步探索，体现出一些新的特点。

首先，根据新法案的一般规定，“物之所在地法原则”是涉外物权法律适用的首要原则，不论动产还是不动产，包括动产物权的权利变更、转移和占有，均以物之所在地法作为准据法。

其次，考虑到将意思自治原则引入物权领域是国际私法的最新发展，新法案决定在几类特殊动产物权的法律适用中引入该原则。这体现在第 44 条至第 47 条之中。第 44 条第 3、5 款规定，保留所有权为条件的动产转移之法律后果适用物之所在地国法，但双方当事人选择动产转移目的地国法的除外；在债权上设立的担保适用双方当事人选择的法律，未选择的适用担保登记地国法律（未登记的则适用担保债务人的属人法)。第 45 条第 1、2 款规定，双方当事人对转移动产所有权合同在物权法上的后果可以选择物之所在地国法或合同约定的动产转移目的地所属国法；双方当事人对于企业资产（业务资产）总体转让在物权法上的后果（不动产除外）可以选择该权利的前所有人的属人法。第 46 条规定，如果被视为属于一国文化财产之物在出口时依照该国法律属于非法离境，则该国提出的所有权请求，依照提出权利主张的国家之选择，适用该国的法律或适用在对该项所有权请求作出裁判时该物所在的另一国法律。如果将非法出口的物品视为其文化财产的国家之法律对善意的占有人不给予任何保护，该占有人可根据在对该项所有权请求作出裁判时该物之所在地国家的法律请求予以保护。第 47 条规定，原所有权人因他人的非法行为而丧失了对某物的实际占有，则与该物有关的所有权请求，根据原所有权人的选择适用物品遗失时或对该项所有权请求作出裁判时该物之所在地国家法律。如果遗失时物之所在地国法律对善意的占有人不给予任何保护，则该占有人可根据在对该项所有权请求作出裁判时该物之所在地国家的法律请求予以保护。

从上述规定中可以看出，新法案虽然允许当事人在物权领域选择所适用的法律，但是立法者认识到意思自治原则在这一领域的作用比较有限，实施某些限制仍属必要。具体而言，主要有三：一是适用范围。意思自治原则只在上述特殊动产物权的法律适用中有所体现，其他物权事项仍以适用物之所在地法为主。二是选择主体。新法案区分单方选择和双方合意选择：第 44 条和第 45 条所涉事项可由双方当事人合意选择法律；而第 46 条和第 47 条则适用单方选择，法官必须根据提出权利主张的国家或者原所有权人之选择确定所适用的法律，以实现保护国家利益及其文化财产、原所有权人以及善意持有人之利益的立法目的。三是选法范围。当事人只在债权上设立的担保上享有完整的法律选择权；其余几类特殊动产物权的选法范围受到限制，只能选择新法案指定范围内的法律。

新法案规定的特殊动产物权有限自治既是当代国际私法理论在立法上的体现，也有来源于司法实践的考量，体现出相对谨慎的立法态度。究其原因，一方面是匈牙利法律对于财产及其流转的控制一直较为严格，尤其是对一些新的物权关系的调整。比如，一国文化财产之物的法律适用，必须立足于现实需要并且对其思考相对完善之后才会纳入国际私法之中。另一方面，从基础理论角度分析，国际私法以跨国民商事法律关系为调整对象，虽具有“国际性”，但本质上仍属国内法，不能脱离一国民商事法律规范的整体构架而孤立存在。匈牙利以物权法定主义作为物权法的基本原则。如果新法案对物权的法律适用采取完全自由主义，则不可避免地会造成国内冲突法与实体法之间的矛盾冲突状态。基于物权债权化的发展、克服物之所在地法单一僵化的弊端等原因，在物权领域纳入意思自治原则有利于提高冲突法的效率，但是适用应有限度，不能因追求私法自治、增加法律适用的灵活性而忽视冲突规则和实体规则之间的逻辑性。因此，新法案通过对选择事项、主体和范围加以适当限制，以“有限的意思自治”确保物权领域法律适用的稳定性不受破坏而又不失去其灵活性。

四 评价与启示

（一）与欧盟法的兼容性

如前所述，匈牙利决定重新编纂国际私法的主要原因在于：匈牙利已经成为欧盟成员国，其国际私法必须与欧盟法相一致，同时考虑到了现有的国际私法方向与趋势以及社会变化。[①] 鉴于此，遵守欧盟法这一立法目的贯穿于新法案的始终。

首先，在一般原则上，新法案第 2 条规定了“欧盟法律优先适用、国内立法补充适用”的基本原则，明确了新法案的附属地位，可以对国际私法规定的一般问题提供指导。

其次，在法律适用规则上，欧盟运用其在跨境民事司法合作方面的立法权能，通过了许多条例。对于匈牙利有拘束力的条例，新法案或是将某些法律关系完全交由这些条例进行调整而没有单独制定国际私法规则，如劳动、扶养；或是仅仅制定很少的补充规则，如继承、父母子女关系与监护；抑或是直接或间接地引入其中的相关规定，尤其是条例所要求的执行条款，如离婚或别居、合同之债与非合同之债等。对于匈牙利没有参加的条例，新法案也吸收了其中的有益规定，比如夫妻、同居者和注册伴侣的财产关系等。此外，欧洲法院在推动跨境民事司法合作方面起着积极作用，其判例法也促进了欧盟立法以及各成员国国内立法的修订与发展。新法案当中的不少条款就是以欧洲法院判例作为实质渊源进行修改的。

最后，就国际民事诉讼规则而言，匈牙利积极参与国际司法合作，参加了许多与管辖权、送达取证、承认与执行外国判决有关的欧盟条例，并结合国内民事诉讼法的发展，对原有规定作出相应的修改或者补充，使匈牙利能够切实顺利地执行和适用欧盟国际私法。

通过这些规定可以看出，匈牙利新法案的立法变化主要是由欧洲渊源提供的。因此，新法案力求尽可能地吸收欧盟的最新研究成果和立法优点，这既是对欧盟法的充分尊重，也是对匈牙利以往国际私法不合时宜之规则的修正，以求构建规定更为合理、适用更加广泛、内容更加符合欧盟法要求的现代国际私法法典。

（二）法律的稳定性与灵活性

法律的稳定性与灵活性是冲突法的标志，也是国际私法发展的两难

---

① Katalin Raffai, “The New Hungarian Private International Law Act—a Wind of Change,” *Acta Univer-sitatis Sapientiae*, *Legal Studies*, Vol. 6, No. 1, 2018, p. 133.

选择。关于两者如何并在多大程度上共同发挥作用，以及两者之间是否存在适当的平衡，否定答案在过去几年中一直没有改变。[①] 有学者认为："尽管匈牙利评论员有相反的愿望，但是匈牙利以往的国际私法编纂对法律的安全性和可预见性给予了压倒性的重视，从而忽略了灵活性。"[②] 在匈牙利1979年国际私法中，不仅能够看到很多情况下采用的是确保法律稳定性的传统法律选择方法，而且某些涉外关系的法律适用还需满足互惠原则的要求或者行政机关的介入。这些规则虽保证了法律的稳定性，却使得法律适用最终成为按图索骥的机械过程，法官自由裁量的空间相当有限。

现在，法律选择中的主要连接因素已经变成"最密切的联系"，并且允许当事人选择法律。这些变化无疑是欧共体在国际私法领域内活动的结果，欧盟成员国资格赋予匈牙利国际私法编纂走向灵活性以新的"推动力"[③]。具体而言，当事人意思自治原则和最密切联系原则共同构成新法案的两大基础，并且成为确保法律灵活性的重要工具。

首先，新法案力求最大限度地在国际私法事项上尊重当事人的选择，其最引人注目的地方在于引入了一种"受限制的当事人意思自治原则"。换言之，新法案顺应国际私法的发展趋势，给予当事人更多的自由，并立足于各个涉外民商事纠纷的不同特点，采取"有限的意思自治"，分别对法律选择的方式、主体、时间、范围、溯及力等设置限制，使该原则基本涵盖了涉外民商事纠纷的所有领域。可以说，这种构成新法案重要组成部分的现代方法，是对"仅指向一个准据法规则"的淡化。尊重当事人的自由意志，保障法律的确定性和可预见性、灵活性，使得国际私法在一定程度上实现了自由化，有利于与其他国家的国

① See Katalin Raffai, Sarolta Szabó, "Selected Issues on Recent Hungarian Private International Law Codification," *Acta Juridica Hungarica*, Vol. 51, No. 2, 2010, p. 138.

② L. Burián, "Hungarian Private International Law at the End of the 20th Century: Progress or Regress?" in Symeon C. Symeonides, ed., *Private International Law at the End of the 20th Century: Progress or Regress?* Kluwer Law International Press, 2000, p. 268.

③ See Katalin Raffai, Sarolta Szabó, "Selected Issues on Recent Hungarian Private International Law Codification," *Acta Juridica Hungarica*, Vol. 51, No. 2, 2010, p. 139.

际私法规则取得较好的协调。①

其次，新法案同样扩大了最密切联系原则的适用范围。该原则作为法律适用的补充条款，是促进法律适用规则更具灵活性的另一重要标志，有利于加强对当事人合法权益的保护，从而实现个案的公正处理。

（三）更有利的法：实质正义与形式正义的恰当平衡

“有利的法”起源于美国冲突法革命中柯里的“政府利益分析说”和卡佛斯的“优先选择原则说”，强调法律适用的结果必须有利于保护当事人的合法利益。因此，判断“有利”的关键在于明确立法意图，以及相关条款所涉有利于当事人的重要意义。

新法案对“有利的法”采用以结果为导向的“功能主义”选法方法，其适用范围由立法政策目标和价值所控制。在选法时虽然有赖于冲突规范的指引，但是法律适用并未过度依赖法官的自由裁量权。总体来看，在判断是否有利的问题上，新法案在本质上是一种寻找“更有利的法”的选法方法，反映出“有利的法”的复杂本质——如何对接和融合传统方法所要求的形式正义和现代国际私法所追求的实质正义。新法案将“有利的法”的运用控制在一定限度内，与“有利的法”相关的每项立法条文都只规定了一个连接点，同时明确指明立法所要保护的对象。这一方法不仅可以减少法官查明和适用外国法的困难，而且有效地避免了因指向不明而引起的理解歧义。可见，新法案并非旨在追求实质正义的利益最大化，其仍然带有明显的大陆法系传统，既保留了法律选择规范所特有的稳定性和可操作性，也可以增加法律适用的灵活性和合理性。

我国应否借鉴匈牙利经验来完善“有利的法”原则的运用呢？对此应作出肯定回答。具体而言，“有利的法”体现在我国《涉外民事关

---

① Katalin Raffai, “The New Hungarian Private International Law Act—a Wind of Change,” *Acta Univer-sitatis Sapientiae*, *Legal Studies*, Vol. 6, No. 1, 2018, pp. 119 – 133.

系法律适用法》第25条、第29条和第30条三个条款中。[①] 从这些条文的内容来看，其明确允许法官在多个法律中选择适用对权利人有利的法律，进一步彰显弱者权益保护的立法目的，以及以此种立法方式直接达到实质结果有利于有关当事人的目的，与实体法上保护弱者的趋势相吻合。[②] 然而，这种立法模式的选法方法却显得过于极端：上述法条分别规定了数个连接点，同时立法又未具体指明哪一方当事人为“弱者”，保护对象十分模糊，司法解释也没有予以适当矫正，因而存在一个案件中出现多个国家的实体法作为被适用选项的可能，破坏了法律选择的稳定性和可预见性。[③] 此外，这种广泛的选择性条款极大地增加了查明和适用外国法的难度，导致在实践中法官未能把握立法原意，以明显不符合立法文本及目的的方式解释和适用法律，使得某些案件看似引用了这些条文的规定，但是实际上却指向了法院地法，形成了法律实质上被搁置的“司法规避”现象，[④] 甚至于出现案件审理过程不符合逻辑顺序而产生的“倒过来引用法条”的法律适用问题。[⑤] 简言之，“有利的法”在司法实践中状况频出进一步暴露出立法规定存在的不足，缺乏可操作性。

如前文所述，匈牙利新法案以寻找“更有利的法”为立法目的，采取的是“适当限制选法范围 + 明确指明保护对象”的立法方式。这恰好可以有效地破除“有利的法”在我国司法实践中的适用困境，不仅可以降低法官查明和适用外国法的难度，使得实体法比较的任务更易完成，具有相当的可操作性，有助于提高司法效率，而且有利于解决涉

---

① 《涉外民事关系法律适用法》第25条规定：“父母子女人身、财产关系，适用共同经常居所地法律；没有共同经常居所地的，适用一方当事人经常居所地法律或者国籍国法律中有利于保护弱者权益的法律”；第29条规定：“扶养，适用一方当事人经常居所地法律、国籍国法律或者主要财产所在地法律中有利于保护被扶养人权益的法律”；第30条规定：“监护，适用一方当事人经常居所地法律或者国籍国法律中有利于保护被监护人权益的法律”。

② 郭玉军：《中国国际私法的立法反思及其完善——以〈涉外民事关系法律适用法〉为中心》，《清华法学》2011年第5期。

③ 袁发强：《有利的法——实质正义的极端化》，《现代法学》2015年第3期。

④ 参见叶竹盛《寻找“更有利的法”：比较型冲突规范的司法困境及出路》，《现代法学》2017年第9期。

⑤ 例如“胡某某与余某某申请撤销监护人资格案”［参见上海市闵行区人民法院（2015）闵民一（民）特字第39号民事判决书］。

外民事纠纷和保护特定当事人的合法权益，更为公平合理，值得我国国际私法借鉴。

五 结语

总体而言，欧盟法无疑对匈牙利国际私法的修改产生了深远的影响。匈牙利新法案吸收了大量欧盟立法以及欧洲法院判例的内容，通过对意思自治原则和最密切联系原则的恰当设置，削弱法律适用的属地主义倾向，致力于实现法律的稳定性和灵活性，以寻找“更有利的法”平衡实质正义与形式正义的冲突，积极促进国内法与欧盟法的耦合。

此外，新法案也在某些方面对欧盟法有所发展。新法案关注到欧盟法目前尚未涵盖的领域，结合自身的政策价值与法律传统，对同居者和注册伴侣采取“比照适用夫妻关系与尽量使注册伴侣关系有效成立及解除”的法律适用规则，并在物权领域引入有限的意思自治原则，可以为欧盟及其成员国解决此类涉外纠纷起到示范效应。

应当看到，相较于新法案，我国《涉外民事关系法律适用法》对“有利的法”的运用仍显得过于抽象和极端，缺乏可操作性，导致司法实践中出现诸多问题。从倾斜保护特定当事人利益的角度出发，我国应当充分借鉴匈牙利新法案的立法模式以弥补立法的不足，宜将“有利的法”的运用限制在一定范围之内，减轻法官查明和适用外国法的困难，同时进一步指明立法所保护的对象，为实质正义和形式正义的恰当平衡提供制度保障。

《欧盟—越南自由贸易协定》透视及其对中国的启示

The Perspective of the EVFTA and Its Enlightenment to China

宋锡祥　孙琪琦[*]

摘要：《欧盟—越南自由贸易协定》（“EVFTA”）于2020年8月1日生效，该协定采取泛欧自贸协定文本模式、创新实行“三轨制”原产地规则、设置较高标准的劳工和环境保护条款、适用ITS制度进一步改革完善“P to G”与“G to G”争端解决机制，对欧越双方以及东盟甚至国际经贸投资都产生了重大而深远的影响，是欧盟推进与东盟达成“区域—区域”间整体性框架协议的重要一步。目前，我国正在朝整体性和综合性方向逐步建立面向全球的自贸区体系，但在与其他国家或地区签署双边自贸协定时始终存在规定较为笼统、简单、缺乏突破等问题。本文通过研究EVFTA，结合中国FTA发展实际为中国以更加成熟的自贸协定谈判标准应对国际贸易的挑战提出创新性观点和合理化建议。

关键词：《欧盟—越南自由贸易协定》；原产地规则；劳工与环境

[*] 宋锡祥，所在单位：上海对外经贸大学法学院，通讯地址：上海市松江区文翔路1900号，邮政编码：201620，联系电话：15618335338，电子邮件：songxixiang@ aliyun. com；孙琪琦，所在单位：上海市锦天城律师事务所，通讯地址：上海市浦东新区银城中路501号上海中心大厦9楼，邮政编码：200120，联系电话：18217558501，电子邮件：charlotte. sun@ all-brightlaw. com。

保护；争端解决机制

Abstract: The *EU-Vietnam Free Trade Agreement* (EVFTA) came into effect on August 1st, 2020. It adopts the text model of the pan European free trade agreement, innovates and implements "three track system" rules of origin, sets higher standards of labor and environmental protection clauses, and applies its ITS system to further reforming and perfecting the dispute settlement mechanism of "P to G" and "G to G", which has a significant and far-reaching impact on Europe and Vietnam, as well as the ASEAN and even international economic and trade investment. It is an important step for Europe to promote the "Region-Region" framework agreement between Europe and ASEAN. Presently, China has been gradually establishing an integral and comprehensive global free trade area system. However, there are still some problems when signing bilateral free trade agreements with other countries or regions, for example, the text standard is general, simple or lack of breakthrough. Through the study of EVFTA and combined with the actual development of free trade agreement of China, this paper puts forward innovative ideas and reasonable suggestions for China to meet the challenges of international trade with more mature negotiation standards.

Key Words: *EU-Vietnam Free Trade Agreement*; Rules of Origin; Labor and Environmental Protection; Dispute Settlement Mechanism

一 前言

纵观当代贸易自由化的发展历程，不难发现全球自贸区的形式和种类日渐呈现出多样化趋势，世界各国参与国际经贸交流和合作日趋频繁，各国间高水平的自贸协定数量不断增多，当代贸易自由化的形式已经不能简单地满足于世界范围内的多边贸易体制，国家之间贸易与投资的良性互动又催生出数量可观的区域贸易协定、优惠贸易安排以及各类双边自由贸易协定，尤其是《跨太平洋伙伴关系协定》（TPP）、《全面与进步跨太平洋伙伴关系协定》（CPTTP）、《跨大西洋贸易与投资伙伴关系协议》（TTIP）、《国际服务贸易协定》（TISA）以及欧式和美式 FTA 业已成为引领国际经贸投资规则重构的重要组成部分，国际贸易环境趋于复杂化。在 2003—2004 年多哈回合谈判严重受阻之后，欧盟被迫改变了原先依赖多边机制推动建设贸易规则的方式，转而采取“有选择的双边主义”策略。[①] 2006 年 4 月，欧盟提出将新一代的 FTA 作为其发展多边机制的补充，这一做法也成为其新的全球贸易之战略。欧盟从 2007 年起与东盟十国开启区域性的自贸协定谈判，但由于东盟各成员国经济发展参差不齐，各成员国与欧盟之间相互贸易以及对欧盟的依赖程度也存在差异，谈判初期进展并不顺利，欧盟不得不及时调整谈判策略。2009 年，欧盟着手与东盟单个国家进行经贸谈判，采取渐进式各个击破的方式，旨在最终与东盟（ASEAN）签署一个完整的区域—区域间自由贸易协定。

越南属于发展中国家，欧越自 2010 年 3 月起开始磋商双边贸易协定，历经 13 轮谈判后，双方于 2015 年 8 月就自贸协定谈判达成原则性共识并于 2019 年 6 月 30 日签署协定最终文本。经过积极推进，欧盟和越南分别于 2020 年 2 月 12 日和 6 月 8 日批准这份标志性协定，[②] 同年 8 月 1 日协定生效实施。[③] EVFTA 作为发达国家经济体欧盟与发展中国家越南之间磋商博弈的结果，是南北合作不可多得的范例，这势必有助于为最大的发展中国家——中国和其他发达经济体或发展中国家商谈和签署 FTA 提供更多的参考价值和借鉴作用。

为了促进与各国的经贸往来，我国在新一轮对外开放中积极实施自由贸易区战略，并把自由贸易区建设上升为国家战略。2014 年党的十八届三中全会以来，习近平总书记提出要加快实施自贸区战略系统工程

---

① 叶斌：《欧盟自由贸易协定政策的变化和影响——法律的视角》，《欧洲研究》2014 年第 3 期；Boris Rigod，“Global Europe：the EU’s New Trade Policy in Its Legal Context”，*Columbia Journal of European Law*，Vol. 18，No. 1，2012，pp. 277 – 306.

② European Commission，https：//ec. europa. eu/trade/policy/countries – and – regions/countries/vietnam/，Last Visited on 19th Sept. 2020；《越南国会批准越欧自贸协定 越南输欧商品关税将降低 85%》，https：//baijiahao. baidu. com/s？ id = 1669156994676946045&wfr = spider&for = pc，最后访问日期：2020 年 9 月 19 日。

③ 《欧盟越南自贸协定生效》，中华人民共和国商务部，http：//www. mofcom. gov. cn/article/i/jyjl/m/202008/20200802992123. shtml，最后访问日期：2020 年 9 月 20 日。

建设的步伐，逐步推进并构筑起具有中国特色的立足周边、辐射“一带一路”、面向全球的自贸区网络体系。自 2002 年 11 月 4 日与东盟签署第一个自贸协定以来，截至 2020 年 9 月，中国已经成功签署 17 个 FTA，其中生效的达 16 个，涉及国家/地区达到 24 个，另有 13 个正在谈判的自贸协议以及 8 个正处于可行性研究阶段的自贸协议。作为全球最大的发展中国家，我国已签署的自贸协定所涉伙伴国包括发达国家和发展中国家，中国和新西兰自贸协议是我国首个与贸易往来较密切的发达国家签署的具有较高水平的 FTA。然而，由于发达国家与发展中国家之间社会经济发展程度不一，而且在发展水平上存在差距，如何与更多的发达经济体有效商签符合各方利益的自贸协定是摆在我国面前亟须解决的重大现实问题。当下面对错综复杂的国际贸易大环境，加快我国 FTA 的谈判的进程并签署面向全球的高标准的自贸区网络体系，适时商签自贸协定升级版是维护和保障我国发展利益的有利举措，也是刻不容缓的重要课题。

从现有研究现状审视，可以清晰地看到从国际经济法视角出发对自贸协定进行研究已取得较多成果，为世界各国和地区融入经济全球化和区域经济一体化提供了诸多理论基础。但现阶段对于 FTA 研究成果大多集中在经济发展水平相当的国家之间的经贸投资合作上，对发达国家和发展中国家之间的自贸协定文本作出较为深入剖析和探讨的文献相对缺乏，除了研究深度不足之外，其关注度不够也是不争的事实。

令人可喜的是，作为南北合作的丰硕成果，EVFTA 最终文本形成于 2018 年 8 月，到正式签署和经欧越双方分别批准并生效历时整整两年时间。该文本覆盖面广，调整的内容宽泛，并具有较强的新颖性和综合性。该协定既是发达经济体与发展中国家间高标准的自贸协定，也属于南北经贸合作的产物，特色较为鲜明。目前，学术界对欧越自贸协定文本的跟踪研究甚少，即使是现有的一些研究成果，大多聚焦国际经济领域，而缺乏从国际经济法的视角作出深入、系统、全方位的分析和探讨。本文则从最新生效的外文第一手 EVFTA 文本入手，在系统翻译、梳理、归纳和提炼协定文本精髓部分的同时，紧密结合中国 FTA 发展脉络并在此基础上提出颇有建树的创新性观点和合理化建议，针对性强，不乏真知灼见，这对于中国的自贸区战略和未来发展走势无疑具有很强的参照价值和现实指导意义。人们有理由相信，该研究成果的问世在一定程度上弥补了现阶段对 EVFTA 研究零敲碎打的缺憾和不足，更能体现该文本规则的重要性及其应有的价值。

二　欧盟与越南自贸协定的出台背景考察

欧盟是当今世界上最成功的区域经济集团，在经济全球化的发展中，欧盟亟须开拓亚洲市场，寻求与亚洲国家合作的机会，东盟对于欧盟来说极具市场发展的潜力；[①] 同样，东盟十国要推进区域一体化进程向更高的层次迈进，也亟须大力拓展欧洲市场。

（一）欧盟为推进亚洲自由贸易发展战略采取退而求其次的举措

1992 年由 12 个欧洲国家组成的欧共体签署了《马斯特里赫特条约》，它对欧洲货币联盟的进程、欧洲公民身份、欧洲议会制度、欧洲共同外交与安全政策、欧委会制度及其职能等均作了详细而全面的规定。此后，欧共体转变为欧洲联盟，从经济一体化开始向政治一体化迈进。[②] 欧盟内部已经取消了其成员国之间的贸易壁垒，实现成员国之间商品、人员和服务的自由流通；从其对外政策来看，欧盟已经实现对外实行统一的商业政策和关税政策之做法。[③] 自此，欧盟经济得以迅速发展，并不断加快与第三国之间的双边贸易发展。经分析欧盟官方数据，欧盟的贸易协定主要有三种类型，即关税联盟、联系协定/稳定协定/自由贸易协定/经济伙伴协定、伙伴与合作关系协定。

欧盟欲开拓亚洲自由贸易市场，积极寻求与亚洲国家的密切合作并在亚洲推行自由贸易区战略布局。在 2009 年《里斯本条约》即将生效

① European Commission, Joint Communication to the European Parliament and the Council—the EU and ASEAN: A Partnership with a Strategic Purpose, Brussels, 2015. 5. 18, https: //eur - lex. europa. eu/legal - content/EN/TXT/PDF/? uri = CELEX: 52015JC0022&from = EN.

② 宋锡祥主编:《〈里斯本条约〉与欧盟法的发展》，上海社会科学院出版社 2012 年版，第 26 页。

③ 厉力:《对欧盟优惠性原产地规则的探析》，《上海交通大学学报》（哲学社会科学版）2013 年第 3 期。

前，欧盟就于2009年10月15日率先和韩国签署《欧洲联盟及其成员国与大韩民国自由贸易协定》（下文简称“欧韩FTA”）。该协定是欧盟和亚洲国家签署的第一个FTA，时隔6年后，于2015年12月13日开始生效，这无疑具有里程碑意义。自欧韩FTA生效实施后，截至2016年12月，欧盟对韩国的出口增加了59.2%。[①] 该协定进一步明确了FTA将作为欧盟推进“欧洲全球战略”的优先事项，明确了欧盟未来谈判与签署自贸协定政策的走向。[②] 截止到2020年9月20日，其已经与4个亚洲国家签署了FTA，其中欧韩FTA、《欧盟—日本经济伙伴关系协定》（下文简称“欧日EPA”）、《欧盟—新加坡贸易投资保护协议》分别于2015年12月13日、2019年2月1日和2019年11月21日生效，EVFTA于2020年8月1日生效，[③] 欧盟与新加坡还签署了《欧盟—新加坡自由贸易协定》（下文简称“欧新FTA”），该协定目前处于已签署但尚未生效的状态。[④] 迄今为止，就其与亚洲对象国签署的综合性FTA文本来说，除了与越南之外，其余三个均是与发达国家（韩国、日本和新加坡）签署的。此外，欧盟还积极推进与亚洲其他国家之间的经贸往来，通过与亚洲国家签订各类双边投资、经贸协定进军亚洲市场。例如，欧盟和中国于2013年11月21日开始启动《欧盟—中国投资协定》的谈判，双方领导人一致同意加快谈判进程，实现在2020年12月底前完成谈判目标。值得一提的是，2020年9月14日，中欧正式签署了《中华人民共和国政府与欧洲联盟地理标志保护与合作协定》，这势必有助于促进双边地理标志产品贸易，为中欧经贸合作发展提供新的动能并提供高水平保护。欧盟与东南亚的马来西亚、印度尼西亚、菲

---

① European Commission, Report from the Commission to the European Parliament, the Council, the European Economic and Social Committee and the Committee of the Regions on Implementation of Free Trade Agreements, 1 January 2016 – 31 December 2016 Com/2017/0654 Final, https: //eur – lex. europa. eu/legal – content/EN/TXT/? qid = 1511801721703&uri = CELEX: 52017DC0654&print = true, Last Visited on 24th Sept. 2020.

② 叶斌：《欧盟贸易协定政策的变化和影响——法律的视角》，《欧盟研究》2014年第3期。

③ European Commission, https: //ec. europa. eu/trade/policy/countries – and – regions/, Last Visited on 25th Sept. 2020.

④ European Commission, http: //trade. ec. europa. eu/doclib/press/index. cfm? id = 961, Last Visited on 25th Sept. 2020.

律宾、泰国等国家以及西亚科威特、阿曼、巴林、卡塔尔、沙特阿拉伯、阿拉伯联合酋长国等国家的 FTA 谈判正在紧锣密鼓地进行中，2015 年开始启动的与缅甸商谈《投资保护协定》的进展较为顺利。[①]这说明欧盟高度重视发展与亚太地区国家的经济联系和战略布局，以分享该地区经济快速发展的红利。

近些年来，欧盟不断加快与东盟之间的深度经贸合作。东盟作为当今世界上积极推进一体化的重要经济体，经济迅速发展且人口保持快速增长。[②]同时，东盟也在不断追求地区稳定、繁荣和安全，东盟十国合为一个经济整体，将成为世界第七大经济体并且有望于 2050 年发展成为世界第四大经济体。[③]对于欧盟来说，东盟极具市场发展的潜力，是其拓展亚洲市场的关键一步，因而有意加强与东盟之间的区域关系并非权宜之计。为了强化和东盟之间的合作关系以实现战略利益，早在 2007 年 6 月，欧盟就着手与东盟所有成员国进行整体的 FTA 谈判，然而，由于东盟各成员国经济发展参差不齐，各成员国与欧盟之间的相互贸易以及对欧盟的依赖程度也存在较大差异，初期谈判进展并不顺利，无法从整体上与各成员国取得谈判节奏的一致，尤其是欧盟无意与缅甸军政府以及东盟内部诸如老挝和柬埔寨等极不发达国家商谈自贸协定，由此导致谈判进程十分缓慢。自 2008 年 12 月开始，欧盟和东盟两大经济体的谈判进入了中止期，历时长达一年之久。[④]此后，欧盟开始调整谈判策略，分别评估其与新加坡、泰国和越南进行单独谈判的可能性，进而采取逐个推进，各个击破的策略，侧重与东盟主要成员国进行双边

---

① European Commission, https://ec.europa.eu/trade/policy/countries-and-regions/negotiations-and-agreements/#_being-negotiated, Last Visited on 25th Sept. 2020.

② European Commission, Joint Communication to the European Parliament and the Council—the EU and ASEAN: A Partnership with a Strategic Purpose, Brussels, 2015.5.18, https://eur-lex.europa.eu/legal-content/EN/TXT/PDF/?uri=CELEX:52015JC0022&from=EN, Last Visited on 19th Sept. 2020.

③ European Commission, Joint Communication to the European Parliament and the Council—the EU and ASEAN: A Partnership with a Strategic Purpose, Brussels, 2015.5.18, https://eur-lex.europa.eu/legal-content/EN/TXT/PDF/?uri=CELEX:52015JC0022&from=EN, Last Visited on 20th Sept. 2020.

④ 徐凡：《欧盟与东盟 FTA 谈判新动向及中国的对策》，《亚太经济》2012 年第 2 期。

FTA 的谈判,[①] 并取得实效。

(二)欧盟重新评估亚洲发展战略,与东盟各国逐个推进双边经贸合作

2009 年 12 月 22 日,欧盟宣布准备与东盟部分成员国包括与新加坡、越南以及泰国等,重启 FTA 谈判。按计划,首推谈判国为新加坡,翌年 3 月,欧盟各成员国授权欧委会开始与新加坡启动 FTA 谈判。新加坡在东盟具有举足轻重的地位,其人均 GDP 与欧盟相当,欧盟希望与新加坡的成功谈判能够带来"多米诺骨牌效应",说服其他东盟成员国与欧盟商谈 FTA。[②] 自 2010 年 10 月开始,欧盟成员国允许欧委会与马来西亚商谈 FTA,随后,欧盟与越南于 2012 年 6 月启动 FTA 谈判。[③] 继欧新 FTA 签订之后,EVFTA 谈判的终结是其与东南亚其他伙伴国磋商 FTA 谈判的第二个参考文本。[④]

欧盟和东盟单个国家进行双边经贸协定谈判并已有所突破,未来旨在与 ASEAN 签署由 37 个国家组成的欧盟和东盟两大共同体之间的自贸协定。[⑤] 因此,欧盟与两个东盟成员国(越南、新加坡)达成的自贸协定将会成为其与东盟整体达成区域性框架协议的关键因素或重要组成部分。[⑥]

---

① European Commission, Commission Services' position on the Trade Sustainability Impact Assessment (SIA) of a Free Trade Agreement between the EU and the Association of South-East Asian Nations, June, 2010, p. 10.

② 徐凡:《欧盟与东盟 FTA 谈判新动向及中国的对策》,《亚太经济》2012 年第 2 期。

③ European Commission, http://ec.europa.eu/trade/policy/countries-and-regions/regions/asean/, Last Visited on 19th Sept. 2020.

④ European Commission, Trade for All: Towards an Effective and Responsible Trade and Investment Policy, Communication from the Commission to the European Parliament, the Council, and European Economic and Social Committee of the Regions, 2015, http://trade.ec.europa.eu/doclib/docs/2015/october/tradoc_153846.pdf, Last Visited on 19th Sept. 2020.

⑤ European Commission, http://ec.europa.eu/trade/policy/countries-and-regions/countries/vietnam/, Last Visited on 19th Sept. 2020.

⑥ European Commission, Commission Services' Annex on Malaysia to the Position Paper on the Trade Sustainable Impact Assessment of the Free Trade Agreement between the EU and ASEAN, p. 1, Jan. 2011, http://trade.ec.europa.eu/doclib/docs/2011/january/tradoc_147337.pdf, Last Visited on 19th Sept. 2020.

（三）谈判签署 EVFTA 符合欧越经济发展的诉求

作为东盟成员国中发展最快、增长最迅速的经济体，越南对于欧盟的商业发展来说具有极大潜力。从 2000 年至 2014 年，越南 GDP 平均增长率约为 6%，是东盟国家中经济增长较快的国家之一，2018 年其 GDP 增速高达 7.08%，远高于 6.7% 的预定目标。① 2014 年，越南一跃成为欧盟的第二大贸易伙伴，位列新加坡之后，马来西亚之前，双边贸易额达 380 亿欧元。② 进入 21 世纪，越南正在成为全球电子生产中心，其制鞋业、电信市场、纺织业及汽车工业都在急速发展且亟待革新。2015 年，除与欧盟签订自贸协定外，越南与韩国、智利以及俄白哈关税同盟正式签署自贸协定。在协议签署后，纺织服装产品税率将从平均 10% 降为零，这将对越南大力进军这些潜力巨大的市场起到积极的助推作用。

欧盟是越南继中国之后的最大贸易伙伴，同时也是越南继美国市场之后的最大出口市场。统计数据显示，自 2007 年至 2017 年，欧盟对越南的产品出口一直维持着较稳的增长态势；自 2011 年始，尤其是自欧盟与越南从 2012 年启动双边 FTA 的谈判后，欧盟自越南的进口得到了大幅度的增长。自 2015 年起，越南成为欧盟在东盟十国中第二大贸易伙伴（继新加坡之后），同时也是东盟十国中对欧出口量最大的货物出口国。③ 越南是一个拥有超过 9000 万消费者的活跃经济体，欧盟向越南出口农业、工业及提供相关服务业等是拓展其全球贸易所必需的。

继新加坡之后，越南是第二个与欧盟达成自贸协定的东盟国家，欧越之间的 FTA 也是欧盟在亚洲与发展中国家签订的首个 FTA。实际上，

---

① 《2018 年越南 GDP 增速高于中国，GDP 总量为 2425 亿美元，没有超过广西》，https://baijiahao.baidu.com/s?id=1627795730675273177&wfr=spider&for=pc，最后访问日期：2019 年 9 月 11 日。

② European Commission, Guide to the EU-Vietnam FTA, Forward by Mr. Mauro Petriccione, http://trade.ec.europa.eu/doclib/docs/2016/june/tradoc_154622.pdf, Last Visited on 10th July, 2019.

③ European Commission, Guide to the EU-Vietnam FTA, Forward by Mr. Bruno Angelet, http://trade.ec.europa.eu/doclib/docs/2016/june/tradoc_154622.pdf, Last Visited on 10th July, 2019.

欧越自贸协定是欧盟与中等收入国家间签订的涉及范围广、综合性强的FTA，欧越自贸协定的签署既有助于欧盟最终与东盟十国中的两大经济体签订FTA，也为欧洲与新兴经济体间FTA的谈判提供了规范的标准文本。① EVFTA可以使欧盟出口商和其他与越南签订FTA文本的国家和地区的出口商具有同等的地位，包括东盟、澳大利亚、新西兰、智利、中国、印度、日本以及韩国、CPTPP成员国等。此外，欧越自贸协定也会促使越南和韩国、新加坡等与欧盟已经签署FTA的国家具有同等的地位。EVFTA将会为双边经济增长和发展提供新的商机，促进彼此高质量的经贸投资，并增添新动能，以维持和促进可持续发展。

自协定签署至2017年，作为东盟成员国，越南已成为处于新加坡之后，马来西亚之前欧盟的第二大贸易伙伴国，其与欧盟在该年度的贸易总值达到了476亿欧元。② 欧越自贸协定的签署将取消欧越双方自由贸易所涉的几乎所有关税（超过99%）。该协定生效后，越南首先取消了自欧盟进口货物65%的进口税，剩余关税将在未来10年内逐步归于零。表1为欧盟委员会于2020年4月22日在官网更新的欧盟对越南的货物贸易、服务贸易、直接投资数据。

表1 **欧盟—越南：2017—2019年货物贸易** （亿欧元）

年份	欧盟进口	欧盟出口	逆差
2017	308	100	-209
2018	324	104	-220
2019	344	111	-233

资料来源：European Commission，http：//ec. europa. eu/trade/policy/countries - and - regions/countries/vietnam/，Last Visited on 20th Sept. 2020.

表2 **欧盟—越南：2016—2018年服务贸易** （亿欧元）

年份	欧盟进口	欧盟出口	逆差/顺差
2016	16	15	-1

① Guide to the EU-Vietnam FTA—Forward by Mr. Mauro Petriccione.

② European Commission，EU and Vietnam Finalise Trade and Investment Discussions，http：//trade. ec. europa. eu/doclib/press/index. cfm? id = 1875，Last Visited on 20th Sept. 2020.

续表

年份	欧盟进口	欧盟出口	逆差/顺差
2017	18	19	1
2018	18	21	3

资料来源：European Commission，http：//ec. europa. eu/trade/policy/countries - and - regions/countries/vietnam/，Last Visited on 20th Sept. 2020.

表 3 **欧盟—越南：2018 年直接投资** （亿欧元）

年份	外国投资	对外投资	顺差
2018	40	74	34

资料来源：European Commission，http：//ec. europa. eu/trade/policy/countries - and - regions/countries/vietnam/，Last Visited on 20th Sept. 2020.

以上数据显示，自欧盟和越南启动 FTA 谈判后，双方在货物贸易、服务贸易以及投资等方面均取得稳定发展。此外，该欧越自贸协定也在越南境内对与欧盟汽车行业有关的非关税壁垒设置具体的规定，对传统的欧盟食品和饮品提供保护性规定等。欧盟企业也可以通过 EVFTA 与越南政府以及国有企业之间签订公共合同（public contract）。同欧新达成的新的自贸协定一样，欧越贸易协定也将体现出欧盟贸易协定在东盟领域内设置的更高的标准和规则，此举将为欧盟和东盟在未来达成贸易和投资协定铺平道路。

三 欧盟与越南自贸协定的主要内容及特色

传统的自贸协定主要以消除关税和设置相应的非关税壁垒等方式来实现缔约各方的贸易自由化，但近些年来，自贸协定的内容出现了扩大化的趋势，涉及投资、竞争、政府采购、知识产权保护、标准化、能源合作、环境和劳动保护，甚至政治对话等更多领域的相互承诺。因此，各自贸协定当事国对谈判内容的选择性也相应增大，当事国可以根据各自的意志来选择谈判议题。如日本在推进对外贸易的过程中，基于其国内的农业产业缺乏国际竞争力，自 2002 年至今主要采取的是经济伙伴协定（EPA）形式而非自由贸易区形式来推进与各伙伴国达成的双边自贸协定。

(一) 在体例及内容上采取泛欧的自贸协定模式

EVFTA 系欧盟推进与东盟整体签订框架性协议的关键步骤，也是发达经济体与发展中国家之间磋商的重要成果，囊括了一系列厚实、具有实际可操作性的规定，在带有欧盟范式 FTA 烙印的同时，也体现出欧越双方的共同意愿。

2006 年以后，欧盟进入新一代自贸协定签署时期，即从过于倚重多边机制转向推动新的 FTA 谈判。至 2006 年 4 月 10 日，欧委会发布《全球的欧洲：在全球竞争的政策文件》，指出欧盟将 FTA 作为提升其全球市场竞争力的战略手段。① 欧盟通过该文件提出未来在选择 FTA 谈判对象时，要以“经济因素”作为主要的考量依据，解决原来的协定在扩大贸易利益方面收效甚微的问题。欧盟将其 FTA 政策目标定为：拓展欧盟货物和服务产品的新市场、增加投资机会、通过降低关税来减少贸易成本并增加贸易额、通过消除非关税壁垒来促进贸易便利化、提升贸易流的可预见性以降低成本和风险以及加强知识产权保护。② 值得一提的是，自 2009 年欧盟《里斯本条约》生效后，直接投资（FDI）成为其专属权能，欧盟在对外谈判时将投资问题更加明确地纳入其中。欧盟在 2006 年以后的 FTA 政策中，更加注重消除货物和服务贸易中的非关税壁垒，减少投资限制，并在知识产权、政府采购等重要方面不断推出并达成新的承诺。③ 欧越双方基于发展需要，依据双边合作意志对谈判内容作出选择，经过多轮磋商后最终达成了涵盖广泛领域的自贸协定。从欧盟的视角看，EVFTA 的主要内容在于削减关税、减少非关税壁垒、保护地理标识、允许欧盟公司与越南政府签订合同、为欧盟企业和创新产品提供高水平的运作场所、打开欧盟服务供应商在越南的发展

---

① European Commission, “Global Europe: Competing in the World—A Contribution to the EU's Growth and Jobs Strategy,” Brussels, COM (2006) 567 final, 4. 10. 2006.

② 叶斌：《欧盟自由贸易协定政策的变化和影响——法律的视角》，《欧洲研究》2014 年第 3 期。

③ 叶斌：《欧盟自由贸易协定政策的变化和影响——法律的视角》，《欧洲研究》2014 年第 3 期。

市场、促进投资保护并将投资章节纳入其中、建立有效的争端解决机制和维持社会及环境保护标准。①

就体例设置而言，欧越自贸协定文本采取的主要是“章、条”格式，分为17章，共计333条，具体分为货物贸易、服务贸易、投资等方面，另有26个附件和2项专门“议定书”、2项“谅解备忘录”及4项“联合声明”。②《越南—韩国自贸协定》（VKFTA）文本共包含17章208条、15个附录和1项实施协议。与之相比，虽然“章”的数量一致，但EVFTA通过增加“条”的设置来细化各章内容。欧越自贸协定的结构安排通常被称为“发达国家战略推进模式”③，体现了自贸协定谈判的一种“纵向”深入的一体化路径。此种FTA结构设计比较适合于第一、二、三产业已经有长足发展的国家或者由发达国家组成的区域经济组织之间建立的自贸协定。④

从欧越自贸协定所囊括的内容来审视，可以发现EVFTA与其他诸如VKFTA相比，内容设置更为丰富、详尽。其中，后者主要内容有：货物及服务贸易、投资相关规定、知识产权、通关便利化、技术性贸易壁垒、电子商务、法律和体制等，相比之下，EVFTA除了对货物贸易、服务贸易、投资、争端解决机制等方面均作出规定外，还设置了主要针对其他贸易相关方面的详细的非关税壁垒，包括政府采购、监管问题、竞争、服务、知识产权和可持续发展等；并且，在欧盟的主导下，欧越自贸协定还对可再生能源贸易与投资的非关税贸易壁垒、贸易与可持续发展以及合作与能力建设等方面作出规定。

当前WTO规则未对环境保护、劳工法律、人权以及资本流动等领

---

① European Commission MEMO: EU and Vietnam Reach Agreement on Free Trade Deal, Brussels, 4 August 2015, http://trade.ec.europa.eu/doclib/docs/2015/august/tradoc_153674.pdf, Last Visited on 26th Sept. 2020.

② European Commission, EU-Vietnam Free Trade Agreement: Agreed Text as of January 2016, http://trade.ec.europa.eu/doclib/press/index.cfm?id=1437, Last Accessed on 26th Sept. 2020.

③ 崔雅丽：《中国实施自由贸易区战略法律问题研究》，硕士学位论文，西南政法大学，2010年。

④ 崔雅丽：《中国实施自由贸易区战略法律问题研究》，硕士学位论文，西南政法大学，2010年。

域的规制作出规定，但欧盟在对外签订自贸协定时往往会纳入反腐败、竞争政策、消费者保护、数据保护、环境法、资本流动、投资、劳工与环境条件等方面的内容。① 尽管上述大部分条款的执行力较弱，但欧盟在与第三国签订的优惠贸易协定中已经为环境条款、劳工标准条款和竞争政策条款建立起新的法律基础。② 根据本文第二部分对 EVFTA 体例及内容的详细分析可见，该协定采取欧盟范式的 FTA 体例格式，采取泛欧的原产地规则标准并且对环境以及劳工保护、人权以及资本流动等领域作出了高水平的规制。

(二) 大幅度削减关税，扩大市场开放的范围和程度

EVFTA 对于自由贸易的规定主要体现在消除双边几乎所有的关税(超过 99%)上，剩下的小部分将以配额形式放开，双方明确了各自削减关税的具体过渡期。在欧盟方面，该协定一旦生效，它将立即消除对越南 65% 的关税，10 年后消除对越南 99.2% 的关税，对余下小部分关税欧盟承诺以配额方式实施零关税进口。与之相对应，越南将对欧盟出口商品消除 71% 的关税，7 年后消除 99% 的关税。③ 从行业来看，欧盟出口至越南的机械产品及配件、纺织品自协议生效起即实现关税全免，但欧盟对越南该类产品的市场准入设置了较为谨慎的时间门槛，即在涉及纺织品、鞋类等的敏感性产品时，欧盟将对其设置最长为 7 年的关税减免过渡期，但双方也同意对该类产品中较为不敏感的部分即纺织品或鞋类设置 3 年的关税减免过渡期。在农业方面，欧盟对越南的出口关税从现行的 67.7% 逐步降低，直到欧越自贸协定实施的第 10 年降至 2.6%，工业产品从现行的 31.3% 逐步递减，到第 10 年降至 2%，并最终实现关税全免；而越南对欧盟农产品出口自欧越自贸协定生效起就降

---

① Raymond J. Ahearn, "Europe's Preferential Trade Agreements: Status, Content, and Implications," *Congressional Research Service Report*, March 3, 2011, p. 17.

② Henrik Horn, Petros C. Mavroidis and Andre Sapir, "Beyond the WTO? An Anatomy of EU and US Preferential Trade Agreements," *The World Economy*, Vol. 33, Issue 11, November 2020, pp. 1565 – 1588.

③ European Commission, Guide to the EU-Vietnam Trade and Investment Agreements, http: //trade. ec. europa. eu/doclib/docs/2016/june/tradoc_ 154622. pdf, Last Visited: 26th Sept. 2020.

至1.4%，并在欧越自贸协定实施的7年中保持稳定，最后降至第7年的1.1%，其工业产品出口从现行的29.5%逐步降低，到协定实施的第7年实现关税全免。以欧盟的角度来看，提高欧盟汽车行业在越南市场上的准入是欧盟在谈判中所关注的关键利益，经过谈判，协定对欧盟汽车在越南市场上的准入作出了意义非凡的规定，包括对不同类型的汽车规定不同的关税减免期。设置明确的关税减免过渡期，可给予欧越双方国内生产商合理的适应过程，关税减免可以使得双方国内消费者享受更低的产品价格福利，彼此出口商也可因此具备更强的竞争力。

（三）创新推出泛欧原产地规则下"三轨制"原产地证明标准

在原产地规则上，EVFTA沿用了欧盟最具影响力的"泛欧原产地规则"，欧越双方在《议定书一：关于"原产地产品"的定义及其政府合作方式》(*Concerning the Definition of the Concept of "Originating Products" and Methods of Administrative Cooperation*, *and Its Annexes*)（下文简称"Protocol I"）及其8个附件、《联合声明：关于议定书一中原产地规则的修订》(*Joint Declaration*: *Regarding the Revision of the Rules of Origin Contained in Protocol* Ⅰ)（下文简称"Revision of Protocol I"）中对原产地的标准要求包括"完全获得"以及"实质性改变"，同时也规定"非实质性改变"，即来自第三国的货物即使未经实质性改变，但只要证明产品质量或在产品上贴上标记等以证明其符合进口国的国内要求即可，这一原则将便利部分产品的进出口。

目前，国际上采取"原产地证书"以及"出口商声明"为主的"单轨制"或"双轨制"原产地证明形式，在EVFTA之前的欧日EPA采取"双轨制"原产地证明形式，采用包括"出口商原产地声明"(Exporter's Statement of Origin)或"进口商明知"(Importer's Knowledge)的证明形式，而欧韩FTA、欧新FTA均采取"单轨制"的原产地证明形式，由经核准的出口商自行出具"原产地声明"(origin declaration)以享受优惠待遇。然而，与大部分自贸协定仅采取"单轨制"或现阶段已较为先进和完善的"双轨制"原产地证明方式不同的是，EVFTA采取了较为先进的"三轨制"原产地证明方式，即本协定在以往"双轨制"的基础上又增加了"原产地陈述"(statement of origin)

的规定，此举也是欧盟对其通行的原产地证明形式的创新突破。

具体来看，一方面，根据 Protocol I 第 15 条第 1 款，对于原产自欧盟的商品，原产地的证明方式有三种：（1）原产地证书（certificate of origin），即由出口方授权机构向符合 Protocol I 第 16 条及第 18 条规定的出口商颁发原产地证书来证明其产品的原产地；（2）出口商原产地声明（origin declaration），其中能够作出原产地声明的出口商包括两类：一是符合本部分第 20 条下的授权出口商，且无论其托运的商品价值如何，均可以采用此类原产地证明方法；二是托运的商品总价值不超过 6000 欧元的出口商；（3）原产地陈述（statement of origin），自欧方通知越方欧盟的出口商受欧盟相关法律约束后，该出口商作出的原产地陈述依据该法登记在电子数据库中，即作出原产地陈述的出口商已按照越方知悉的欧盟法登记在欧方电子数据库中，则该出口商也可以获得原产地资格。[①]

另一方面，根据 Protocol I 第 15 条第 2 款规定，对于原产自越南的商品，对应的三种原产地证明方式系为原产地证书形式以及两种原产地声明形式，具体为：（1）原产地证书，不同之处在于申请表对越南出口商的要求将依据越南国内法来决定；（2）出口商原产地声明，即能够作出原产地声明的出口商托运商品的总价值应当依据越南的国内法来确定且不超过 6000 欧元的出口商；（3）出口商原产地声明，自越方通知欧方越南的出口商受越南相关法律的约束后，该授权出口商或已登记的出口商作出的原产地声明，且前述通知可同时规定该通知或将失效。[②]

表 4　**不同原产地的证明形式**

证明形式	所采取的证明形式	举例
“单轨制”的原产地证明方式	原产地证书或原产地自主声明	《欧盟—韩国自由贸易协定》
“双轨制”的原产地证明方式	1）原产地证书，或 2）原产地自主声明	《中国—冰岛自由贸易协定》

① EVFTA，Protocol I，第 15 条第 1 款。
② EVFTA，Protocol I，第 15 条第 2 款。

续表

证明形式	所采取的证明形式	举例
"三轨制"的原产地证明方式	1）原产地证书，或2）原产地自主声明，或3）原产地陈述	《欧盟—越南自由贸易协定》

在上述三类原产地证明方式的类别下，因欧盟与越南分别为发达经济体和发展中国家，所以双方能够作出原产地声明或原产地陈述的出口商需具备的资质不尽相同。此外，经研究 EVFTA 历次更新的文本，欧盟和越南对"三轨制"原产地证明形式也在不断更新。

首先，对于"原产地声明"的出口商资质，并非所有的出口商都有权发布自主原产地声明，也并非所有出口商经依法登记后都有权获得原产地资质，根据 Protocol I 第 19 条，其还必须是经过各自缔约国海关部门核准的出口商。并且，EVFTA 对欧越双方可以作出自主原产地声明的出口商设置不同的标准。对于欧盟，能够作出原产地声明的出口商包括两类：一是符合 Protocol I 第 20 条项下的授权出口商，且对其托运的商品价值不做要求；二是托运的商品总价值不超过 6000 欧元的出口商；对于越南，能够作出原产地声明的出口商也包括两类，但不同的是，该两类出口商：一为同时满足符合 Protocol I 第 19 条规定的情形、运输的商品总价值依据越南的国内法不超过 6000 欧元两项标准的出口商；二为自越方通知欧方其出口商受越南相关法律的约束后，经该法授权出口或作出相应登记的出口商。

其次，欧越双方在最终生效的协定文本中对可以作出"原产地陈述"的出口商资质作了较大的调整，在 2020 年 6 月 18 日更新的 EVFTA 文本中，仅欧盟出口商有权作出"原产地陈述"。该协定对于欧盟出口商的原产地陈述标准的要求是，对于经电子数据库依法登记即可获得原产地资质的出口商应经依法登记，且前述适用的法律也应当由欧盟向越南履行前置通知义务的方为有效。

EVFTA 中规定的"三轨制"的证明形式对发达经济体欧盟及发展中国家越南存在不同的适用标准，该标准较为符合欧越双边贸易对双方目前的区域内/国内发展水平的要求。"三轨制"的证明形式有助于大幅度降低双边贸易中货物原产地的证明难度，提高原产地证明的灵活性，同时增加了双方货物获得优惠关税的概率，提高认证效率，因而该证明形式的多样性更加符合双边进出口厂商的利益。

（四）EVFTA 下更为开放的投资措施法律制度

2013 年 5 月，欧盟确定了“惠及全民的对外贸易和投资的基本政策”（*Trade for all*：*towards a more Responsible Trade and Investment Policy*），《欧盟—加拿大综合经济贸易协定》（CETA）是欧盟首个涵盖投资章节的 FTA，该协定创造性地提出了投资法庭系统。[①] 2018 年 6 月 25 日，欧越为促进对双方投资者和投资行为的保护，在布鲁塞尔会议上达成了一项新的《投资保护协议》（IPA）。在 EVFTA 中，继欧加及欧新签订自贸协定之后，再次将“投资”作为专门章节囊括在协定中，即在文本第八章“投资、服务贸易及电子商务贸易的自由化”中对投资作出规定。

EVFTA 采取正面定义与负面清单形式对“投资”的适用范围作出规定，即适用于投资者在对方国家设立企业及从事投资活动，但不适用于视听服务、采矿、核材料的生产、武器以及军火和战争材料的生产和贸易、国内与国际航空服务、地勤以及机场运营等。欧越自贸协定第八章第 3.1 条规定了“投资”的正面定义，又在第 3.2 条规定采取“负面清单”形式，指出“投资”不包括对视听设备、矿产及核材料的制造等五大方面的投资活动。在欧越自贸协定中，“投资”可以采取有形或无形、动产或不动产或其他产权，企业、股份、股票或其他形式的股权参与，债券、公司债券、负债以及其他债务票据，承包合同、建筑合同、管理合同、生产合同、特许经营权合同等形式。

为鼓励双边投资并为其提供便利，相比于《中秘自贸协定》在投资章节的 18 个条文中要求缔约双方给予对方投资者及其投资以国民待遇、最惠国待遇和公平公正待遇，EVFTA 要求缔约双方给予对方投资者及其投资以国民待遇和最惠国待遇。相比之下，《中秘自贸协定》规

---

① 宋锡祥、戴莎：《欧盟和加拿大自贸协定的特色及其对我国的启示》，《上海大学学报》2019 年第 1 期。

定除非为公共利益并经法定程序不得进行征收，一旦征收应当按照公平市场价值给予投资者补偿，EVFTA 则在其“执行要求”中对不得采取征收或强制执行措施作出负面清单式的规定，[①] 从而为缔约双方投资者提供更多的保障性政策。此外，该协定还为促进双边投资提供了便利和优惠政策，为商务人员临时入境建立透明的标准和简化的程序，使缔约双方企业获得开展投资合作的制度性保障。

（五）以可持续发展为原则，设置较高标准的劳工和环境保护条款

欧盟对人权的考量是其推进贸易政策建设的关键要素，其在发展人权与推进可持续发展过程中形成了一套规范体系和政治体系，遵守《欧洲联盟条约》第 21 条第 1、2 款、《欧盟基本权利宪章》《欧盟人权与民主战略框架》《联合国人权公约》、国际劳工组织的基础公约及联合国 2030 年议程中的核心劳工标准。当然，欧盟也遵守区域人权公约（包括 FTA 等）及国际习惯法并强调在涉及环境、用工、社会问题、健康、有效管理、法治、教育、移民、数据保护、数字和影像及私营部门的社会责任等方面自愿合作，以支持人权的良好发展。

就欧越关系而言，人权与民主问题构成 1995 年《欧共体—越南合作协议》（*1995 EC-Vietnam Cooperation Agreement*，EVCA）的重要内容，此后在欧越于 2012 年《友好合作协议》（Partnership and Cooperation Agreement，PCA）中，欧越双方承诺在遵循国际法和《联合国宪章》，尊重民主与人权并对此进行有效管理的前提下，尊重对方民主原则与人权。[②] 至 2012 年，欧越在 PCA 基础上开始双边 FTA 谈判，最终在 EVFTA 的框架下，欧盟的目标是要确保其与第三国发展优惠贸易关系的基础为确定的“人权承诺”，欧越自贸协定在第十三章里对“贸易与可持续发展”作出规定，以系统解决双方劳工与环境问题。[③]

一方面，EVFTA 设置了较高标准的劳工保护规则。1995 年欧盟

---

① EVFTA，第八章第 6 条。

② 参见 PCA“序言”，第 1 条。

③ European Commission，Human Rights and Sustainable Development in the EU-Vietnam Relations with Specific Regard to the EU-Vietnam Free Trade Agreement，Commission Staff Working Document，Brussels，SWD（2016）21 final，26. 1. 2016，p. 7.

普惠制 3281/94 号条例要求新的普惠制方案实施特别奖励措施（Special Incentive Arrangement），对积极采取提高劳工标准的受惠国给予额外的贸易优惠，使劳工标准与其国际贸易相互挂钩。正因为如此，欧盟在之后的普惠制方案及与其他国家或地区签订的自贸协定中加入劳工条款，如在欧韩 FTA、2012 年签署《欧盟与秘鲁/哥伦比亚综合贸易协定》以及 EVFTA 中。在构建自贸协定劳工标准的过程中，欧盟拒绝用贸易制裁的方法解决劳工争端，其劳工条款多为促进型的新条款，不具有执行力。[①]

国际劳工组织与亚欧会议（Asia-Europe Meeting，ASEM）是欧盟和越南进行“劳工权利”保护的主要平台，欧越在协定中承诺实现可持续发展，[②] 双方在“多边劳工标准和协议”条款中承诺要保证全体劳工，包括妇女和儿童从事充分且具生产性活动的权利，在此基础上促进双边贸易的不断发展。[③] 对于劳工的基本工作权利，双方承诺将依据国际劳工组织成员之间设置的义务标准，并依据《国际劳工组织关于工作的基本原则与权利及其细节落实宣言》，对结社自由、集体谈判、禁止任何形式的强迫或强制劳动、有效废除童工及有效废除环境和职业歧视等达成一致意见，[④] “劳工权利”主要包括结社自由与对集体议价权的有效承认、消除各种形式的强制或强迫劳动、有效废除童工及消除用工与职业歧视。[⑤] 当然，欧越双方在协定中对劳工问题也作出限制性规定，即签署关于劳工保护和劳工标准的规定不得以保护一方贸易为目的。[⑥]

另一方面，EVFTA 设置了系统性的环境保护规则。环保在欧越的早期关系中即为一项热门议题，早在 1995 年，EVCA 就规定了“环境保护与自然资源的可持续管理”的内容。PCA 谈判与签署扩大了双边环保的范围，并增加了可再生能源、能源有效性、可持续农业、可持续

---

① 李西霞：《欧盟自由贸易协定中的劳工标准及其启示》，《法学》2017 年第 1 期。

② EVFTA，第十三章第 1.2 条。

③ EVFTA，第十三章第 3.1 条。

④ EVFTA，第十三章第 3.2 条。

⑤ EVFTA，第十三章第 4.2 条。

⑥ EVFTA，第十三章第 3.3 条。

旅游业、废品处理、环境友好型科技发展及气候变化等新的合作领域。EVFTA作为典型的欧盟与发展中国家签订的自贸协定，明确了实现可持续发展的核心在于要求双方对经济发展、社会发展和环境保护等方面相互强化其力度。[①] 为此，专门设置专家组，若双方在120日内无法解决“贸易与可持续发展”章所涉条款项下的争议情形，即可提交争议申请，组成专家组解决争议。

为了促进环境可持续发展，欧越双方对遵守多边环境协议（MEAs）、设置气候变化条款、保护生物多样性、森林产品可持续管理与贸易、对海洋资源贸易与可持续管理、设置贸易与投资支持可持续发展等均作出规定，并确认应提高双方对前述内容的保护水平，并分别对可持续影响的审核及执行作出有效规定，并承诺应遵循双方均为缔约国的多边环境协定。

迄今为止，劳工与环境保护未能在WTO层面达成统一协议，欧美等发达国家在发展对外贸易时极力推进劳工与环境保护，以保护其国家/地区的劳工权利和生态环境。越南作为发展中国家在与欧盟进行双边FTA谈判时，并未将环境和劳工等非贸易议题排除在谈判内容之外，而是积极促进该领域的发展与进步，在与欧盟磋商后，作出专章规定，以有利于保护环境和劳工权利。人权和可持续发展问题是实现贸易自由化的组成部分，欧越认识到经济发展、社会发展和环境保护相互依存、相互支持的重要性。

（六）进一步完善以“软法”为主的“P to G”与“G to G”争端解决机制

EVFTA关于双边争端解决机制主要体现在投资章及争端解决章中，前者是解决“投资者—东道国”争端的“P to G”模式，旨在保护投资者在东道国的合法权益；后者是“G to G”模式的争端解决机制，其目标在于建立一个有效且高效的机制，解决双边在解释和适用欧越自贸协定时所引发的争端（欧越自贸协定中另有规定的除外），因而欧越可采取的争端解决方式涵盖磋商、调解及仲裁。

---

① EVFTA，第十三章第1.2、1.3条。

1. 进一步完善投资争端解决机制——ITS 制度

投资议题的核心在于投资争端解决机制（Investor-State Dispute Settlement，下文简称“ISDS 机制”），欧盟及其成员国在对外进行投资谈判时，几乎都会考虑投资者—东道国（“P－G”）争端解决机制，欧盟是国际投资协定的发源地。欧加 FTA 是欧盟对外签订的首个纳入“投资”章节的自贸协定文本，其中设置了较为先进完善的 P－G 争端解决机制，即“投资法院系统”（Investment Court System，下文简称“ICS 制度”）。欧盟在此后签订的欧新 FTA、EVFTA 及 TTIP 中也运用了与 ICS 制度相似的争端解决方式，如在 EVFTA 中，制定了“投资仲裁庭制度”（Investment Tribunal System，下文简称“ITS 制度”）。ITS 制度与 ICS 制度具有异曲同工之处，主要体现在如下方面：

第一，EVFTA 强调以“软法”为主的争端解决机制，倡导采取友好解决争端的方式，包括协商与调解，若友好解决方式不能奏效，争端双方可提交申请进入磋商程序，若双方通过磋商仍无法解决争端，则争端一方可采取书面形式提起仲裁，即请求组建“仲裁小组”（Arbitration Panel）。

第二，设置透明度高的争端解决程序。一方面，欧越自贸协定规定仲裁员必须满足相应的资质要求并具备一定的执业经验，并且贸易委员会在欧越自贸协定生效后的 6 个月内应当建立一个包含 15 名仲裁员的“仲裁员名册”，该“仲裁员名册”中除包含欧越双方各委任的 5 名仲裁员外，还包含 5 位第三国国籍的仲裁员，[①] 且相较于欧加协定的相应规定，法庭主席及副主席应由第三国法官担任，欧越 ITS 仲裁庭主席应由第三国仲裁员担任。[②] 但无论是 EVFTA 还是欧加 FTA，均明确了薪酬的发放制度，这一点是共同的。另一方面，欧越自贸协定也对仲裁员提出要求，仲裁庭和上诉仲裁庭人员必须是完全独立于任何政府机构的人员，不得直接或间接对争端双方的利益冲突造成影响，并且一旦成为仲裁员，便不得为缔约方专家或案件证人，也不得依据欧越自贸协定或国内法受理新的投资保护争端案件。

第三，EVFTA 未设置上诉机制。欧越双方在 EVFTA 生效前的文本

---

① EVFTA，第十五章第 23.1 条。

② EVFTA，第十五章第 23.1（c）条。

中曾设置常设上诉庭为不服仲裁裁决一方提供上诉途径，但经查阅生效后的 EVFTA，欧越双方已取消上诉庭机制，并设置第 15.14 条——“对终裁报告措施的审查”，规定如争端一方认为仲裁裁决措施不符合欧越自贸协定第 15.2 条规定的，该方可以书面形式请求作出裁决的仲裁小组对其异议作出处理，仲裁小组应当在该方提交请求后的 45 日内对其裁决作出解释。因此，欧越双方在争端解决机制中赋予了仲裁小组极大的裁决权。

第四，欧越自贸协定也大幅度提高了仲裁效率。双方对每项争端解决措施均规定了明确的时间限制与节点，包括：（1）除双方另有合意外，被请求方应当在收到请求方提出的磋商请求之日起 30 日内开始磋商，且磋商应当在被请求方收到请求之日起 45 日内予以解决；（2）因易腐物品、季节性产品或季节性服务提起的紧急磋商应当在被请求方收到请求之日起 15 日内召开并在被请求方收到请求之日起 20 日内解决；（3）若磋商请求方提出磋商请求之日起 15 日内，被请求方不予答复的，请求方可以提起仲裁；（4）仲裁小组应当在组庭之日起 120 日内作出最终裁决，或最多不超过 150 日内作出最终裁决等。

通过上述分析可知，ITS 制度与 ICS 制度既有相似之处，又存在相异性。实际上，它是对传统的 ISDS 机制作出的全新变革和完善，对传统 ISDS 机制中存在的弊病加以剔除与修改，如 ICS 制度对仲裁员的任命资格和道德准则均作出明确要求，对仲裁员名册、仲裁庭主体的人选作出更加客观、公正的规定，赋予仲裁小组作出最终裁决并解释该裁决的权力，并明确仲裁时间节点以大幅度提高仲裁效率等，这势必有利于程序正义与实体正义的有效彰显，极大地促进了全球投资治理规则的科学发展。

2. EVFTA 推出超 DSU 模式的“G－G”争端解决机制

欧盟在 2000 年以后与伙伴国签订的 FTA 中，都依托 WTO 协定附件 2《关于争端解决规则与程序的谅解》（*Understanding of Rules and Procedures Governing the Settlement of Disputes*，下文简称“DSU”）建立双边争端解决机制，[1] 在 EVFTA 这一欧盟范式自贸协定框架下，欧越双

[1] Dispute Settlement in a Nutshell，http：//ec. europa. eu/trade/policy/accessing－markets/dispute－settlement/，last visited on 20th Sept. 2020.

方不再拘泥于DSU的传统模式。

首先，EVFTA突出“软法”化的“G-G”争端解决模式。自贸协定的基础是缔约双方相互间的诚意和利益需求，[①] 而区域贸易协定的争端解决机制大多具有“软法”性质，即非惩罚性和非诉讼性。EVFTA规定了磋商、仲裁和调解三种争端解决方式，适用顺序为先磋商，后仲裁，但在磋商或仲裁中的任何阶段，双方都可以基于共同意愿进入调解程序。仲裁和诉讼为司法性争端解决方法，一旦欧越双方磋商仍无法解决争议，可以依据欧越自贸协定第15章第5条进入仲裁。并且根据该章第4条及附件15-C（调解机制），一经欧越双方同意，均可在任何时间进入调解程序，在请求进入调解程序时，附件15-C对具体调解程序作出具体规范，包括选定调解员、调解程序规则及调解的执行等方面内容。事实上，调解结果的最终达成有赖于缔约双方的合意，执行方应当对任何的执行步骤和措施向另一方发出书面通知。以上规定无不体现出欧越自贸协定争端解决机制“软法”的特色。

其次，EVFTA设置了完善和详尽的争端解决程序。欧越自贸协定对仲裁专家组的职责范围、仲裁专家组设立规则、仲裁专家组解决争议的具体程序、紧急情况的先决裁定、仲裁报告的作出以及通知、对仲裁报告的遵守和执行期限、对执行情况的审查、对不执行的临时救济以及对该临时救济的审查、仲裁员的替换、仲裁和执行的暂停和终止、相互同意的解决措施、信息和技术咨询、仲裁专家组决定和裁定的效力、仲裁员名册、论坛选择、时限等尽可能作出细致周到的规范，便于实际操作。为实现仲裁的公正性，EVFTA仲裁员名册还包含三个分名册，分别为越南仲裁员名册、欧盟仲裁员名册以及非缔约双方国民的自然人组成名册。其中，每份分名册中应包含5名自然人，贸易委员会应当确保名册人数始终维持在该水平。

最后，设置短暂而有效的争议解决期限，以提高争端解决效率。例如在EVFTA中，磋商应在被请求方收到请求之日起30日内进行，并在收到请求之日起45日内结束，紧迫事项的磋商是在收到请求之日后的

---

① 黄萃、纪文华:《区域贸易协议争端解决机制构建与实效反差研究》，《国际贸易问题》2010年第12期。

15日内进行，并在20日内得出结论。而DSU中规定磋商在提交请求之日起60日内未解决的，起诉方可以请求设立专家组，紧急情况下为20日内。此外，EVFTA中，仲裁专家组的最终报告需在专家组成立之日起的120日内提交，最迟不得超过成立之日的150天。而DSU中规定自专家组组成和依其职权范围议定之日起至专家组向争端各方提交最终报告之日止，一般不应超过6个月，但在紧急案件中，应尽量保持在3个月内将报告提交给争端各方，包括涉及易腐货物的案件。除了体现双方迅速解决争议的共同愿望之外，也是基于双方相互了解和深入谈判之上达成共识的结果。实际上，双边争议较多边争议的复杂程度相对较低，设置更短期限也是顺理成章的。

总体而言，欧越自贸协定耗时两年半、历经13轮谈判，成文后亦经过不断磋商与修订，最终达成展现在世人面前的一份高标准、综合且全面的自贸协定，实属不易。欧盟作为当今世界上由27个成员国组成的主要发达经济体，具备成熟的文本拟定和创制能力，在立法实践中不断推陈出新，独树一帜。作为颇具欧盟特色的FTA，欧盟在积极引领和推动国际双边自贸区制度建设的发展方向，这一点是值得称道的。

四　EVFTA对中国的启示

随着我国经济总量渐渐跃居世界前列，人均经济总量也处于中等水平，我国已经逐步具备了在国际事务中竞争话语权的实力。欧盟作为推进全球经济一体化发展的重要经济体和全球区域合作的先行者，已经在长期的对外经贸合作的经验中形成了欧盟范式的自贸协定特色，并在欧盟扩大其自贸协定版图中起到了举足轻重的作用。近年来，随着信息技术的进步和经济的快速发展，欧盟也在不断调整其发展战略，出于多种因素的考量，欧盟启动了新一代自贸协定谈判，并得以成功推广。这类欧式“新一代自贸协定”是迄今为止欧盟主导的涉及议题最广、规范标准最高的双边自贸协定，在很大程度上显现出欧盟对国际经贸规则未来走向的引领，并最大限度地利用对其自身更为有利的非中性国际规则来约束或限制竞争对手在该领域的话语权与影响力，这必将对我国产生重要影响。如欧盟在欧加自贸协定中首次将投资章节纳入其中并作出详细的配套规定。EVFTA 中的条文设置反映了发达国家和发展中国家间的合作与博弈，且该协定在开放水准、环保要求、劳工标准、争端解决机制效率与透明度等方面的具体规定均呈现出创新性发展与强化，值得我国在对外签署自贸协定时参考和借鉴。因此，我们有必要对该类协定进行系统而深入的整体研究，为未来我国对接国际经贸高标准规则做好前瞻性、系统性的准备和铺垫。

（一）推进“自主原产地声明”的适用性，灵活选择“双轨制”原产地证明形式

目前，美欧等发达国家在促进对外贸易的磋商过程中，所采取的货物原产地证明形式主要为“自主原产地声明”方式，虽然我国也逐渐开始尝试适用包括“自主原产地声明”形式的“双轨制”原产地证明形式，如我国在中冰、中澳、中瑞等自贸协定中均吸纳了“自主原产地声明”制度并采取原产地证明和原产地证书相结合的“双轨制”，但我国目前在对外签订双边协定时主要还是采取以原产地证书为主的“单轨制”证明方式，这一情形表明我国在原产地证明形式方面的体制尚不成熟。EVFTA 主要采取了泛欧式的原产地规则，在原产地证明方式上也有新的举措，双方在“双轨制”的基础上率先增列第三种“原产地陈述”证明形式。基于对欧越之间原产地规则及双方考量背景的分析比较可知，“单轨制”原产地证明形式相较于“双轨制”或欧越的“三轨制”而言，在原产地认证的效率方面差距甚大。

因此，我国有必要在总结自身对外经贸发展经验的基础上，尝试大范围推进“双轨制”的原产地证明方式，采取原产地自主声明和原产地证书相结合的方式，在与发达国家签订 FTA 时可以采取“出口商声明”的形式；与发展中国家签订 FTA 时，鉴于发展中国家信用体制尚不健全等问题，可以仅采取原产地证书方式。此外，尽管欧盟和越南的经济体量相差悬殊，经济发展程度也存在巨大差距，但双方依然详细列明“三轨制”的原产地证明形式，并对之作出细化的规定，此举也值得我国在选择原产地证明形式时加以取舍。

当然，“双轨制”或“三轨制”的证明形式并非毫无缺点，其适用对协定双方就原产地证明方面的监督管理能力提出了更高的要求。也正因为如此，自贸协定的缔约双方必须综合评估彼此间的实际情况，进而采取相对应的模式，只有这样才能在削减关税的同时不危及市场秩序。如前文所述，在EVFTA中，欧越双方在设置“出口商声明”的规定时是基于双方不同的发展程度对其有资质的出口商作出不尽相同的规定。中国亦可借鉴此类做法，在选择原产地证明形式前进行评估并针对不同伙伴对象国作出不同的判断，统筹协调不同自贸协定下的原产地规则，[①] 针对我国较为敏感的产品，可配合关税减让规则，适度设置严格或宽松的原产地标准；对于我国非敏感性的产品，可采取较为宽松、便利的原产地标准，以有助于促进我国企业充分利用区域内的优质资源。

（二）完善劳工保护法律制度，建立环境与贸易协调机制

截至目前，GATT与WTO尚未对劳工与环境形成统一的标准，亦未将其纳入多边贸易体制中，欧盟在发展对外贸易时运用FTA极力推进劳工与环境保护，在国际贸易与劳工以及环境标准之间建立起联系，使之形成独特的模式，并广泛运用于与其他国家签订的FTA之中，以保护欧盟成员国的劳工权利和维持良好的生态环境。

中国是国际劳工组织的一员，其已批准生效的国际劳工公约（其中包括四项核心公约）已经达到25项，然而，该类公约在现实的执行中仍然存在各种不足与缺陷。现阶段，中国已经将劳工条款纳入了已经签订的四个自由贸易协定中，包括《中国—智利自由贸易协定》第108条、《中国—秘鲁自由贸易协定》第161条、《中国—新西兰自由贸易协定》第177条以及《中国—瑞士自由贸易协定》第135条，且均为促进性和宣誓性条款。从目前来看，考虑到环境和劳工问题涉及人权等敏感领域，中国在自由贸易区谈判时的做法是消极防守，甚至为此不得不在其他贸易问题上作出让步。在环境保护方面，我国至今仅在与韩国、瑞士、智力签订的FTA中涉及了环境条款或章节的规定，内容相对比较粗疏。

然而，在全球化的背景下，我国的快速发展引起了其他国家对我国

---

① 关兵：《区域贸易协定框架下原产地规则最新发展趋势及对中国产业的影响》，《对外经贸实务》2018年第3期。

劳工和环境保护的关注，一些国家甚至开始将劳工和环境保护的标准与承认我国市场经济主体地位的内容相挂钩，例如美国表示，若要承认“中国市场经济地位”，前提条件是扫除以下两点障碍：货币的自由兑换和劳工问题。[①] 事实上，中国在环境和劳工方面的标准虽然不能与欧美等发达国家相提并论，但并不比大多数发展中国家的标准低，这就意味着我国基本上具备了在环境、劳工问题上进行谈判和合作的能力。

从 EVFTA 可见，作为一个发展中国家，越南已经和欧盟这一发达经济体磋商确定了详细的条款和标准，值得科学移植并予以镜鉴。就现阶段中国已签署的 FTA 来说，如《中国—智利自由贸易协定》第 108 条对“劳动、社会保障和环境合作”规定如下：“缔约双方应该通过劳动和社会保障合作谅解备忘录和环境合作协定增强缔约双方在劳动、社会保障和环境方面的交流和合作。”这种灵活的、非强制性的承诺既不会给我国带来单方面的、额外的义务或负担，又可满足合作伙伴对“环境、劳工问题”的关注和未来发展的需要。

就具体的条款设计而言，中国应在自由贸易协定谈判中提出可接受的劳工与环境保护标准，反对使用贸易制裁的方式解决劳工问题。此外，还可以根据我国发展的实际情况，区别对待核心劳工与环境标准，首先，在劳工方面，应明确伙伴国对于劳动及劳工的保护应遵循立法主权优先原则，以确保我国在对外贸易谈判中的主权，防止发达国家利用劳工条款遏制我国劳动力产品的输出。与此同时，也应完善配套的法律机制，并将其真正落到实处，如加强国内工会组织的应有力量和潜能，使之在今后的对外贸易中发挥出不可替代的积极作用。其次，在维持环境可持续发展方面，应注重建立贸易与国内环境的协调机制，立足于本国国情，与不同地理环境及经济发展水平的伙伴国达成不同的 FTA 规则。

（三）建立以“软法”为主的“P－G”及“G－G”争端解决机制

自欧加自贸协定开始设置专章对“投资”作出规定以来，EVFTA

---

① 美两部长结束中国之行：《劳工问题成目前中美博弈最重砝码》，http://www.ce.cn/new_hgjj/gjbd/cvsw/200406/25/t20040625_1302935.shtml，最后访问日期：2019 年 7 月 26 日。

也对“投资”作出详细规定，并配套规定了可操作性强的“投资争端解决”机制。同时，EVFTA 中亦坚持采取欧盟以“软法”为主的“G－G”争端解决模式，为其与伙伴国之间的经济贸易争端的解决提高了效率。

1. 借鉴欧盟范式的“P－G”争端解决机制，增强仲裁效率与透明度

2013 年，我国与欧盟开启了中欧 BIT 谈判，截至 2020 年 7 月底，中欧两大经济体举行了 31 轮投资协定谈判，双方同意将尽最大努力尽快就公平竞争方面的规则取得一致意见。① 截至目前，欧盟 27 个国家中的 26 个已经与中国签订了 BIT，但我国和欧盟各成员国签署的 BIT 中的投资争端解决条款并不完全一致。② 应注意的是，因中国与欧盟双边在中国的国有企业、中国的市场经济地位、中国的市场准入标准以及 ISDS 机制等问题上分歧较大，均无法达成共识，导致中欧 BIT 谈判经历了十分漫长的时间。③ 中欧 BIT 谈判已历时近 7 年。

需要专门指出的是，P－G 争端解决机制作为欧美国家磋商争端解决途径中不可或缺的一部分，必将在更加广泛且错综复杂的投资争端领域占据愈加重要的地位。对此，我国应积极采取法律应对措施。就 EVFTA 投资章节与中欧 BIT 相比，我国的 BIT 文本仍存在着较大的不足，例如存在着对仲裁程序的规定过于简单、透明度不高、争端解决方式不够多样化等弊端。在此背景下，EVFTA 对我国未来与欧加签订自贸协定亦极富借鉴价值。

首先，我国可以借鉴欧盟 FTA 范式不断完善的投资仲裁规则，完善投资争议国内救济途径。欧盟在投资者保护的规则设置方面选择不断完善投资争议的各类救济途径，如在欧越、欧加等自贸协定中，欧盟采

---

① 《欧盟驻华大使郁白：中欧 BIT 谈判进入冲刺阶段，望在三个章节上取得突破》，https：//new. qq. com/omn/20200908/20200908A0JXLK00. html？pc，最后访问日期：2020 年 10 月 4 日。

② 陶立峰：《中欧 BIT 谈判中投资者与国家争端解决的模式选择》，《法学》2017 年第 10 期。

③ 王琳：《中欧 BIT 谈判中 ISDS 问题及中国的立场和应对》，《法学研究》2016 年第 5 期。

取“软法”化的解决机制、设置“投资仲裁庭”，并对前述规则作出详细明确的配套规定。鉴于此，我国需考虑在此方面规定有效的法律措施，并有针对性地修改和完善我国现有的法律制度，加快建立符合中国国情的外商投资争议解决国内机制，使投资者尽可能在用尽当地行政和司法救济手段的前提下解决纠纷。

其次，制定符合我国国情的“P－G”仲裁机制，并尽快将其应用到BIT与FTA谈判中。目前我国条约立法中关于国际投资仲裁机制发展的困境主要在于，对相关条款的设置不够完善，不同协定间的条款差异较大，没有形成原则性的标准或基础。早在1982年，我国就开始与包括瑞典在内的国家签订双边投资协定，有关“P－G”争端基本通过《华盛顿公约》下设的国际投资争议解决中心（ICSID）以调解和仲裁的方式求得解决。但该中心的设置并非无懈可击，在争端解决过程中引发了亟待破解的难题，尤其是制度设计方面的缺陷日益受到国际法学界的诟病。因此，当务之急是先行理清我国已经签订的大量BIT及FTA中关于投资者和东道国之间的争端解决机制方面存在哪些细微的差异与不足，在此基础上明确我国可以采纳的相关原则与标准，以形成符合我国实情的“P－G”仲裁机制，如对于用尽地方救济规则与岔路口条款不可同时被剔除在协定之外、对提请仲裁的事由应当设置负面清单或例外规定以作出限制等。①

最后，我国应稳步推进出台与投资者—东道国仲裁相关的国内法。基于2005年9月签署的《联合国国家及其财产管辖豁免公约》，我国应积极加快《国家豁免法》的立法进程，确保国家行为以及国家财产受到合理保护，切实维护我国的国家主权。

2. 完善我国的“G－G”争端解决机制，突出以磋商为前提的“软法”特点

1947年，GATT的成立为有效解决各国关税与贸易纠纷提供了一个平等对话、和平磋商的窗口，WTO成立后参考借鉴司法制度下的严格约束力，对GATT的相关规定进行了大幅度修改，设置了独立的争端解

① 宋锡祥：《自由贸易区制度体系整体功能设计的战略思考研究》，国家社会科学基金项目（项目编号：11BGJ015）成果。

决机构（Dispute Settlement Body，DSB）。WTO 下的争端解决要权衡发达国家与发展中国家之间的利益关系，其在争端解决机制方面的最终制裁手段是报复。

目前，中国签订 FTA 中均设有投资争端解决机制的规定，在适用范围上，我国 FTA 对“G－G”争端解决机制采用了正反两方面的规定方式；在解决方式上，中国 FTA 要求尽可能先以磋商方式解决争端，若争端各方磋商失败，投资者可以选择在东道国法院寻求救济或提交仲裁。但与 EVFTA 中规定的争端解决机制相比，中国在仲裁透明度方面的制度建设相对落后。

在欧越自贸协定中，双方确定了可以选择采取磋商、调解以及仲裁的措施来解决双边经济贸易活动中产生的争端，且双方对三种争端解决措施均作出了详细而明确的规定，适用顺序为先磋商，后仲裁，但在磋商或仲裁中的任何阶段，双方都可以基于双边意愿进入调解程序。欧盟所坚持采取的准司法性质的争端解决模式系以“软法”为主的模式，该模式使其与伙伴国之间的经济贸易争端解决提高了效率。

纵观欧盟签订的自贸协定所涉及的仲裁裁决的执行事宜，不难看出自 2000 年以来的双边自贸协定就有关仲裁裁决的执行规定基本是软性的执行规则，没有实质性地规定有效的报复性措施。通过对欧盟自贸协定争端解决机制的深入研究，并参考 WTO 争端解决机制有关执行的规定，我国在与贸易伙伴国磋商自贸协定时，似乎有选择性地采取以软法为主的准司法性质的争端解决机制为宜，在明确仲裁裁决的拘束力和执行力的同时，有必要参照 WTO 关于仲裁裁决的执行规定[①]之合理成分，为我所用。

（四）合理布局以形成面向全球的中国高标准 FTA 网络体系

中国新一轮对外开放对实施自由贸易区战略提出了更高的要求。党的十九大报告明确指出要促进“一带一路”国际合作，并强调中国应支持多边贸易体制，促进自由贸易区建设，推动建设开放型世界经济。现阶段，中国自贸区制度体系建设功能设计战略构想应从国际、区域、

① 参见 DSU，第 21 条“对建议和裁决执行的监督”。

双边、区际、国内层面共同出发，齐头并进，相互促进，衔接有序，协调发展，配合有效，形成全方位、综合性的宏大战略目标体系。尤其是在后疫情时代如何通过经济和法律等手段，有效推进“一带一路”国际合作和积极参与国际经贸投资规则制定和引领，精准对接新近全面高标准的国际经贸规则，加强对全球和区域及双边自贸区网络发展战略的合理布局至关重要。

1. 认识到欧式 FTA 的局限性，力求在各方面平衡与发达国家的权利义务

美欧是全球重要的两个贸易主体，自 20 世纪以来便通过与贸易伙伴国之间签订区域自贸协定或双边自贸协定扩大对外贸易。无论是区域自贸协定还是双边自贸协定，都会对其他国家或地区的贸易造成实质性的歧视，其结果必然是引发部分贸易转移。以欧越自贸协定为例，由于在某些货物的供给上，中国是越南的最大出口国，欧盟便在“原产地规则”方面对越南向其出口的货物作出严格的原产地要求，使得中国相关货物在越南的出口关税、市场准入、政府采购等方面将处于不利的境地，进而在很大程度上削弱中国商品的竞争力。例如，前文提到的欧盟范式的原产地规则中对累计规则的扩大适用，即为欧盟将自身“泛欧原产地规则”的影响力进一步延伸到亚洲国家。

美欧等发达国家在对外签订自贸协定时，通常采取美国或欧盟范式的自贸协定模板，这也将促使包括中国在内的发展中国家在双边或多边贸易谈判中处于不利地位。因此，研究美式或欧式的 FTA 范本，在谈判中对各方面的条款设计加以谨慎考量，力求与发达国家之间达成权利义务的平衡，将是中国和发达国家进行自贸协定谈判时应当时刻关注的重中之重。

2. 借鉴欧盟在亚洲推进 FTA 战略模式，均衡 FTA 网络体系布局

欧盟于 2010 年开始与新加坡进行双边 FTA 谈判，目的在于通过与新加坡建立自由贸易伙伴关系，逐步与其他东盟国家发展双边经贸关系，以实现与东盟签订一揽子双边框架协议的目的。

根据欧盟公开的政策文件，中国已经达到欧盟磋商 FTA 伙伴的标准，但是中欧间签署 FTA 的机遇与挑战并存。一方面，从整体上看，欧盟与中国经济的互补性远远超过双方之间的竞争性。欧盟需要进一步

进入世界上潜力最大的消费市场，与中国签订自贸协定也将展现并提升欧盟的竞争力。另一方面，新一代 FTA 将更深入地涉及中国内部改革，这对中国提出了巨大的挑战，尤其是关于国有企业改革、知识产权保护和竞争政策等问题，欧盟有理由担心，未来中欧谈判可能会陷入类似与印度谈判一样的旷日持久的僵局。[①] 当然，未来中欧 FTA 的达成不可能一蹴而就。在现阶段，中国需要就欧盟在与加、日、新、越等国谈判中提出的要求进行深层次研究，有针对性地构建包含应对方案的中式 FTA 范本。

经过近 20 年的自贸区建设，我国在自贸协定谈判中的一些传统议题上已经建立起相对成熟和固定的原则和模式，针对不同谈判对象只需要在此模式的基础上作出适当微调即可。比如在货物贸易的关税减让方面，我国在大部分自贸协定中均将货物分成四大类，并对不同类别设置不同的降税幅度和过渡期。但是在服务贸易、投资保护、知识产权等新议题方面，我国仍然处在摸索阶段，还没有建立起成熟的理念和模式，尤其是在争端解决方式创新上缺乏中国元素和方案，与国际主流标准和欧式与美式 FTA 范本存在较大差距。又如在服务贸易方面，我国目前已签署的自贸协定均为正面清单承诺模式，与目前包括欧盟在内的发达国家普遍采用负面清单模式的主流做法不相吻合。迄今为止，中国和欧洲国家签署和生效的 FTA 只有中瑞和中冰两个，但是中国在推进与欧盟达成整体 FTA 的过程中，也可借鉴欧盟在东盟推进 FTA 的做法，即不断推动与欧盟或欧洲国家逐个开展 FTA 谈判，例如与英国之间尽快开启自由贸易谈判，英国脱欧无疑为中国与英国开启双边 FTA 谈判提供了良好的契机。如何与发达国家有效磋商并签署符合各方利益的自贸协定将是我国亟须解决的问题。纵观 EVFTA 作为欧越两国之间磋商博弈的结果，欧盟和发展中国家签订的综合性 FTA 文本具有很强的示范效应，这为未来中欧启动 FTA 谈判提供了颇具参考价值的范本。

在此背景下，我国应对现有的各种类型的自贸协定进行深度研究和总结，分类指导和施策，博采众长，在此基础上，积极主动地设计出符

---

① 叶斌：《欧盟自由贸易协定政策的变化和影响——法律的视角》，《欧洲研究》2014 年第 3 期。

合我国国情特点和长远利益的自贸协定“范式”。即综合现有各类自贸协定的文本条款，形成领域基本覆盖、形式相对固定的 FTA 范本，特别是对其中的原则、形式、内容以及语言等可以确定的内容进行规范。当然，考虑到自贸协定谈判对象国的差异性，该范本应兼具稳定性和灵活性。对于发达经济体，可以考虑制定开放层次更高、涵盖领域更全、例外条款更少的高标准范本；而对于发展相对落后的国家，可以考虑制定包含更长过渡期、更多例外条款的低门槛范本，经过若干年实施后，再考虑加快启动升级版协议的商谈和签署进程。

由于包括中国在内的发展中国家与欧盟等发达经济体之间在经济发展和开放程度上存在一定的差距，我国与发达国家商签符合各方利益的自贸协定并非一朝一夕就能完成，这有赖于谈判各方为此作出不懈的努力。实际上，EVFTA 作为欧越两国之间磋商博弈的结果，为欧盟和发展中国家签订综合性 FTA 文本以及中欧启动 FTA 谈判提供了鲜活的可资借鉴的范例。

欧盟从 EVFTA 入手，为推进与东盟的整体自由贸易谈判可谓费尽心机，近期已取得阶段性成果。下一步欧盟期待以其与东盟各国间的独立 FTA 为基本要素，逐步与东盟整体签订框架性协议。这一行之有效的举措正在稳步向前推进。相比之下，中国和欧洲国家签署和生效的 FTA 屈指可数，目前仅有中瑞和中冰两个 FTA，数量有限和经济体量小是不争的事实。中国—挪威自贸协定第 16 轮谈判于 2019 年 9 月 9 日至 12 日在武汉举行。双方就货物贸易、服务贸易与投资、原产地规则、贸易救济、环境、法律议题、争端解决、竞争政策、政府采购、电子商务、机构条款等相关议题展开磋商，谈判取得积极进展。[①] 一旦中挪 FTA 谈成和签署，就实现了中国与北欧国家无 FTA 的零突破，也会对欧洲其他国家起到积极的示范效应。但是中国在推进与欧盟达成整体 FTA 的过程中，也可借鉴欧盟在东盟推进 FTA 的做法，即不断推动与欧盟或欧洲国家逐个开展 FTA 谈判，例如与英国之间尽快开启自由贸易谈判，英国脱欧为中英开启双边 FTA 谈判提供了良好的契机，而日

① 《中挪举行自贸协定第十六轮谈判》，http：//fta. mofcom. gov. cn/article/chinanorway/chinanorwaynews/201909/41458_ 1. html，最后访问日期：2020 年 6 月 6 日。

本已捷足先登，率先与英国签署了自贸协定。我国也应积极创造条件，主动与英国商谈 FTA，尽早达成协议，释放更大的合作潜力，早日与欧洲大国之一的英国签署正式的 FTA，为两国人民谋福利。与此同时，我国有必要先进行 FTA 的可行性研究，尽快落实相关事宜，并为将来启动中欧 FTA 谈判铺平道路，奠定坚实的基础。

五 结语

随着全球经贸规则的加速重构，我国自贸协定的谈判和签署步伐明显加快，自 2002 年至今已经签署 17 个自贸协定，生效的有 16 个，涉及 25 个国家或地区。且所签署协定的开放水平不断提升，协定实施对双边贸易产生了显著的促进效果。未来中国的自贸协定谈判将呈现出覆盖范围更广、开放层次更高、协定对象向重点国家和地区突破的态势。为了实现“形成覆盖全球的高标准自贸区网络”的目标，我国应通过积极参与构建超大型自贸区、将自贸区网络建设与“一带一路”倡议相结合、为深化自身改革提供制度支撑、开展自贸谈判的综合考量宏观收益、设计兼具稳定性和灵活性的自贸协定“范式”等策略来推进自贸区建设。

EVFTA 作为发达经济体与发展中国家之间的双边自贸协定，其内容突显出欧盟范式下的综合性、高标准，该文本将为发展中国家与发达国家磋商和签署自贸协定、达成合作共赢提供理论和实践基础，同时为推进“自主原产地声明”的适用、灵活选择“双轨制”原产地证明形式、完善劳工保护法律制度作出了一定的示范效应。面对逆全球化、单边主义和保护主义抬头的严峻形势，我国唯有采取积极的应对措施，迎接挑战。

不容置疑的是，近年来我国明显加快了建立 FTA 网络体系的布局速度，数量有所增加，FTA 文本质量有所提高，但是从布局的合理性和科学性上还有待加强，离“一带一路”建设的发展要求以及建立面向全球的高规格 FTA 网络体系还有一段距离。因此，在总结我国近 20 年有益经验的同时，借鉴欧美国家的成熟成果，包括欧越自贸协定的有益经验和合理成分，提高我国对外谈判自贸协定的议价能力与规制建立能力，积极促进我国建立环境与贸易协调机制，熟练运用以“软法”为主的“P－G”及“G－G”争端解决机制，充实和完善我国的FTA文本，最终形成合理布局并确立具有中国特色的高标准的FTA网络体系任重而道远。

“被遗忘权”的执行范围：欧盟抑或全球

——兼评“谷歌诉法国国家信息与自由委员会案”

The Territorial Scope of the “Right to Be Forgotten”: EU or the Whole World

—Comments on the Case of Google Inc. v CNIL

应嘉毅*

摘要：2019年9月，欧盟法院就“谷歌诉法国国家信息与自由委员会案”作出判决，确定了“被遗忘权”的执行范围。欧盟法院认为，谷歌等搜索引擎运营商仅应当在欧盟成员国的搜索引擎版本中删除链接，而无须在其全球所有版本的搜索引擎中删除链接。本文在分析了运营商执行被遗忘权的技术难题后，对该案判决进行梳理及评析，最后得出结论：欧盟目前的基本立场为运营商删除链接的范围仅限欧盟成员国，但欧盟并未放弃在全球范围内执行被遗忘权。欧盟虽然暂未找到全球执行被遗忘权的国际法理论基础，但其在本案判决的第72段赋予了各成员国数据监管机关和司法机关在“特定情形”下具有要求运营商在其所有版本的搜索引擎中删除链接的权力。

关键词：谷歌；CNIL；被遗忘权；执行范围

Abstract: Delivering its judgment in Google v Commission Nationale de L’informatique et des Libertés (CNIL) on 24 September 2019, the Court of

* 应嘉毅，华东政法大学国际法研究生，电子邮件：attorneyjy@163.com。

Justice of the European Union (CJEU) held that a search engine operator is not required to carry out de-referencing on all versions of its search engine, but on the versions of that search engine corresponding to all the Member States. After analyzing the technical difficulty of the implementation of the right to be forgotten, this paper analyzes the judgment of this case, and concludes that because EU temporarily did not find the international law theory to support implementing the "right to be forgotten" globally, the EU limits the territorial scope of the right to be forgotten only in the EU Member States. However, paragraph 72 of the judgment authorizes the supervisory and judicial authority of a Member State to carry out a de-referencing concerning all versions of that search engine in the light of national standards of protection of fundamental rights, which shows EU has not given up executing the right to be forgotten globally.

Key Words: Google; CNIL; The Right to Be Forgotten; Territorial Scope

一 问题的提出

2014年5月，欧盟法院通过"谷歌及谷歌西班牙诉西班牙数据保护局及冈萨雷斯案"①（以下简称"谷歌西班牙案"）的司法判例，确立了欧盟公民享有"被遗忘权"。欧盟法院认为，搜索引擎运营商（以下简称"运营商"）有义务对搜索结果中的网页内容负责，当网页内容不完整、不相关（或不再相关）、过分的（即超出最初处理目的）时，数据主体就有权行使"被遗忘权"，要求运营商删除该网页的链接。②

"谷歌西班牙案"的判决公布后，谷歌便开始在欧盟范围内，根据

① Case C－131/12, *Google Spain SL and Google Inc. v Agencia Española de Protección de Datos (AEPD) and Mario Costeja González*, Judgment of the Court (Grand Chamber), 13 May 2014.

② David Streitfeld, "European Court Lets Users Erase Records on Web," *New York Times*, 2014－05－13.

数据主体的申请删除了相关链接。然而，在此过程中，法国数据监管机关“国家信息与自由委员会”（以下简称“CNIL”）对谷歌执行“被遗忘权”的范围提出了异议，认为谷歌删除链接的范围不应仅限于欧盟。2015 年 5 月，CNIL 正式通知谷歌，要求其在规定期限内，在其全球所有版本的搜索引擎中删除链接。在发现谷歌未在规定期限内执行后，CNIL 于 2016 年 3 月 10 日对谷歌作出了处以 10 万欧元罚款的行政处罚。

由于“谷歌西班牙案”仅确认了数据主体享有被遗忘权，但并未指明被遗忘权的执行范围，导致谷歌和 CNIL 针对该问题僵持不下。谷歌拒绝缴纳罚款，并向法国最高行政法院提起申诉，请求撤销该行政处罚。法国最高行政法院在受理“谷歌诉法国国家信息与自由委员会案”①（以下简称“谷歌案”）后，将该案呈交欧盟法院，并请求欧盟法院阐明被遗忘权的执行地域范围：是仅限于欧盟成员国？整个欧盟？抑或扩大至全球？②

2019 年 9 月，欧盟法院对“谷歌案”作出了最终判决。该案判决一经公布，各大媒体立即纷纷报道该案标志着谷歌的胜利，认为欧盟对于被遗忘权及《通用数据保护条例》③（以下简称“保护条例”）的适用范围作了明确的限缩。④“谷歌案”判决是否如各大媒体所说，限缩

---

① Case C－507/17, *Google LLC*, *Successor in Law to Google Inc. v Commission Nationale de L'informatique et des Libertés* (*CNIL*), Judgment of the Court (Grand Chamber) of 24 September 2019.

② Case C－507/17, *Google LLC*, *Successor in Law to Google Inc. v Commission Nationale de L'informatique et des Libertés* (*CNIL*), Judgment of the Court (Grand Chamber) of 24 September 2019, para. 39.

③ 《通用数据保护条例》的英文表述为 General Data Protection Regulation (GDPR)，英文全称为 Regulation (EU) 2016/679 of the European Parliament and of the Council of 27 April 2016 on the Protection of Natural Persons with Regard to the Processing of Personal Data and on the Free Movement of such Data, and Repealing Directive 95/46/EC (General Data Protection Regulation). Available at：https：//gdpr－info. eu/，最后访问日期：2020 年 9 月 11 日。

④ “Google v CNIL：Court of Justice Limits Territorial Scope of the Right to be Forgotten,” Monckton Chambers, 24 Sep. 2019, https：//www. monckton. com/google－v－cnil－court－of－justice－limits－territorial－scope－of－the－right－to－be－forgotten/，最后访问日期：2020 年 9 月 11 日；“Google Wins Landmark Right to Be Forgotten Case,” Leo Kelion, 24 September 2019, https：//www. bbc. com/news/technology－49808208，最后访问日期：2020 年 9 月 11 日。

了被遗忘权的执行范围？若是，其背后又是基于怎样的考虑？若不是，被遗忘权的执行范围又为何？

二　执行被遗忘权的技术难题

“谷歌案”的争议焦点为“被遗忘权”的执行范围问题，而被遗忘权作为一项个人信息权利，其在被执行的过程中需以信息技术为支撑。我们在法律层面探讨被遗忘权的执行范围之前，首先要明确下列问题：运营商是否已拥有了足够的技术手段，保证相应的争议链接不论是在欧盟内，还是在全球范围内均可被删除，从而实现数据主体的被遗忘权？针对这些问题，谷歌公司和 CNIL 持有不同意见。

为了使搜索结果适应不同国家或地区的特色，谷歌为各个国家（地区）创建了扩展域名不同的搜索引擎版本。当被遗忘权的执行范围确定后，运营商可在相应地区的谷歌版本中删除链接。[①] 例如，“Google. fr”是谷歌法国的域名，若被遗忘权的执行范围确定为法国，则谷歌在“Google. fr”这一域名中删除争议链接即可。然而，该操作方法明显存在较大的漏洞：即使谷歌在相应的版本中删除了争议链接，但该范围内的网络用户通过其他地区的谷歌版本进行检索，依然能够访问该争议链接，从而导致被遗忘权无法得到实质性的保护。例如，当被遗忘权的执行范围确定为法国时，谷歌若仅在“Google. fr”中删除争议链接，法国的网络用户仍可通过诸如“Google. co. uk”（谷歌英国）、“Google. it”（谷歌意大利）等其他地区的谷歌版本进行检索而访问争议链接。

为了解决该问题，谷歌提出了“地理封锁技术”。该技术可通过识别网络用户的 IP 地址而推定出该网络用户的实际地理位置，进而将该网络用户自动接入该地理位置相对应版本的谷歌。例如，当网络用户的地理位置位于法国时，在运用“地理封锁技术”的情况下，无论网络用户通过哪一版本的谷歌展开搜索，谷歌总会通过识别出网络用户的

---

① Opinion of Advocate General Szpunar on Case C－507/17, delivered on 10 January 2019, Para. 25.

IP 地址，将用户接入"Google. fr"（谷歌法国），并根据谷歌法国的数据库显示结果。

当进行搜索的网络用户的地理位置落在被遗忘权的执行范围内，"地理封锁技术"确实能够在该范围内保证被遗忘权的落实。然而，CNIL 认为，一旦网络用户的地理位置超出被遗忘权的执行范围时，"地理封锁技术"便黔驴技穷。例如，当被遗忘权的执行范围确定为法国，而网络用户的地理位置位于日本时，"地理封锁技术"将日本网络用户自动接入日本版本的谷歌，使得日本网络用户依旧能够搜索到并访问争议链接。CNIL 为了保障真正实现被遗忘权，坚持运营商应当在全球范围内删除链接。

三 欧盟法院判决的法理及其评析

欧盟法院认为，谷歌执行被遗忘权的范围应当以欧盟为界，而无须在其全球所有版本中删除链接。[①] 欧盟法院为何对被遗忘权的执行范围加以限制？其是否真正放弃了要求运营商全球执行被遗忘权的权力？笔者带着一系列疑问，梳理了欧盟法院对"谷歌案"的判决思路，并从法理上作了分析。

（一）被遗忘权并非绝对权，应根据比例原则与其他基本权利相平衡[②]

在"谷歌西班牙案"中，欧盟法院基于《欧盟基本权利宪章》第 7 条"尊重个人与家庭生活"与第 8 条"保护个人信息"的规定，明确了被遗忘权为个人基本权利，数据主体可基于被遗忘权，要求运营商不再将内容不完整、不相关、过分的信息公之于众。

---

① Case C – 507/17, *Google LLC*, *Successor in Law to Google Inc. v Commission Nationale de L'informatique et des Libertés* (*CNIL*), Judgment of the Court (Grand Chamber) of 24 September 2019, para. 73.

② Case C – 507/17, *Google LLC*, *Successor in Law to Google Inc. v Commission Nationale de L'informatique et des Libertés* (*CNIL*), Judgment of the Court (Grand Chamber) of 24 September 2019, para. 60.

然而，在运营商执行被遗忘权的过程中，不可避免地会牵涉到网络用户的信息自由权、言论自由权等基本权利。而被遗忘权并非绝对权，其在法律位阶上并非自然地高于其他基本权利。因此，虽然运营商在技术层面能够实现在全球范围内删除链接，最大限度地执行被遗忘权，但是我们不能仅关注被遗忘权，而是应当根据比例原则，将被遗忘权与其他基本权利相平衡。

（二）被遗忘权与信息自由权在欧盟内部已取得平衡，运营商应在欧盟境内删除链接[①]

1. 保护条例统一了欧盟各成员国的数据保护制度

为了保证欧盟境内各成员国数据保护立法的一致性和高标准性，有效消除欧盟境内个人数据流通的障碍，欧盟采用了超越成员国个别立法的传统模式，统一制定了保护条例。2018 年 5 月 25 日，保护条例开始对整个欧盟生效。

保护条例第 56 条、第 60 条以及第 63—65 条均为各成员国数据监管机关设定了合作义务。各成员国应当在根据本国实际情况权衡考虑数据主体的数据权利与公众获取信息的权利后，相互配合并努力达成共识。具体来说，各数据监管机关应当相互提供信息、相互协助，力求达成有约束力的一致决定。[②] 可见，在原则上，欧盟所有成员国对于运营商删除链接范围的态度应当保持一致。

2. 欧盟已通过司法判例和保护条例的规定平衡了被遗忘权与信息自由权

在“谷歌西班牙案”中，欧盟法院首次明确了其对于被遗忘权与信息自由权两者关系的态度。欧盟认为，在通常情况下，被遗忘权不仅优先于运营商的经济利益，也优先于公众通过搜索数据主体姓名而获取

① Case C－507/17, *Google LLC*, *Successor in Law to Google Inc. v Commission Nationale de L'informatique et des Libertés* (*CNIL*), Judgment of the Court (Grand Chamber) of 24 September 2019, para. 61.

② Case C－507/17, *Google LLC*, *Successor in Law to Google Inc. v Commission Nationale de L'informatique et des Libertés* (*CNIL*), Judgment of the Court (Grand Chamber) of 24 September 2019, para. 68.

信息的权利，不过也存在例外情况，例如，当数据主体系承担社会职责的公众人物时，该公众人物的被遗忘权便不再具有优先性，不再能够对抗公众搜索其姓名而获取信息的权利。①

保护条例第17条详细规定了删除权（即被遗忘权），将"谷歌西班牙案"确立的被遗忘权成文化。第17条的内容具体包括：（1）被遗忘权的使用情形，包括非必要处理、撤回同意、反对处理、非法处理及数据控制者的法定义务；（2）数据控制者向其他正在处理数据的控制者告知数据主体行使被遗忘权的通知义务；（3）例外情形，其中便包括了网络用户的言论和信息自由权。

结合分析"谷歌西班牙案"等司法判例和保护条例第17条的规定，笔者归纳了欧盟对于被遗忘权的主要观点：第一，根据"谷歌西班牙案"，数据主体的被遗忘权优先于公众通过搜索普通数据主体姓名而获取信息的权利，故数据主体可基于被遗忘权要求运营商对相关链接进行删除；第二，根据保护条例第17条第3款的规定，为了保障网络用户的信息自由权，运营商可不执行被遗忘权，可见公众的信息自由权优先于被遗忘权；第三，根据前两点的分析可知，公众通过搜索普通数据主体姓名而获取信息的权利并不等同于信息自由权，究竟何为"信息自由权"，无论是保护条例还是案例判决，均未作出明确阐述。笔者认为，当搜索的对象不是普通公民，而是负有社会责任的公众人物时，网络用户通过搜索该公众人物的姓名而获取信息的权利属于"信息自由权"，此时，网络用户的"信息自由权"优先于公众人物的被遗忘权。

综上所述，保护条例统一了欧盟各成员国的数据保护制度，明确了被遗忘权优先于公众通过检索普通数据主体的姓名而获取信息的权利，故欧盟法院认为，运营商应当在欧盟所有成员国的搜索引擎版本中删除争议链接。

---

① Case C－131/12，Google Spain SL and Google Inc. v Agencia Española de Protección de Datos（AEPD） and Mario Costeja González，para. 99.

（三）运营商暂无义务在全球范围内删除链接

1. 保护条例第 17 条未将被遗忘权的执行范围扩展至欧盟域外

如上所述，第 17 条的 3 款内容分别规定了被遗忘权的使用情形、数据控制者的通知义务以及例外情形。欧盟法院认为，从保护条例第 17 条的措辞中，很难看出欧盟立法机构将被遗忘权的执行范围扩展至欧盟域外。因此，欧盟各成员国很难直接根据保护条例，要求运营商在欧盟域外删除链接。①

2. 欧盟域外尚未就保护被遗忘权达成共识②

目前，欧盟域外各国对于被遗忘权的态度各异：俄罗斯立法引入了被遗忘权，其保护标准极高，赋予了公民屏蔽互联网上涉及自身不实信息的权利；澳大利亚创设了与欧盟相似的“被删除权”，但其赋予网络用户的权利较小，用户仅可要求网络服务提供者删除用户自己上传的内容；日本通过判例从司法层面承认了被遗忘权，法院在判决时直接援引了欧盟的“被遗忘权”，要求运营商删除链接；而美国在宪法第一修正案中充分保障了言论自由和出版自由，故其一直对“被遗忘权”持反对态度；中国的司法实践虽然并未否定被遗忘权的存在，但也并未积极依据“被遗忘权”进行判断，在中国被称为被遗忘权第一案——“任甲玉诉百度案”中，一审法院驳回了任某的全部诉讼请求，二审法院维持了原判。③

可见，基于种种原因，欧盟域外的世界主要国家（地区）并未就保护包括被遗忘权在内的个人数据权利达成共识。笔者对上述国家对于被遗忘权的态度进行了分类：第一，肯定被遗忘权，但被遗忘权的范围大于欧盟，如俄罗斯；第二，肯定被遗忘权，且权利范围与欧盟相同，

---

① Case C－507/17, *Google LLC*, *Successor in Law to Google Inc. v Commission Nationale de L'informatique et des Libertés* (*CNIL*), Judgment of the Court (Grand Chamber) of 24 September 2019, para. 62.

② Case C－507/17, *Google LLC*, *Successor in Law to Google Inc. v Commission Nationale de L'informatique et des Libertés* (*CNIL*), Judgment of the Court (Grand Chamber) of 24 September 2019, para. 61.

③ 王恬：《谷歌与 CNIL“被遗忘权”之争》，《中国审判》2019 年第 6 期。

如日本；第三，肯定被遗忘权，但权利范围小于欧盟，如澳大利亚；第四，否定被遗忘权，如美国；第五，尚无明确态度，如中国。显然，欧盟之外的各个国家对于被遗忘权的态度各异，既有持肯定态度的，也有持否定态度的，亦有态度不明的，而且在持肯定态度的国家中，各国所确定的被遗忘权范围大小亦不相同。在这种情况下，欧盟域外各国难以就被遗忘权和信息自由权的平衡取得一致意见。

3. 欧盟尚未和其他国家（地区）就被遗忘权的执行范围达成合作文件和机制①

欧盟目前尚未和任何其他国家（地区）就删除链接的范围达成合作共识。笔者认为，在此情况下，倘若欧盟要求运营商在欧盟域外删除争议链接，一方面很难得到其他国家（地区）的支持和配合，会使欧盟处于十分尴尬的境地；另一方面，若运营商在未经相应国家同意的情况下删除链接，将极大地损害该地区网络用户的信息自由权，侵害他国利益。

综上所述，欧盟法院认为，由于保护条例第 17 条本身并未将被遗忘权的执行范围扩展至欧盟域外，且欧盟域外各国（地区）对于被遗忘权的态度各异，同时欧盟尚未和其他国家（地区）就被遗忘权的执行范围达成一致意见，故运营商暂无义务在全球范围内删除链接。

（四）欧盟并未放弃要求运营商全球执行被遗忘权的权力

分析至此，谷歌似乎赢得了本案的胜利，但欧盟是否真的放弃了要求运营商全球执行被遗忘权的权力呢？笔者在对案件进行仔细分析后，得出了否定的结论。

1. "谷歌案"判决书第 72 段赋予欧盟各成员国要求运营商全球执行被遗忘权的权力

欧盟法院在判决书第 67 段指出，尽管保护条例统一了欧盟各成员国的数据保护制度，但是由于各成员国中"公众获取信息的权利"各不相同，故各成员国对于"公众获取信息的权利"与"数据主体隐私权及个人数据保护"的权衡结果亦不必完全相同，尤其是在新闻、艺

---

① Case C－507/17, *Google LLC*, *Successor in Law to Google Inc. v Commission Nationale de L'informatique et des Libertés*（*CNIL*）, para. 63.

术、文学表达等方面。因此，各成员国在调和上述两项权利时，可以豁免或限缩保护条例中的规定。① 据此规定，成员国可根据具体情况，自行调整运营商执行被遗忘权的范围。

判决书第67段为下文的第72段埋下了伏笔。判决书第72段是整篇判决中至关重要的一段，但可惜被大部分媒体所忽视。判决书第72段指出，现行欧盟法虽然并未要求运营商在所有搜索引擎版本中删除链接，但同时亦未禁止。因此，各成员国的数据监管机关、司法机关在依据各国的基本人权保护标准对“数据主体的隐私权及个人信息权”与“信息自由权”进行权衡后，仍然有权在特定情形下，要求运营商在所有搜索引擎版本中删除链接。②

尽管判决书未详细说明各成员国的数据监管机关、司法机关可要求运营商在全球范围内执行被遗忘权的“特定情形”，但通过分析上述两段判决内容可知：第一，欧盟法院强调，现行的欧盟法并未禁止运营商在全球范围内删除链接；第二，可要求运营商在全球范围内删除链接的主体为欧盟各成员国的数据监管机关和司法机关；第三，各成员国的数据监管机关和司法机关有权以本国的基本人权标准判断是否须在全球范围内执行被遗忘权。

2. 欧盟法院为日后扩大被遗忘权执行范围留有余地

对比本案的佐审官意见和欧盟法院的最终判决，我们可以发现，两者在“被遗忘权能否被域外执行”这一问题上的观点并不一致。欧盟法院一方面企图让运营商在全球范围内执行被遗忘权，另一方面却又找不到相应的国际法理论基础，因此索性在判决书中避而不谈被遗忘权域外执行的法律基础，以退为进，为日后扩大被遗忘权执行范围留有余地。

---

① Case C－507/17, *Google LLC*, *Successor in Law to Google Inc. v Commission Nationale de L'informatique et des Libertés* (*CNIL*), para. 67.

② Case C－507/17, *Google LLC*, *Successor in Law to Google Inc. v Commission Nationale de L'informatique et des Libertés* (*CNIL*), para. 72.

相比之下，佐审官意见对域外适用《第95/46号指令》[①]（以下简称"95指令"）的问题展开了较为详细的阐述。首先，佐审官苏布纳指出，《欧洲联盟条约》《欧盟基本权利宪章》均强调了欧盟法原则上并不对发生在欧盟成员国领土之外的行为创设权利和义务，因此95指令原则上并不能约束发生在欧盟之外的行为。[②] 其次，佐审官对比了欧盟竞争法、商标法与95指令的域外适用情形，佐审官认为，欧盟竞争法、商标法之所以能够得以域外适用，是因为相关行为虽发生在欧盟领土之外，但该等行为对欧盟内部市场造成了严重影响。值得注意的是，无论是欧盟竞争法还是商标法，其所规制的对象均有一定的地域限制，而互联网却不同。互联网无处不在，具有全球性，无法类比上述两种情形，故佐审官认为，对95指令不应作过于宽泛的解释以便其能够在欧盟域外得以适用。[③]

通过上文的分析可知，欧盟法院认为在"谷歌案"中，运营商无须全球执行被遗忘权的原因主要是欧盟尚未和其他国家就删除链接的范围达成合作文件和机制。在欧盟法院的判决中，笔者并未发现欧盟法院关于保护条例或95指令域外适用的任何分析，笔者认为，欧盟法院对条例或95指令域外适用问题刻意避而不谈，一方面是因为欠缺被遗忘权得以在全球执行的国际法基础，另一方面欧盟又企图让被遗忘权在全球范围内执行。

综上所述，"谷歌案"的判决赋予了欧盟各成员国数据监管机关和司法机关要求运营商在全球范围内执行被遗忘权的权力。欧盟法院企图让被遗忘权在全球范围内执行，但又找不到相应的国际法理论基础，索性在判决书中对保护条例的域外适用问题避而不谈，以退为进，为日后

---

① 该文件的中文全称为《关于涉及个人数据处理的个人保护以及此类数据自由流动的第95/46号指令》，英文全称为Directive 95/46/EC of the European Parliament and of the Council of 24 October 1995 on the Protection of Individuals with Regard to the Processing of Personal Data and on the Free Movement of Such data；原文参见网址：https：//eur – lex. europa. eu/legal – content/en/TXT/？uri = CELEX%3A31995L0046，最后访问时间：2020年9月11日。

② Case C – 507/17，*Google LLC*，*Successor in Law to Google Inc. v Commission Nationale de L'informatique et des Libertés*（*CNIL*），para. 47.

③ Case C – 507/17，*Google LLC*，*Successor in Law to Google Inc. v Commission Nationale de L'informatique et des Libertés*（*CNIL*），para. 49 – 53.

扩大被遗忘权的执行范围留有余地。

四 结论

通过分析欧盟法院对于“谷歌案”的判决，我们可以发现，欧盟法院以被遗忘权的权利性质为切入点，指出被遗忘权并非绝对权，故在考虑其执行范围时，应当根据比例原则取得其与其他基本权利的平衡。在欧盟内部，保护条例作为欧盟统一的保护数据权利的法律，已对被遗忘权作出了明确规定，其与信息自由权等基本权利已取得平衡，因此运营商应在欧盟境内删除链接。在欧盟外部，由于各国（地区）尚未就保护被遗忘权达成共识，欧盟也尚未和其他国家（地区）达成合作，故欧盟法院认为运营商暂无义务在全球范围内删除链接。

欧盟法院虽然目前暂未找到被遗忘权在全球范围内执行的国际法理论基础，但其并未像媒体所报道的那样“对被遗忘权的执行范围作出了明确的限缩”。根据判决书第 72 段的授权，各成员国数据监管机关和司法机关在“特定情形”下，可根据本国的基本权利保护标准，要求运营商在其所有版本的搜索引擎中删除链接。至于何为“特定情形”，我们要等待欧盟法院对下一个“被遗忘权”案件的审理才能作出判断。

多多益善?
——略论欧盟立法机关之功能碎片化
The More, the Better? ——A Brief Analysis on the Functional Fragmentation of the European Legislatures

杨国栋*

摘要:欧盟的民主化是欧洲一体化最近30年来的核心议题之一,是对一体化进程所导致的权力从国家层面让渡到欧盟层面所造成的合法性危机的回应。《欧洲宪法条约》被否决后,欧盟民主化的努力方向从增强欧洲议会的权力和角色转变为将成员国议会纳入欧盟的决策过程。然而,欧盟民主化的这一新路径并未有效回应欧盟民主赤字和合法性缺失的问题。本文从功能主义的路径出发,辅之以系统论的方法,对欧盟决策的民主控制机制中的欧洲议会、理事会和成员国议会的角色和问题进行分析,在对前述三个代议制机构的“代表、审议和反馈”功能进行审视的基础上,提出了成员国议会纳入欧盟决策程序后所导致的代议制机构的功能碎片化问题。最后,本文针对这一代议制机构的功能碎片化问题之解决方案提出了初步的探索。

关键词:功能主义;碎片化;欧洲议会;成员国议会;民主赤字

* 杨国栋,山东日照人,西南政法大学行政法学院讲师,德国汉堡大学法学博士(欧盟公法方向)。联系方式:+86 15811578226;yangguodong@ swupl. edu. cn。本文是重庆市社会科学规划项目“新时代地方立法的适用问题研究”(2019BS103)项目成果。本文是在作者博士论文第三部分基础上的新发展,感谢汉堡大学 Armin Hatje 教授的指导。

Abstract: The democraticalisation of the EU has been one of the fundamental issues of the recent thirty years' integration, responding to the legitimacy crisis caused by the facts the integration process has constantly transfers sovereignty powers from national to the Union level. After the aborted Constitution Treaty, efforts to advance the EU democracy has transformed from strengthening the powers and roles of the European Parliament to the involvement of national parliaments to the Union decision-making process. However, this effort does not respond effectively the problem of democratic deficit as well as lack of legitimacy. This article makes explorations on the roles and defects of the three representative institutions, the European Parliament, the Council and national parliaments from the functionalistic approached assisted by the System theory; on the basis of the review on the functions of "representation, deliberation and responsiveness" and these institutions, this article proposes the problem of functional fragmentation of the EU representative institutions caused by the involvement of national parliaments into Union decision-making process. Finally, this article makes preliminary research on the solution to this problem.

Key Words: Functionalism; Fragmentation; European Parliament; National Parliament; Democratic Deficit

一 导论

欧盟代议制机关的演进主要受到两个因素的驱动：一体化在范围和深度上的推进和对欧盟"民主赤字"问题的批判。第一，一体化在范围和深度上的推进意味着纳入一体化进程中的和谐化（Harmonization，或译为"去异化"）和统一化的事务逐渐由纯粹技术性和管理性事务转向政策性事务，这两类事务由于其性质的区分而要求适用不同的决策程序——这也是欧洲立宪主义国家的一项共同制度传统；第二，对欧盟"民主赤字"问题的批判促使欧盟在历次修约中必须通过在决策程序和制度中纳入更多民主因素来作出回应——欧洲议会由间接选举改为直接选举、欧洲议会权力增加和《里斯本条约》正式建立成员国议会参与欧盟层面决策的机制皆属此类。然而，欧盟层面立法机关的增加和立法机关权力逐步增强的同时也伴随着相关问题：欧盟层面并存的三个立法机关，是否实现了权力的最优化配置，从而可以有效地实现代议制机构功能的行使？三个立法机关的内部组成、工作方式与角色偏好，尤其是三个机关之间的互动配合，是否可以趋向于在欧盟层面作出最合理化的决定？

尤其需要注意的是，《里斯本条约》为了呼应成员国议会的要求而建立了辅助性原则审查的预警机制，以实现成员国议会在欧盟立法程序中的正式参与；但是，成员国议会的这一参与是实质性地提升了欧盟立法过程的民主性还是“制度化妆”的假动作？成员国议会参与欧盟立法过程是有利于更好的政策反馈和审议的实现还是造成了欧盟立法机关的功能碎片化——在缺乏退场机制的情况下将欧盟层面的立法机关功能碎片化的问题固定化？本文拟从欧盟层面欧洲议会、欧盟理事会和成员国议会在欧盟立法程序中的权力和角色入手，通过分析这三个机构在欧盟立法过程中基于机构自身的组织方式、工作方式和角色偏好而发挥的实际作用，从功能主义的视角出发评估欧盟的“三位”立法机关是否可以形成有效地履行立法机关功能的“一体”，对欧盟三个立法机关之间的“再分权”模式所带来的问题进行考察；最后本文将对欧盟层面的立法机关功能的碎片化问题提出可能的回应思路。

二 欧盟立法机关的制度演进和问题切入

在欧洲一体化肇始阶段，欧盟层面的立法机构并没有受到重视；部分的原因在于，在一体化进程的构想者和启动者看来，欧洲一体化是一个各国行政管理部门之间的跨国家（或超国家）合作以解决一些无法仅仅通过一国就可以解决的跨境问题（尤其是市场和资本监管问题）。[①]

共同体机构最重要的目的是帮助成员国克服集体行动困境以确保共

① A. Wille, “The Normalization of the European Commission: Politics and Bureaucracy in the EU Executive,” *OUP Oxford*, 2013, p. 4.

同体机构的决策可以作出并得到执行而使得成员国无法采取作弊和瑕疵履行协议及“搭便车”等问题。他们认为，汇集和代理主权给共同体机构提供了可信赖的承诺，使其通过传统的政府间主义的方法即足以解决问题。[①] 这一设想在欧洲一体化之初的合理性在于，在一体化初期阶段，成员国所让渡之主权多为技术性、管理性之事务，一体化只不过是将各个成员国内部早已独立于政治的专业性管理机关（尽管各国的独立机关相对于政治机关的独立性存在差异）职能汇集于欧盟层面以实现更有效治理，并不涉及国家主权的重要内容或政治性事务，基于此，欧盟层面的代议制机构的必要性和可以发挥的角色作用相对有限，此时，一体化和共同体机构的合法性来源主要在于治理绩效，即所谓的“输出合法性”（output legitimacy）。然而，伴随着一体化的深入和更多实质性的国家主权被让渡到欧盟层面，欧盟政治精英意识到，超国家治理已经逐渐引发了民主合法性和绩效合法性之间的失衡。当民主政体遇到其无法单独解决的重大外部社会经济或安全方面的挑战时，政治精英会通过两个方式应对之：第一，通过国际合作增强其应对能力；第二，增强民众及其代表对治理的影响力。[②] 为应对欧洲一体化的合法性问题，欧盟政治精英通过关键的四步扩大了欧洲议会的民主性和权力：一是1970年《预算条约》授予了欧洲议会对于非强制性开支的最终决定权；二是1979年欧洲议会议员的选举方式由间接选举改为直接选举；三是在《单一欧洲法案》中引入了“合作立法”程序；四是《阿姆斯特丹条约》和《里斯本条约》将“合作立法”程序修订为“共决立法”程序。[③]

在主权日渐让渡到欧盟层面和欧盟层面代议制机关（主要指欧洲议会）的双重挤压下，最大的受害方无疑是成员国议会；但成员国议会仍然是欧盟范围内政治权威和民主合法性的主要支撑和来源，两者之

---

① F. Laursen, ed., *The EU's Lisbon Treaty: Institutional Choices and Implementation*, Ashgate Publishing, 2012, p. 286.

② B. Rittberger, “The Creation and Empowerment of the European Parliament,” *JCMS: Journal of Common Market Studies*, Vol. 41, No. 2, 2003, p. 207.

③ A. Kreppel, *The European Parliament and Supranational Party System: A Study in Institutional Development*, Cambridge University Press, 2002, pp. 18 – 19.

间的紧张关系促成了《里斯本条约》将成员国议会正式纳入欧盟立法程序之中，通过辅助性原则的预警机制对欧盟层面的立法程序进行控制和影响。如此，在“里斯本时代”，欧盟层面的立法权实质上被分配到三个代议制机构之中：类似于民族国家中议会下议院或众议院的欧洲议会、类似于上议院或参议院的理事会以及各成员国议会。在三个代议制机关中，欧洲议会和理事会是具有主动修改和表决立法职能的“积极立法者”，成员国议会则是在辅助性原则审查中只具有延搁立法程序能力的“消极立法者”。然而，在三个立法机关之间可以对立法权进行再分，这究竟是一种超国家治理道路上的创举还是一项为回应政治压力而选择的歧途？对这一问题的回答或许可以从功能主义视角进行分析：对权力进行分立，无论是经典的三权分立还是在某一项权力内部进行再分（如两院制），抑或是如欧盟般在立法权内部再将其分为三，都不应当损害该项国家权力功能之有效发挥从而使共同体之政治秩序得以稳定，这是权力分立的积极维度①——一方面，权力集中与治理绩效之间从来都不存在确定的正相关关系；另一方面，权力的分立也并非绩效的保障：在合理分权基础上功能的有效发挥和监督问责机制才是治理绩效的保障。权力机关功能的碎片化，事实上并不必然在于行使权力的机关数量之多寡，而在于与权力相伴随之政治机构之功能的履行状况——“令出多门”只是对机构制度问题的症状描述，功能履行之瘫痪才是问题之所在。就代议制机构而言，其在立法过程中的主要功能包括三点：第一，通过选民选举议员和多数派而实现政策输入；第二，立法机关对立法或修法法案的审议和修改表决；第三，立法通过后通过“代议士—选民联系”所实现的对选民的立法反馈——这是一个完整的民主立法功能的发挥过程。事实上，代议制机构完整的合法性支撑——其机构功能的核心内容正是建立在以上三项要素之上的。基于此，下文将分别分析欧盟层面欧洲议会、理事会和成员国议会三个立法机关在立法过程中的角色和功能，并综合考察立法权在三者之间的再分结构是否有效地实现了立法机关在立法过程中的“民意输入（代表）—法案审议—立法反馈”之功能以判断欧盟的立法机关结构是否造成了立法

① 张翔：《我国国家权力配置原则的功能主义解释》，《中外法学》2018 年第 2 期。

机关功能的碎片化后果。

三　欧盟立法权的再分及立法机关的权力行使

《里斯本条约》时代的《欧盟条约》第 14 条规定，“欧洲议会与理事会共同行使立法和预算职能。欧洲议会行使两部条约所规定的政治监督和咨询职能”；第 16 条规定，“理事会与欧洲议会共同行使立法和预算职能”，两者共同构成了欧盟的代议制民主支柱。[①] 此外，《里斯本条约》通过其第 2 号《关于适用辅助性原则与比例性原则的议定书》建立了成员国议会对欧盟立法程序的参与机制。根据《欧盟条约》第 51 条之规定，“条约的议定书和附件构成条约的一部分”，这一点也由欧洲法院在多个判例中进行了确认。[②] 因此，在《里斯本条约》时代，欧洲议会、理事会和成员国议会“三驾马车”作为欧盟立法机关的身份皆得到了欧盟最高法的正式确认。

（一）欧洲议会作为立法机关的角色及其缺陷

欧洲议会作为共同体立法机构的角色并非自然而然的，而是其因势利导与不懈努力之结果。在共同体初创阶段，共同体机构中仅存在一个名为“共同大会”、由来自六个创始成员国的 78 名代表所组成的边缘性机构。此时，共同大会只有咨询审查之权而对决定与政策并无实质性影响力。[③] 经过半个世纪的发展，欧洲议会最终取得了与理事会在立法程序中的平等地位，其作为欧盟立法程序的核心机关的身份也得到了欧盟基础法的承认，但对其作为代议制机关性质的争议事实上并未停止——在民主制度中，代议制机关的身份同时又意味着作为立法机关的

① 然而，在德国联邦宪法法院的“《里斯本条约》案”判决中，则仅仅明确承认理事会为条约主人（即成员国）的代议制机关。（参见德国联邦宪法法院的“《里斯本条约》案”判决。Lisbon Judgment BVerfGE 123, 367 mn. 271. 英文版参见：http://www. bundesverfassungsgericht. de/entscheidungen/es20090630_ 2bve000208en。最后访问日期：2018 年 6 月 7 日。）

② Case 149/95 *Wybot* [1986] ECR 2391; Case 314/85 *Foto-Frost* [1987] ECR 4199' Case 260/86 *Commission v Belgium* [1988] ECR 955.

③ M. Cini, & N. P. S. Borragán, *European Union Politics*, Oxford University Press, 3rd ed., 2010, p. 163.

合法性支撑。例如，在对于《里斯本条约》与德国《基本法》的合宪性审查案中，德国联邦宪法法院就指出，民主代议制只能在国家层面建立，不能通过欧洲议会或者任何欧盟层面的直接民主实现[①]——这也是后来《里斯本条约》对欧盟立法进行修改时将成员国议会纳入欧盟立法程序的原因之一。然而，纵有前述争议，欧洲议会事实上在欧盟立法程序中扮演着越来越核心的角色。

1. 欧洲议会作为立法机关的角色和权力行使

欧洲议会在共同立法中的角色一直处于变动之中，总体上，其角色和权力趋于加强。在立法程序方面，1987 年通过的《单一欧洲法案》引入了合作立法的二读程序，但理事会和欧委会仍对立法之通过握有最终决定权。[②] 根据二读程序，尽管欧洲议会只有权力提出其意见，但是欧洲法院在一项判决书中认为，欧洲议会可以拒绝发表意见的方式延搁立法的通过。[③] 这一判决实质性地增加了欧洲议会在共同体立法程序中的谈判能力。此外，欧洲议会还采取了多种战略以实现其既有法定权力的效果和影响最大化，包括：关注和提升所提意见的内容以使其作为一个建设性伙伴的角色更易获得成员国的支持；[④] 与欧委会合作而使得立法法案更可能为理事会所接受（根据合作立法程序，当欧委会与欧洲议会达成一致时，理事会接受该立法法案只需要特定多数表决通过，要提出修改则需要理事会成员全体一致支持）。[⑤]《里斯本条约》的修改似乎让欧洲议会成为最大赢家。在《里斯本条约》中，共决程序成为欧盟的一般性的立法程序，并且其适用范围延伸到了自由、安全和司法领域、对移民工人社会保险的协调、文化事务、欧元使用的必要措施、融合基金、知识产权保护、市场和农业整体目标的共同组织、执行共同商

---

① Armin Steinbach, "The Lisbon Judgment of the German Constitutional Court—New Guidance on the Limits of European Integration?", *11 GERMAN L. J.*, Vol. 367, 2010, p. 389.

② 《单一欧洲法案》第 149 条。

③ R. M. Scully, "The European Parliament and the Co-decision Procedure: A Reassessment," *The Journal of Legislative Studies*, Vol. 3, No. 3, 1997, pp. 58 – 73.

④ T. J. Selck, & B. Steunenberg, "Between Power and Luck the European Parliament in the EU Legislative Process," *European Union Politics*, Vol. 5, No. 1, 2004, pp. 25 – 46.

⑤ G. Tsebelis, "The Power of the European Parliament as a Conditional Agenda Setter," *American Political Science Review*, Vol. 88, No. 1, 1994, pp. 128 – 142.

业政策的架构的确定、欧洲法院组织法案的修改等事务，共决程序中欧洲议会与理事会平等立法机关地位与共决程序适用范围的扩大都强化了欧洲议会在欧盟立法程序中的核心角色。[①]

欧洲议会权力的扩大可以被视为是对其所遭遇的“民主赤字”批评的回应。民主问责制要求权力向共同体机构的转移伴随着代议制机构权力的扩大和规范化。这一趋势在《马斯特里赫特条约》之后更为加强——一方面是由于共同体正式由一个经济一体化组织转型为一个政治联盟，另一方面是由于“欧盟公民身份”这个概念的引入。德国前外长菲舍尔（Fischer）对此进行了清晰的阐述：“今天，欧盟不再仅仅是一个国家的联盟而越来越是一个公民的联盟。尽管如此，欧盟的决定仍然大多由成员国所作出。民选的欧洲议会作为直接合法性来源的角色仍有待发展。如果我们要克服欧盟的民主赤字问题，该角色必须进一步增强……”[②] 另外，也有研究指出了政治家在条约中扩大欧洲议会权力的动力：在让渡到共同体机构以解决国际问题的权力规模与政治精英对民主赤字认知之间存在着正相关关系，而后者则构成了政治精英推动共同体机构“民主化”的动力。[③] 此外，欧洲议会权力的扩张也与它通过两项基本工具即说服和惩罚来扩张其影响力分不开。在一体化起初阶段议会只有非常有限的权力时，它选择更多的说服而非惩罚。此时，欧洲议会更多地扮演着一个建设性角色以使其声音得到听取并借此形成了一些非正式的惯例。一旦获得了新的权力，欧洲议会立即发展出其内部程序和通过对条约模糊之处以立法方式进行阐释来“规训”其他机构接受其意见。[④] 此时，欧洲议会更多地使用“惩罚”权并用其对欧盟规则所

① J. C. Piris, *The Lisbon Treaty: A Legal and Political Analysis*, Cambridge University Press, 2010, pp. 112 – 122.

② A. G. Noury, & G. Roland, “More Power to the European Parliament?,” *Economic Policy*, Vol. 17, No. 35, 2002, pp. 279 – 319.

③ B. Rittberger, “Removing Conceptual Blinders: Under What Conditions Does the ‘Democratic Deficit’ Affect Institutional Design Decisions?,” *University of Bath, Department of European Studies and Modern Languages*, 2003, p. 23.

④ D. Earnshaw, & D. Judge, “Early Days: The European Parliament, Co-decision and the European Union Legislative Process Post-Maastricht,” *Journal of European Public Policy*, Vol. 2, No. 4, 1995, pp. 624 – 649.

具有的解释方面的裁量权来逐渐获得对议程的设定权。①

2. 欧洲议会作为立法机关的缺陷

民主决策和政治代表是欧洲议会现在面临并且将来仍然会面临的问题。② 虽然欧洲议会系为回应欧盟主权让渡所产生的民主赤字问题而得以建立和增强的，③ 但它仍然面临着代表性不足的问题。首先是在民主输入方面。欧洲议会长期受到选举低投票率问题的困扰。④ 此外，欧洲议会的选举更多地扮演着对各国当下执政党“期中考”的角色，选民投票时的主要依据是本国执政党的执政绩效和国内政策，各党在欧盟议题上的立场和政策常常是次要的考虑。⑤ 此外，欧洲议会还面临着它与选民之间“极弱的联系”问题——一方面，大多数欧洲选民对于欧洲

---

① S. Hix, “Constitutional Agenda-setting through Discretion in Rule Interpretation: Why the European Parliament Won at Amsterdam,” *British Journal of Political Science*, Vol. 32, No. 2, 2002, pp. 59 – 280. 在本文中，作者概述了欧洲议会如何通过其在条约规则解释方面的裁量权以实现其权力和影响最大化的过程。

② Bernhard Wessels, “Institutional Change and the Future Political Order,” in R. S. Katz, & B. Wessels, 1999, *The European Parliament*, *the National Parliaments*, *and European Integration*, Oxford University Press, USA. 213.

③ B. Rittberger, “The Creation and Empowerment of the European Parliament,” *JCMS*: *Journal of Common Market Studies*, Vol. 41, No. 2, 2003, pp. 206 – 208. 除了对民主赤字的回应之外，本文还指出，欧洲议会的建立也是关于治理的“合法性信仰”的结果。

④ 很多学者已经指出了这一问题。尽管对这一事实的解读和判断存在着分歧，但是各方在一个事实上存在基本共识：欧洲议会选举的投票率相对较低。（参见 M. N. Franklin, “How Structural Factors Cause Turnout Variations at European Parliament Elections,” *European Union Politics*, Vol. 2, No. 3, 2001, pp. 309 – 328; M. N. Franklin, & S. B. Hobolt, “The Legacy of Lethargy: How Elections to the European Parliament Depress Turnout,” *Electoral Studies*, Vol. 30, No. 1, 2011, pp. 67 – 76; M. Mattila, “Why Bother? Determinants of Turnout in the European Elections,” *Electoral Studies*, Vol. 22, No. 3, 2003, pp. 449 – 468.

⑤ K. Reif, & H. Schmitt, “Nine Second-order National Elections—A Conceptual Framework for the Analysis of European Election Results,” *European Journal of Political Research*, Vol. 8, No. 1, 1980, pp. 3 – 44; H. Schmitt, “The European Parliament Elections of June 2004: Still Second-order?” *West European Politics*, Vol. 28, No. 3, 2005, pp. 650 – 679; S. Hix, & M. Marsh, “Punishment or Protest? Understanding European Parliamnt Elections,” *Journal of Politics*, Vol. 69, No. 2, 2007, pp. 495 – 510; S. B. Hobolt, & J. Wittrock, “The Second-order Election Model Revisited: An Experimental Test of Vote Choices in European Parliament Elections,” *Electoral Studies*, Vol. 30, No. 1, 2011, pp. 29 – 40; C. H. De Vreese, S. A. Banducci, H. A. Semetko, & H. G. Boomgaarden, “The News Coverage of the 2004 European Parliamentary Election Campaign in 25 Countries,” *European Union Politics*, Vol. 7, No. 4, 2006, pp. 477 – 504.

议会议员在欧洲议会的表现缺乏了解;[①] 另一方面,欧洲议会议员的提名权仍然掌握在各国政党手中,这也对欧洲议会议员对欧盟事务作出独立判断尤其是超越国家利益的桎梏而从欧盟整体利益出发确定自己的立场构成了负面影响。[②]

此外,尽管欧洲议会在立法程序和选举罢免欧委会主席方面获得了越来越大的权力,但是欧盟民主赤字的问题似乎并未得到明显解决。事实上,正如学者所指出的,民主也包括“代议士—选民联系”的维度。[③] 在这方面,欧洲议会的选举低投票率、欧盟公民对欧洲议会的缺乏了解以及选民心理上对欧洲议会的距离感促成了如下事实:成员国议会仍然在选民的代议制机关排序中占据首位。部分欧盟政治家对这一事实的回应便是将成员国议会纳入欧盟决策程序之中:由于欧洲议会目前未能成功地为欧盟提供充分的合法性,成员国议会应当制度化为欧盟政治决策的一部分——《里斯本条约》中辅助性审查的预警机制即是该回应的制度体现。

(二)欧盟理事会作为立法机关的角色及其缺陷

由各国部长所组成的欧盟理事会曾长期被认为是欧盟立法程序中代表成员国利益的核心参与者。[④] 作为政府间主义路线的代表性机构,理

---

① S. Hix, A. G. Noury, & G. Roland, *Democratic Politics in the European Parliament*, Cambridge University Press, 2007, pp. 26 –29.

② A. Kreppel, *The European Parliament and Supranational Party System: A Study in Institutional Development*, Cambridge University Press, 2002, p. 210; R. S. Katz, & B. Wessels, *The European Parliament, the National Parliaments, and European Integration*, Oxford University Press, 1999, p. 217; S. Hix, "Parliamentary Behavior with Two Principals: Preferences, Parties, and Voting in the European Parliament," *American Journal of Political Science*, 2002, pp. 688 –698.

③ R. S. Katz, & B. Wessels, *The European Parliament, the National Parliaments, and European Integration*, Oxford University Press, No. 13, 1999, pp. 21 –22.

④ P. Sherrington, *Council of Ministers: Political Authority in the European Union*, A&C Black, 2000, p. 32; D. Naurin, & H. Wallace, *Unveiling the Council of the European Union: Games Governments Play in Brussels*, Springer, 2008, p. 1; P. Craig, *The Lisbon Treaty: Law, Politics, and Treaty Reform*, Oxford University Press, 2010, p. 33; U. Bindseil, & C. Hantke, "The Power Distribution in Decision Making among EU Member States," *European Journal of Political Economy*, Vol. 13, No. 1, 1997, p. 183.

事会的权力和影响在卢森堡妥协后得到了极大地增强。[①] 在现行欧盟的机构设置中，理事会被认为扮演着类似两院制下的参议院/上议院的角色，与欧洲议会共享立法权和预算权。[②]

1. 欧洲理事会作为立法机关的角色

与两院制下的上议院/参议院类似，理事会也扮演着代表联盟组成单位（如州、邦、加盟共和国、成员国等）的个别利益的角色，这一点从其组成人员的背景中就可以得到明确显示——理事会由各成员国政府的部长组成。[③] 从机构间互动的角度来说，理事会也是与超国家主义路线的机构相对而捍卫成员国核心利益的联盟机构。[④] 但理事会同时也是一个欧盟机构，这意味着它具有超国家性的方面。因此，对理事会角色的一种更为准确的描述或许是："在关涉共同体的事务中它表现为一个超国家机构；在还未完全让渡到共同体的事务中它表现为一个事实上的政府间会议。"[⑤]

根据《里斯本条约》之规定，2014 年 11 月 1 日起，理事会内的表决门槛将确定为特定多数表决制度——需要理事会成员的 55% 以上且需要代表欧盟 65% 以上的人口。[⑥] 然而，这一表决方式很少被动用，大

---

① 该妥协系由于法国拒绝参加理事会会议所引发的"空座危机"而达成的解决方案。根据该妥协协议，与某项政策存在核心利益关联的成员国对该政策拥有事实上的否决权。（参见 T. Judt, *Postwar: A History of Europe since 1945*, New York: The Penguin Press, 2005, p. 308.）

② 《欧盟条约》第 14 条，第 16 条。

③ 参见 S. Hix, *The Political System of the European Union*, Palgrave Macmillan, 2005, pp. 103 - 106; C. Crombez, "Co-decision: Towards a Bicameral European Union," *European Union Politics*, Vol. 1, No. 3, 2000, pp. 363 - 381; R. Thomson, & M. Hosli, "Who Has Power in the EU? The Commission, Council and Parliament in Legislative Decision-making," *JCMS: Journal of Common Market Studies*, Vol. 44, No. 2, 2006, pp. 413 - 414; P. Craig, *The Lisbon Treaty: Law, Politics, and Treaty Reform*, Oxford University Press, 2010, p. 45; S. J. Bulmer, "The European Council and the Council of the European Union: Shapers of a European Confederation," *The Journal of Federalism*, Vol. 26, No. 4, 1996, pp. 17 - 42.

④ P. Sherrington, *Council of Ministers: Political Authority in the European Union*, A&C Black, 2000, p. 32.

⑤ D. Lasok, & K. P. E. Lasok, *Law and Institutions of the European Union*, Butterworth, 7th ed., 2001, p. 246.

⑥ 《欧盟条约》第 16 条。

多数决策都是通过共识决的方式作出的。[①] 这一共识文化的形成是多个因素作用的结果：首先在理事会中没有固定而长期的联盟，而是因政策而变。[②] 因此，理事会成员更倾向于以一种妥协和合作的方式来谈判达成协议。[③] 其次，共识文化也是“避免羞辱”（Avoiding Blame）战略的结果——如果理事会成员因在表决中未能形成“有否决权的少数派”而落败，该成员所属的成员国执政党很可能会因为未能成功捍卫本国利益而遭受选民惩罚。[④] 换言之，理事会中特定多数决的正式表决制度，事实上多作为理事会为实现全体一致谈判的筹码而发挥作用。[⑤] 在共识文化和机构运作的路径依赖下，正式表决规则很少得到运用，欧盟理事会在特定多数决和形成否决的少数派等制度方面的演化往往表现为谈判能力的强弱演变而非决策能力的变化。[⑥]

---

① P. Craig, *The Lisbon Treaty: Law, Politics, and Treaty Reform*, OUP Oxford, 2010, p. 44. 理事会决议的绝大多数，大约占81%，是通过全体一致方式作出的。See, D. Heisenberg, “The Institution of ‘Consensus’ in the European Union: Formal versus Informal Decision-making in the Council,” *European Journal of Political Research*, Vol. 44, No. 1, 2005, p. 66. See also: S. Novak, “The Silence of Ministers: Consensus and Blame Avoidance in the Council of the European Union,” *JCMS: Journal of Common Market Studies*, Vol. 51, No. 6, 2013, pp. 1091 – 1107; N. Nugent, *The Government and Politics of the European Union*, Durham, NC: Duke University Press, 4th ed., 1999, pp. 168 – 169; S. Hix, *The Political System of the European Union*, Palgrave Macmillan, 2005, p. 87.

② D. Naurin, & H. Wallace, *Unveiling the Council of the European Union: Games Governments Play in Brussels*, Springer, 2008, p. 8; J. Peterson, & M. Shackleton, *The Institutions of the European Union*, Oxford University Press, 2012, p. 86.

③ P. Sherrington, *Council of Ministers: Political Authority in the European Union*, A&C Black, 2000, p. 83; J. Lewis, “The Methods of Community in EU Decision-making and Administrative Rivalry in the Council's Infrastructure,” *Journal of European Public Policy*, Vol. 7, No. 2, 2000, p. 261.

④ S. Novak, “The Silence of Ministers: Consensus and Blame Avoidance in the Council of the European Union,” *JCMS: Journal of Common Market Studies*, Vol. 51, No. 6, 2013, p. 1092. 作者详细分析了成员国倾向于不投反对票的各种理由：对于法德这样的大成员国而言，不投反对票主要是避免被羞辱；对于小成员国而言，投出反对票很可能因为无法阻挡议案而白投了。对于新成员国而言，它们基于新来者的谦逊而不愿意投反对票。

⑤ P. Craig, *The Lisbon Treaty: Law, Politics, and Treaty Reform*, OUP Oxford, 2010, p. 44.

⑥ A. Moberg, “The Nice Treaty and Voting Rules in the Council,” *JCMS: Journal of Common Market Studies*, Vol. 40, No. 2, 2002, p. 281.

2. 欧盟理事会作为立法机关的缺陷

传递民主负责制是欧盟的立法—行政关系面临的主要挑战之一，[①] 当欧洲议会已经通过直接选举产生并且欧委会逐渐演变成议会制内阁之后，理事会作为代议制机关的民主性就愈发受到质疑。

（1）真正的决策者？

在理事会的组织结构中，部长们应当受到常任代表委员会（以下简称“常代会”）和总秘书处的辅助，前者负责作出程序性决定并完成分配给其的任务，[②] 后者则提供行政管理方面的支持。[③] 在长期的演变中，常代会已经逐渐发展成为一个“多元的决策工厂”[④]，其决策重心实际上已经从负有政治责任的部长级下降到较低层级的常任代表，决策过程更加远离公众。对理事会决策的分析显示了决策中心从部长转移到委员会文官的权力转移这一问题的严重性：35%—48%的共同体法案是由部长制定的，大约22%的实际上是由常代会和农业特别委员会制定的，另有31%—43%的是由各种工作组制定的——大约半数的决策不是由部长而是由高级文官作出的。[⑤] 这一现象造成在对部长进行政治问责时政策制定与政治责任承担之间的断裂问题。[⑥]

（2）决策的透明性？

谈判和决策的不透明性是理事会长期为人诟病的问题，[⑦] 由于造成选民无法问责其政治代表（各国政府部长）而加剧了欧盟的民

① B. Crum, “Legislative-Executive Relations in the EU,” *JCMS: Journal of Common Market Studies*, Vol. 41, No. 3, 2003, pp. 375 - 395.

② 《欧盟运行条约》第240（1）条。

③ 《欧盟运行条约》第240（2）条。

④ J. Peterson, & M. Shackleton, *The Institutions of the European Union*, Oxford University Press, 2012, p. 325.

⑤ F. M. Häge, “Who Decides in the Council of the European Union?,” *Journal of Common Market Studies*, Vol. 46, No. 3, 2008, p. 554.

⑥ F. M. Häge, “Who Decides in the Council of the European Union?,” *Journal of Common Market Studies*, Vol. 46, No. 3, 2008, p. 556.

⑦ D. Heisenberg, “The Institution of ‘Consensus’ in the European Union: Formal versus Informal Decision-making in the Council,” *European Journal of Political Research*, Vol. 44, No. 1, 2005, pp. 67 - 68.

主赤字问题。[①]《里斯本条约》将理事会会议分为两类，其中的立法性会议应当公开。[②] 然而，这一增进透明性之举仅及于部长层级，无法深入常代会和其他文官系统。因此，这一“半套透明”措施被批评为仅仅是将实质性谈判过程下推到更隐蔽的文官委员会。[③] 此外，投票记录的透明性也会对问责制带来负面效果：为了“避免羞辱”和表决失败而受到国内选民惩罚，部长们可能更倾向于加入多数派——尽管其事实上未必与多数派立场一致。[④] 这种投票策略与理事会的共识文化一道，通过阻碍公众对决策过程的了解而削弱了问责制的有效性。[⑤]

（3）非正式规则的盛行

卢森堡妥协以来，理事会中的非正式规则日渐盛行，不仅补充了正式规则而且取代甚至系统性地偏离了正式规则。[⑥] 从积极方面来说，非正式规则有助于避免矛盾的台面化及由此引致的国家间的对立，塑造了忠诚合作的氛围并且推进了一体化进程。[⑦] 但其消极后果是非正式规则遮蔽了决策过程，使公众缺乏足够的途径了解、批判和挑战理事会的决定，最终使得各国选民对本国部长在欧盟议题上的民主控制成为不可

① A. Héritier, “Composite Democracy in Europe: The Role of Transparency and Access to Information,” *Journal of European Public Policy*, Vol. 10, No. 5, 2003, p. 830; A. Follesdal, & S. Hix, “Why there Is a Democratic Deficit in the EU: A Response to Majone and Moravcsik,” *JCMS: Journal of Common Market Studies*, Vol. 44, No. 3, 2006, p. 553.

② P. Craig, & G. De Búrca, *EU Law: Text, Cases, and Materials*, Oxford University Press, 2015, pp. 40 – 41.

③ J. Peterson, & M. Shackleton, *The Institutions of the European Union*, Oxford University Press, 2012, p. 90.

④ S. Novak, “The Silence of Ministers: Consensus and Blame Avoidance in the Council of the European Union,” *Journal of Common Market Studies*, Vol. 51, No. 6, 2013, p. 1104.

⑤ S. Novak, “The Silence of Ministers: Consensus and Blame Avoidance in the Council of the European Union,” *JCMS: Journal of Common Market Studies*, Vol. 51, No. 6, 2013, p. 1092; D. Heisenberg, “The Institution of ‘Consensus’ in the European Union: Formal versus Informal Decision-making in the Council,” *European Journal of Political Research*, Vol. 44, No. 1, 2005, p. 67.

⑥ M. Kleine, “Informal Governance in the European Union,” *Journal of European Public Policy*, Vol. 21, No. 2, 2014, pp. 303 – 314.

⑦ D. Heisenberg, “The Institution of ‘Consensus’ in the European Union: Formal versus Informal Decision-making in the Council,” *European Journal of Political Research*, Vol. 44, No. 1, 2005, pp. 81 – 82.

能。总而言之，理事会的合法性问题大致可以分为两个方面：一是民主基础的缺乏，即理事会无法通过民主选举而被轮替（只可能通过各国国内选举每次更换一名成员）。[①] 二是决策程序的秘密性，公众缺乏足够的信息对其进行监督。

（三）成员国议会参与立法的角色及其缺陷

在一体化初始阶段，成员国议会通过选举"共同大会"成员的方式在欧盟机构中担当一定的角色。1979 年欧洲议会的直接选举终止了成员国议会在欧盟决策中的参与。数十年之后，为回应民主赤字的批评，在《里斯本条约》中成员国议会再度入场，重新参与到欧盟的决策过程中。[②] 一方面，在立法职能方面，成员国议会既需要修改本国国内法以使之与欧盟法相符合，[③] 又需要将欧盟指令转换为国内法；[④] 另一方面，一体化进程也对成员国国内的行政—立法关系产生了外溢效应：欧盟层面的行政主导促使政策的制定和落实也在成员国层面促成了成员国行政机关相对于立法机关的优势；[⑤] 理事会的特定多数表决和共

---

① P. Craig, *The Lisbon Treaty: Law, Politics, and Treaty Reform*, OUP Oxford, 2010, p. 72.

② 关于通过预警机制增强欧盟民主合法性的职责，参见 I. Cooper, "A 'Virtual Third Chamber' for the European Union? National Parliaments after the Treaty of Lisbon," *West European Politics*, Vol. 35, No. 3, 2012, p. 446; A. Cygan, *Accountability, Parliamentarism and Transparency in the EU*, Edward Elgar Publishing, 2013, p. 21; A. Benz, "Path-dependent Institutions and Strategic Veto Players: National Parliaments in the European Union," *West European Politics*, Vol. 27, No. 5, 2004, pp. 875 - 876; P. Kiiver, "The National Parliaments in the European Union: A Critical View on EU Constitution-building," *Kluwer Law International*, Vol. 50, 2006, pp. 184 - 185; R. Bellamy, & S. Kröger, "Domesticating the Democratic Deficit? The Role of National Parliaments and Parties in the EU's System of Governance," *Parliamentary Affairs*, Vol. 67, No. 2, 2014, pp. 437 - 457.

③ T. Raunio, "Always One Step Behind? National Legislatures and the European Union," *Government and Opposition*, Vol. 34, No. 2, 1999, p. 180.

④ P. Kiiver, "The National Parliaments in the European Union: A Critical View on EU Constitution-building,", *Kluwer Law International*, Vol. 50, 2006, pp. 11 - 12.

⑤ A. Moravcsik, "Why the European Community Strengthens the State: Domestic Politics and International Cooperation," Center for European Studies Working Paper Series, 1994, p. 52. See: https: //ces. fas. harvard. edu/files/working_ papers/CES_ WP52. pdf，最后访问时间：2016 年 4 月 26 日。

识文化也使得成员国层面的部长政治责任制受到损害。[①] 面临被边缘化危险的成员国最终在《里斯本条约》中促成了辅助性审查预警机制的建立。

1. 成员国议会作为代议制机关的角色：以预警机制为例

一体化之初存在着成员国议会参与到欧盟治理中的多个模式。经典模式是议会通过审查成员国的外交政策间接参与国际事务。共同体的议会大会模式则发展成为通过各国议会选举产生的议会大会来审议政策而非采取立法的方式直接审查政策的超国家合作模式。[②] 从 20 世纪 90 年代起，成员国议会被授权参与到更多的欧盟决策监督中。首先，欧盟条约允许成员国议会获得欧盟立法（自起草阶段起）的相关信息和文件。[③] 其次，“欧盟（成员国）议会欧盟事务委员会大会”于 1989 年建立并很快成为各国议会共享和沟通欧盟政策与信息以强化起监督和问责作用的平台。[④]《欧洲宪法条约》建立了仅有“黄牌”咨询性质的预警机制。[⑤]《里斯本条约》鉴于《欧洲宪法条约》被否决的民主合法性考虑，在预警机制原有的“黄牌”基础上增加了“橙牌”机制。根据《关于辅助性和比利性原则适用的附加议定书》，成员国获得了集体性干预欧盟立法程序的权力。当“黄牌”机制启动时，立法动议草案必须进行审查，提出动议的机构必须说明理由。当“橙牌”机制启动时，只要有

---

① A. Cygan, *Accountability, Parliamentarism and Transparency in the EU*, Edward Elgar Publishing, 2013, pp. 106 – 107.

② I. Cooper, “A ‘Virtual Third Chamber ‘for the European Union? National Parliaments after the Treaty of Lisbon,” *West European Politics*, Vol. 35, No. 3, 2012, p. 445. 本文还提到了超国家议会（如联邦议会或邦联议会）为第三种经典模式——由于这种模式迄今为止尚未在欧盟建立，此处不展开讨论。

③ A. Fraga, “After the Convention: The Future Role of National Parliaments in the European Union (and the Day after… Nothing Will Happen),” *The Journal of Legislative Studies*, Vol. 11, No. 3 – 4, 2005, p. 493; K. Auel, “Democratic Accountability and National Parliaments: Redefining the Impact of Parliamentary Scrutiny in EU Affairs,” *European Law Journal*, Vol. 13, No. 4, 2007, p. 488. 另见《马约》第 13 号宣言和《阿约关于成员国议会在欧盟中角色的附加议定书》第 2 条。

④ G. Barrett, *National Parliaments and the European Union: The Constitutional Challenge for the Oireachtas and Other Member States Legislatures*, Clarus Press, 2008, p. 456.

⑤ I. Cooper, “A ‘Virtual Third Chamber’ for the European Union? National Parliaments after the Treaty of Lisbon,” *West European Politics*, Vol. 35, No. 3, 2012, p. 447.

55%的理事会成员或者欧洲议会的简单多数就足以否决相关动议。[①]

预警机制旨在为欧盟提供输出合法性之外的民主合法性支撑。[②] 此外，这一机制也旨在通过成员国议会的桥梁加强公民和欧盟之间的联系与沟通。[③] 预警机制引入的一个更为深远的影响是为欧洲一体化进程引进了一种尊重辅助性原则和成员国自主性的新文化，使得欧盟的立法更加倾向于质量导向而非数量导向，这对于纷繁复杂的欧盟立法和欧盟法律汇编而言是一个重大的方向转换。[④] 在一体化所导致的欧盟和成员国两个层面上行政日益压倒立法的背景下，将成员国议会纳入欧盟决策机制意味着成员国议会的欧洲化。[⑤] 成员国议会的欧洲化意味着处于两层治理边缘化危机中的成员国议会得到一定的重振：强化了对本国政府欧盟事务的控制并让成员国得以采取集体行动的方式对欧盟决策进行进一步的审查。[⑥]

2. 预警机制的缺陷

对尚未具备丰富运行实践的制度进行评价并不是一种慎重的做法，这是因为法律制度的具体运作实践发展、超越甚至背离制度的字面规定甚至制度设计者的原意在人类制度史上是一种常见的现象。然而，在制度进行充分、具体运行之前，通过制度的设计来对制度解决问题的效率

---

① 《里斯本条约》第2号附加议定书第7条。

② A. Cygan, *Accountability, Parliamentarism and Transparency in the EU*, Edward Elgar Publishing, 2013, pp. 220 - 221; I. Cooper, "The Watchdogs of Subsidiarity: National Parliaments and the Logic of Arguing in the EU," *JCMS: Journal of Common Market Studies*, Vol. 44, No. 2, 2006, p. 282;

③ A. Cygan, *Accountability, Parliamentarism and Transparency in the EU*, Edward Elgar Publishing, 2013, p. 67.

④ I. Cooper, "The Watchdogs of Subsidiarity: National Parliaments and the Logic of Arguing in the EU," *JCMS: Journal of Common Market Studies*, Vol. 44, No. 2, 2006, pp. 281 - 304.

⑤ 学者已经对成员国议会的欧洲化设定了一些标准：信息不对称的减少，行政机关在欧盟议题上对成员国议会的咨询以及议会意见对行政机关的法律和事实上的约束力。（参见K. Neunreither, "The Democratic Deficit of the European Union: Towards Closer Cooperation between the European Parliament and the National Parliaments," *Government and Opposition*, Vol. 29, No. 3, 1994, p. 304.

⑥ T. Raunio, "Ensuring Democratic Control over National Governments in European Affairs," *National Parliaments and the European Union: The Constitutional Challenge for the Oireachtas and Other Member State Legislatures*, 2008, p. 12.

和制度可能的运行情况进行合理的假定并在此基础上发现制度所存在的问题并对制度提出进一步且维持在一定限度内的追问亦并非鲁莽之举。基于上述判断，本部分将对成员国议会参与欧盟决策的预警机制提出一些疑问。首先，欧盟 28 个（如不计入英国则为 27 个）成员国的政治制度各具特色，成员国议会的功能亦呈现出多样化。甚至在一个采取两院制议会的成员国内部，两院之间在组织结构、功能重点、审查偏好、审议积极性、利益代表方面都存在着很大不同。那些积极参与到预警机制中的成员国议会很可能是那些与本国执政政府联系较弱的议会，如少数党/多党联盟政府的议会。[①] 此外，政党关系或者机构关系也是一个很有影响力的因素。例如，同样为联合政府，德国联合政府倾向于保护联盟和促进稳定性，荷兰的联合政府则更青睐对政府法令进行严审以有利于政党的利益博弈。[②] 强调代表多元利益的议会（如采取政党比例名单选制的议会）和强调稳定政府的议会（如采取单一选区选制的议会）对参与欧盟决策审查的积极性也不同。[③] 其次，成员国议会参与欧盟决策机制更严重的问题是对某些基本政治原理的违背。长期以来，代表国家处理外交事务的权力被公认为属于行政机关而非立法机关的权力范围，行政部门在外交领域所享有的行政裁量权和措施的选择空间远超过内政领域；相应地，各国代议制机构和司法机构对行政机关在外交领域的民主控制和司法审查也相对克制。一个国家对外只能有一个外交政策；如果一个国家对外表现为多个外交政策，那将是对国家信用度的侵蚀。如果成员国议会对欧盟决策持有与本国政府一致的立场，那么成员国议会参与到欧盟决策中的意义将大打折扣。

事实上，如果我们将预警制度与理事会中的表决规则进行联系和对比，预警制度的真实功能就呈现出来了：如果某些成员国未能在理事会

---

① R. Holzhacker, "The Power of Opposition Parliamentary Party Groups in European Scrutiny," *The Journal of Legislative Studies*, Vol. 11, No. 3 – 4, 2005, pp. 428 – 445.

② R. Holzhacker, "National Parliamentary Scrutiny over EU Issues Comparing the Goals and Methods of Governing and Opposition Parties," *European Union Politics*, Vol. 3, No. 4, 2002, p. 476.

③ B. Wessels, "Roles and Orientations of Members of Parliament in the EU Context: Congruence or Difference? Europeanisation or Not?," *The Journal of Legislative Studies*, Vol. 11, No. 3 – 4, 2005, p. 453.

表决中形成足以否定决策或立法的少数集团而在理事会的表决中败下阵来，而且如果这些成员国又足以达到启动“黄牌”机制或者“橙牌”机制的门槛，那么这些国家可以促使它们本国的议会采取集体行动来启动预警机制，要求提出动议的欧盟机关说明理由并且从程序上对相关的欧盟决策或立法进行延搁性阻拦。换言之，预警机制启动的最大可能性以及该机制的最大意义很可能并不在于维护成员国议会的权力或者增强欧盟的民主合法性，而在于为那些不足以形成“具有否决权的少数派”提供一个在理事会表决失败后的救济机制，通过预警机制发挥实质上的延搁法案这一程序性权利的效果。事实上，该机制迄今为止唯一一次启动所产生的争议恰恰证实了对这一制度的真实功能的判断。2012 年，经济学家蒙蒂基于《欧盟运行条约》第 352 条提出了“蒙蒂第二动议”，试图引入一个警告机制以实现内部市场的要求（尤其是提供服务的权利和营业权利的行使）和工人的罢工权利之间实现平衡。[①] 对“蒙蒂第二动议”的反对达到了成员国议会预警程序的黄卡程序启动的门槛。由于黄卡程序中成员国的反对，欧委会最终撤销了“蒙蒂第二动议”。然而，无论是从欧委会的撤销考虑还是从成员国议会所提交的反对意见中都可以看出，该动议最终被撤销并非由于该动议违反了辅助性原则，而是该动议对部分成员国国内的劳动法制度可能造成的负面影响。[②] 尽管这次启动被批评为成员国扭曲了该制度的制度目标（对欧盟立法进行辅助性维度的审查），但是在这次启动中，部分成员国国会成功地运用该程序阻止了自己可能无法通过表决程序加以阻止的对本国不利的欧盟立法。

四 欧盟立法机关的功能碎片化及其可能的解决方案

立法机关在超国家治理中的角色在一体化设计和肇始阶段并未受到

① 根据该动议，成员国应当在如下情况发生时通知受到影响的成员国和欧委会：“如果某种严重的行为或情形影响了营业自由或提供服务自由的有效行使，从而足以对内部市场的良好运行造成严重干扰或者会对工业关系制度产生严重伤害或者在其本国或其他成员国领土上产生严重的社会不安。”

② A. Kaczorowska-Ireland, *European Union Law*, Routledge, 4th ed., 2016, pp. 197 - 198.

重视。正如前文所提到的，在“建盟之父”们看来，超国家机构应当更多地遵循排除民主输入的官僚理性治理逻辑，而非形成一个全面的政府架构。然而，伴随着主权持续性被让渡到超国家层面以及立法机关在此进程中的滞后，欧洲立宪主义传统中对民主合法性的需求逐渐显现出来并促成了代议制机关的实质性参与。与此相呼应，超国家机构的民主基础也逐渐从间接民主（各成员国民选的部长和政府首脑）转向双重民主（直选的欧洲议会和间接选举的理事会）。在《欧洲宪法条约》和《里斯本条约》之中，这一模式又进化为“双重民主 + 成员国议会 + 公民倡议直接民主”的模式。

然而，这一复杂的组合并未有效地回应民主赤字的批评。欧盟公民似乎对欧盟的民主化进程并不买账。欧盟债务危机和难民危机在各个成员国进一步引发了将欧盟的民主合法性质疑推到高峰的民粹主义运动——德国的其他选项党、法国的国民阵线、英国的独立党、奥地利的自由党和波兰的法律与公正党等——暴露出过去几十年间欧盟民主化努力的脆弱性。除了经济、社会和文化方面的原因外，欧盟的代议制结构设计的缺陷也是形成欧盟民主合法性危机的原因之一。如前文所述，代议制机构之功能可以大致分为三类：政府的选举罢免功能、政策的审议功能和政策—选民的联系功能。首先，在选举罢免功能方面，欧盟选民可以通过直接选举欧洲议会来影响甚至决定欧委会主席及其组成（端视 2014 年欧委会选举模式能否成为一项宪法传统）。然而，欧洲议会和理事会仍无法在一次选举中进行更替。其次，在政策审议方面，理事会（在常代会的辅助下）的影响力仍然相对地优先于其他代议制机构。然而，理事会由于其决策的机密性、独特的共识文化和非正式规则的盛行，恰恰成为欧盟民主合法性问题的一部分。如果我们将政策审议和选民联系反馈功能结合起来看，欧洲议会和成员国议会所面临的困境就很清楚了。欧洲议会虽然在欧盟政策审议方面的权力和角色越来越增强，但其与选民之间仍然是“极弱的联系”。成员国议会恰恰与此相反：成员国议会虽然与选民联系较为密切，但其仍然主要关注本国内政事务，缺乏足够的权力、角色、资源和政治动力来对欧盟政策进行有效审议。因此，无论是欧洲议会还是成员国议会，在行使代议制机关的功能方面都存在严重缺陷。笔者认为，欧盟内部代议制机关在行使代议制机关的功能方面的碎片化问题形成了欧盟民主合法性的重要原因之一：欧洲议会、理事会和成员国议会作为代议制机关的，其碎片化是功能性的——《里斯本条约》将更多的代议制机构纳入欧盟决策过程对这一问题的解决所作出的努力似乎更多的是流于表面的应付之计而非建立在对欧盟机构体制所存在的缺陷的准确判断之上；权力的划分应当充分考虑其功能的达成和治理绩效的提升。欧盟决策过程中参与的代议制机构数量的增加无法解决目前代议制机关在功能行使上的碎片化问题，反而可能产生新的问题。这是因为一个系统不仅仅是所有组成部分之和，更重要的是，系统还包括其组成部分之间的联系。如果在进行权力分配时没有将系统组成部分之间的联系和互动考虑进去，权力的分配就只是割裂了各组成部分之间的联系，从而导致系统功能作用的失败和系统的瘫痪。行使立法权的代议制机构的三项功能之间形成了一个相对独立的系统，在这个系统中，至少选举罢免、政策审议功能和选民联系功能是彼此依赖、相辅相成的：选民通过选举表达的民主输入、政策审议和政策反馈三者共同构成一个个政策的民主化过程。然而，当前欧盟层面立法权在代议制机构之间的权力分立恰恰在事实上将这三项功能拆分给了不同的代议制机关。民主赤字并不是必然指向代议制机构权力在数量上的缺乏，或许更是对一个运行不良的代议制机关的功能缺陷的描述。功能碎片化的欧盟代议制机构不是民主赤字问题的解决方案而是问题本身的一部分。

在上述功能主义分析的基础上检视《里斯本条约》将成员国议会纳入欧盟决策以增强欧盟民主合法性的方案是否有助于实现代议制机关的功能，其答案是否定的。解决方案或许不在于代议制机构的数量多少，而是在欧洲议会和成员国议会都是由选民直接选举（即都具备民意输入）的情况下，二者是否可能同时具备政策审议和选民联系功能？只要对欧盟政治民主化稍加思考便可以发现，让成员国议会开展对欧盟政策的实质性审议似乎并不是一个可行的方案：毕竟成员国议会关注的首要事务目前仍是国内的内政问题。那么，让具备政策审议功能的欧洲议会增强联系选民的功能似乎是一个可行的方案——事实上，只要将欧洲议会的选举制度进行改革即可在相当程度上取得该效果。在通常情况下，与政党比例代表名单制相比，单一选区制度具有更强的“代议士

—选民”联系。[①] 以较强的“代议士—选民”联系来促进问责制和民主合法性是选区选举制度的优点，无论是对单一选区还是复数选区而言。[②] 因此，将欧洲议会现行选举制度从政党比例名单制改为单一选区选举制度将有利于增强欧洲议会和选民之间的“代议士—选民”联系，从而增强欧盟的民主合法性。当然，选举制度的选择在本质上是一个政治问题而非一个学术问题，从政党比例名单制改为单一选区制度更关涉到政党对本党议员的掌控力，因而是一个更加需要政治决断力的决定。但是，《里斯本条约》将成员国议会纳入欧盟决策过程对于增强民主合法性到底具有实质性意义还是仅仅是一种“制度化妆”，仍有反思的价值。

五 结论

作为对欧洲一体化的权力从成员国到欧盟层面移转所导致的民主赤字问题的回应，欧盟政治精英也在欧盟民主化方面进行了持续的努力。这些努力大致包括两个方面：第一，扩大既有的欧盟内的代议制机构的权力和角色，同时通过对这些代议制机构的内部组织和议事规则的修正增强其民主成分；第二，将更多的代议制机构纳入欧盟决策中。在《欧洲宪法条约》被否决而引发的危机之前，欧盟民主化主要着力于前一方面。《欧洲宪法条约》被否决后，深受震撼的欧盟政治精英采取了将成员国议会纳入欧盟决策的新的民主化路径。然而，这一做法并不能有效回应欧盟民主赤字的问题，欧元区债务危机、难民危机的双重刺激将欧盟民主赤字所引发的合法性危机拉高到新的水平。从系统论和功能主义相结合的角度来看，代议制机构的“代表”“审议”和“反馈”三项功能乃是一个相互联系之系统，三者之有机结合方是代议制机构有效发挥功能、为政体提供民主合法性的关键。然而，将成员国议会纳入欧盟决策过程的做法不是回应了欧盟的民主赤字问题而是造成了欧盟代

① J. M. Carey, & M. S. Shugart, “Incentives to Cultivate a Personal Vote: A Rank Ordering of Electoral Formulas,” *Electoral Studies*, Vol. 14, No. 4, 1995, pp. 417 - 439.

② P. Norris, “The Twilight of Westminster? Electoral Reform and Its Consequences,” *Political Studies*, Vol. 49, No. 5, 2001, pp. 877 - 900.

议制机关的功能缺陷，成员国议会参与欧盟决策的机制设计本身所存在的内在制度缺陷很可能在未来为欧盟决策和民主化造成更多的新问题。基于系统论和功能主义的路径分析，一个可能的解决思路是为欧洲议会形成一个足以有效发挥“代表”“审议”和“反馈”功能的制度设计，将欧洲议会的选举制度从政党比例代表制修改为选区制度（单一选区制度或复数选区制度）或许是一个可供参考的方法。

欧盟投资法庭制度探析

An Analysis of the European Union Investment Court system

姚天冲　李雨珊　黄伟琦*

摘要：现存的投资者与国家争端解决机制因透明度不高、裁决不一致等问题而引发诟病。欧盟据此提出了投资法庭制度。然而，因为欧洲一体化趋势的不断增强，欧盟投资法庭制度方案的提出存在着与欧盟法冲突的兼容性问题。投资法庭制度并不是替代目前投资者与国家争端解决机制的最优方案。本文从分析欧盟投资法庭制度设立缘由出发，深入分析兼容性问题和未来将面临的困境，在分析对中国的启示后提出了相应的完善建议，认为只有设立多元化的投资争端解决机制方可适应世界发展趋势。

关键词：欧盟；投资法庭制度；兼容性；完善

Abstract: The existing investor state dispute settlement mechanism has been criticized for its low transparency and inconsistent decisions. According to this, the EU put forward the investment court system. However, due to the increasing trend of European integration, the proposal of EU investment court system has the compatibility problem with EU law conflict. The investment

* 姚天冲，男，辽宁省沈阳市人，辽宁省政府法律顾问，东北大学文法学院法学系硕士生导师、教授，邮箱：yaotianch@163. com；李雨珊，女，辽宁省丹东市人，东北大学文法学院法学系硕士研究生，邮箱：337354754@qq. com；黄伟琦，女，浙江省舟山市人，东北大学文法学院法学系硕士研究生，邮箱：wshwq1@163. com。

court system does not replace the optimal solution of the current investor state dispute settlement mechanism. Based on the analysis of the reasons for the establishment of the EU investment court system and the compatibility issues and the dilemma ahead, analyze the enlightenment to China, this paper puts forward some suggestions to improve the system.

Key Words: European Union; Investment Court System; Compatibility; Perfection

为解决投资者—国家争端解决机制（ISDS①）近几年来日益凸显的问题、迎合对ISDS的批评，欧盟率先作出了尝试，引出了“投资法庭制度”（ICS②）。在与美国签订的《环大西洋贸易和投资伙伴协定》、与加拿大签订的《欧盟和加拿大综合经济贸易协定》、与越南签订的《欧盟和越南自由贸易协定》的投资章节中均提出了“投资法庭制度”的设想。并且其目标是建立一个多边的投资法庭制度。然而，欧盟投资法庭真的能够代替ISDS机制吗？欧盟提出投资法庭制度的动因何在？从仲裁转向强制裁判的法庭制度又会遇到哪些障碍呢？此种制度的未来会有什么样的前景呢？这种新的国际投资争端解决机制对我国又有怎样的启示呢？只有深入研究这些问题才能更好地把握国际投资争端解决机制的发展趋势。

一 欧盟投资法庭制度设立的原因

（一）ISDS机制的缺陷

ISDS广受诟病的原因主要是由其裁决的不一致性、仲裁员的不公正性、仲裁规则的透明度较低引起的。国际投资争端解决中心（ICSID③）的宗旨是促进资本的对外流动，平衡南北发展。仲裁只是《关

① 投资者—国家争端解决机制：Investor-State Dispute Settlement。

② 投资法庭制度：International Court System。

③ 国际投资争端解决中心：International Center for Settlement of Investment Dispute。

于解决国家和其他国家国民投资争端公约》（下文简称“华盛顿公约”）中解决争端的一种方式，此外还有调停、友好协商等。20 世纪七八十年代，随着发展中国家的独立，东道国逐渐采取将外来资本征收为国有资本的方式，引发投资者的不满。因此设立了投资者—国家争端解决机制。21 世纪初，被提交至 ICSID 的仲裁案愈来愈多，要求其解决因东道国危害外来投资者利益、违反双方所在国的双边或多边投资协定的行为而引发的争议，包括因环境、能源等涉及公众利益的争议。因仲裁本身的性质所致，ICSID 不需要遵循先例，这也符合仲裁的灵活性和高效性的特点。恰恰因为没有先例的约束，仲裁裁定无法对之后的仲裁产生法律约束力，所以往往会出现裁定不一致的情形。无疑，这对东道国的国家规制权产生了不利影响。最后大多数案件的裁决都偏向了投资者。而仲裁员则由争端各方决定，并且几乎没有对仲裁员所应具备的资格提出过任何实质性的要求。例如，《国际投资争端解决公约》第 14 条仅约定“道德高尚，在法律、商业、工业或金融领域具有能力，并可依赖其行使独立判断”。《贸易法委员会规则》第 11 条仅要求仲裁披露会对其公正性产生怀疑的情况。仲裁员同时也可以是另一案的律师或专家证人。因此学者对仲裁的公平公正性提出质疑。再者，反对 ISDS 的学者认为，现存的投资者—国家争端解决机制将私人利益与普遍利益置于同一水平，因为目前审查的大多数争端为与环境有关的事务、对公共服务的控制以及对文化财产的保护等需要公众问责的事务，因此虽然 ICSID 使用国际商事仲裁程序，但是解决投资纠纷更接近于对政府行政行为的司法监督，而非平等主体间的商业仲裁。从此方面来看，欧盟提议的投资法庭制度是有所进步的，其中规定 TFI 和上诉法庭的成员从预选的成员中任命（根据他们的资格和经验选择），由此来限制当事人选择仲裁员的自主权。

（二）欧盟主体不适格

根据 2001 年《里斯本条约》修改后的《欧盟运行条约》将对外直接投资事项纳入“共同商业政策”，共同商业政策被纳入欧盟专属权能的范围。由此，欧盟对投资争端事项享有专属权。专属权困扰着欧盟成员国与其他非欧盟成员国订立的双边投资协定的效力问题以及面对投资者—国家争端解决机制的选择问题。欧盟法与其他投资争端解决机制存在着潜在冲突，此点将在下文详细叙述。再者，欧盟不是《华盛顿公约》的成员，然而，欧盟所有成员国，除波兰外，均为《华盛顿公约》的缔约国。这意味着欧盟在对外行使专属权时会遇到困难，不能与欧盟成员国共同作为《华盛顿公约》的应诉方。投资人与国家之间的仲裁机制就欧盟法院对涉及欧盟法律索赔的专属管辖权与欧盟法律发生了冲突。在现实案件中，ICSID 也回绝了欧盟希望作为“法庭之友”① 参加诉讼的请求。欧盟作为世界上最大的资本输出的国家集团和商品与服务出口的国家集团，再加上欧盟相对宽容的对外技术交流与发展合作政策，对世界上其他地区的经济发展特别是包括中国在内的发展中国家至关重要。欧盟在 ICSID 碰了一鼻子灰，因此想要在区域层面领导投资争端解决机制，于是它率先作出努力，在多份文件中提到了建立投资法庭制度，目标是建立多边的投资法庭制度，打上欧盟印记。然而，投资法庭制度是否真正符合当前投资争端解决的趋势、是否能有效协调与欧盟法的矛盾以及非欧盟成员国的回应有待考量。

二 投资法庭制度与欧盟法的兼容性冲突

此前，关于欧盟投资法庭制度的权限与合法性有着大量的讨论，然而，对欧盟投资法庭制度与欧盟法的兼容性问题鲜有提及。可是，这关乎欧洲法院与国际法庭之间、欧盟法与国际法、欧盟法与欧盟成员国法的适用与冲突解决。比利时政府曾就该制度对加拿大—欧盟《全面经济贸易协议》（CETA）项下的投资法庭制度寻求欧洲法院的意见。欧盟投资法庭制度会损害欧盟法的专属管辖权吗？投资法庭制度会破坏平等待遇原则，使外国投资法获得特殊保护吗？投资法庭能够独立行使权力吗？下文将着重对这三个方面展开论述。

---

① “法庭之友”是指在诉讼案件中，没有直接涉及法律利益的私人或团体，为了向法院说明其对该案件相关法律争议上的意见、澄清立法意旨、理清模糊的法律规定、通知法院关于案件事实的真实情况等，主动向法院提出书面报告，以协助法院更公正地作出裁决。

(一) 投资法庭制度与欧盟法律自治秩序的兼容性问题

1. 欧盟法的专属权能

欧盟法享有专属权，学界也将其解释为欧盟法律秩序的自治权，主要指的是排除外部当事方的介入，尤其排除了国际争端解决机制对欧盟法发表意见。① 自治权来源于欧盟拥有独特的宪法框架和法律渊源。欧盟依据条约创建司法系统，旨在确保欧盟法律解释的统一性和一致性。历史上，欧洲法院就《欧洲人权公约》的发布宣布了第2/13号意见，表明任何司法机构或国际法庭与欧盟法的不兼容，都会损害欧盟法律的自治权和首要性原则。② 根据《里斯本条约》第344条，有必要保留欧洲法院在成员国之间关于本条约所包含的解释或者适用条约的任何争端享有专属权。有必要保证欧洲法院具有对欧盟及其成员国之间违反国际协定的责任分配以及在诉讼中适当被告的裁定权。在实践中，欧洲法院也发展出一套程序使其可以对欧盟法的解释和适用等问题发表具有法律约束力的意见。③

2. 投资法庭与欧盟法律自治秩序的兼容性冲突

2019年4月，欧洲法院在第1/17号意见中对投资法庭是否违反欧盟法律自治秩序作出了回应，认定加拿大—欧盟《全面经济贸易协议(CETA)》中规定的投资者—国家争端解决机制符合欧盟法律。④ 法院认为，从一开始投资法庭制度就不包括在欧盟的司法体系内，是平行的司法解决机制，但因投资法庭制度不在欧盟司法体系内，而被认为该制度会对欧盟法律秩序的自治权产生不利影响。法院认为，CETA法庭只有解释和适用CETA规定的权力，而无解释和适用欧盟法律规则的管辖权。即CETA法庭权力范围的行使只能基于欧盟与加拿大的《全面经济

---

① Benedikt Pirker and Stefan Reitemeyer, Between Discursive and Exclusive Autonomy—Opinion 2 /13, the Protection of Fundamental Rights, 欧洲法院第2/13号意见。

② Case C－1/09, Opinion 1/09 of the Court, 2011 E. C. R. I－1142, I－1175.

③ 杨帆：《试析欧盟法律秩序自主性对国际争端解决机制的影响——兼评投资法庭机制在欧盟的合法性》，《时代法学》2017年第2期。

④ Opnion 1/17 of the Court, chapter 5, the Commission's Assessment in Its Request for an Opinion. http://curia. europa. eu/juris/document/document. jsf? docid = 160882&doclang = en.

贸易协议》。

然而，这一规定可能限制了欧盟投资法庭权力的独立行使。投资法庭又需要在某些情况下附带裁定东道国的措施在欧盟法的情况下是否合法。这种在欧盟法项下的“附带性审查”有可能增加重复解释的风险，与欧盟法律自治秩序产生冲突。同样，美欧签订的《跨大西洋贸易与投资伙伴协议》（TTIP）草案的第13.3条和第13.4条也规定了投资法庭无权根据争端方的国内法声称违反本协定的行为非法。但是为了更大程度的法律准确性，法庭可以酌情考虑国内法的普遍解释。[①] 欧洲法院为了保障欧盟法的自主权，认为对欧盟法的解释只能作为一种事实考量。将事实运用于事实，未免有些牵强。

（二）投资法庭制度与欧盟法中平等待遇原则的兼容性问题

从表面上看，欧洲法院为今后欧盟与其他非欧盟成员国签订的双边投资协定有关投资争端条款定下了基调。将CETA或TTIP的直接影响排除在外确实加强了完全在欧洲联盟的体制和司法框架之外解决争端的外部并行机制。可这种机制剥夺了欧盟成员国选择该投资法庭的自由，给予外国投资者以特殊待遇。在“Euram诉斯洛伐克案”中的法庭之友意见中，欧盟委员会认为，仲裁庭不是欧盟成员国的法院或法庭，而是完全不在欧盟机构和司法框架之内的平行争端解决机制。这种机制使成员国法院获得在解释和适用法律方面对欧盟成员国施加义务的权力。加拿大的企业和自然人可以为此依赖CETA法庭，而欧盟内部投资者不可以，也无法获得法律补救。因此，很有可能出现欧盟成员国国民在欧盟内的争端解决结果与加拿大投资者在欧盟内的投资解决结果不一致的现象。

兼容性问题还表现在损害赔偿上。违反《里斯本条约》中关于保护投资者实质性规则的赔偿责任会给投资法庭制度带来法律障碍。《里斯本条约》第268条规定，欧洲法院拥有审理针对第340条提出的损害赔偿诉讼的专有权。《跨大西洋贸易与投资伙伴协议》草案第28.1条

① López - Rodríguez, Ana M., “Investor-State Dispute Settlement in the EU: Certainties and Uncertainties,” *Hous. J. Int'l L.*, 2017, p. 139.

和第8.39条却授予了外国投资者司法选择权，这与平等待遇原则的目标是不相符的。

(三) 投资法庭制度与欧盟法规定的获得独立法庭权利的兼容性问题

根据新规则，不再由争端当事方选择任命人员。CETA联合委员会被作为选出法庭组成人员的行政机构。比利时王国对CETA法庭组成人员提出了质疑。法庭组成人员的薪酬条件并没有在《全民经济贸易协议》中加以明确规定，在很大程度上是由CETA联合委员会自行确定的。这与三权分立的有关原则是不相符的。而法庭成员的薪酬又和投资争端案件的数量密切相关。有理由怀疑法庭裁定有利于投资者的判例，会对其薪酬产生影响。这又不符合公平公正的原则。

综上所述，投资法庭制度是平行于欧盟司法框架的投资争端解决机制，存在着给予外国投资者特殊保护的风险，以及损害欧盟法的专属权能等兼容性问题。欧盟逐步排除了欧盟成员国与其他非欧盟成员国之间签订的双边投资协定，想要代之以全新的投资法庭制度。然而，不仅欧盟成员国，而且非欧盟成员国对此表示了担忧。欧盟提出的改革ISDS的建议急匆匆地迎合批评者的呼声，未能很好地解决现存投资者—国家投资争端解决机制中所存在的问题。与其颠覆传统的ISDS，另起炉灶，不如完善现存的机制，引入新手段，实现多栖发展。未来的投资争端解决机制也朝着多元化而非碎片化方向前进。

三 欧盟投资法庭制度与多元化解决机制

在分析了欧盟投资法庭制度会与欧盟法存在解释和适用上的冲突后，笔者发现，欧盟投资法庭制度未必是替代ISDS的最优方案。伴随着世界投资争端案件数量的不断增多、区域间经贸合作的加深，以及欧盟想主导投资规则的野心凸显，区域性的投资争端解决机制初现。不少投资协定明确声明排除ICSID的适用性，发展自身新的解决机制，但ICSID却在一片批评声中逐渐改进，包括透明度问题、仲裁费用保全、第三方资助、仲裁程序中的时间节点等。由于ICSID跟世界银行紧密联系在一起，它是不可能很快被取代的。它正在经历改革的“阵痛”。除了仲裁这一手段外，磋商、调解、司法救济等刚柔并济的解决手段发挥着作用。一个多元化的投资争端解决机制正在形成。混合的投资争端解决机制将有利于投资自由化的目标。

（一）欧盟投资法庭制度的预置磋商程序

欧盟投资法庭制度存在僵化，而引入磋商则可以友好地解决投资者与东道国的投资纠纷，会影响未来的投资机会。而且采取仲裁往往成本过高，需要支付较高昂的费用。《ICSID 受案情况统计（2019 财政年度）》报告显示，2019 年共受理了 306 个案件，59 个案件的仲裁程序终结，其中 35 个案件结案，12 个案件得以和解或终止。[①] 目前，CETA 和《泛太平洋伙伴关系协定》（TPP）均设计了磋商程序，在一般的投资协定中也会要求争端方首先尝试通过使用磋商或调解解决方法索赔。CETA 将磋商程序规定得更为细致，明确了行使磋商程序的条件和起止时间，并将磋商程序作为一种实质性和必要性的程序。可见，磋商程序在解决投资者—国家投资争端中的作用不可忽视。

（二）欧盟成员国法院的当地救济

欧盟除了加快投资法庭制度的建设外，还鼓励外国投资者使用“当地救济”以减少对国家规制权的负面影响。在 ICSID 仲裁裁决可能会对欧盟法的专属权造成损害时，回归东道国司法体系就减少了这种风险。首先，使用“当地救济”更高效。遵循欧盟法的自治性，欧盟成员国法需要符合欧盟法。在东道国法院可以直接援引双边投资协定作出裁判。其次，当投资争端条款出现争议时，欧洲法院需要对欧盟法的解释和运用作出初步裁决，这在一定程度上保障了欧盟法的自主性。最后，诉诸国内法院提供了更高的统一性、可预测性和安全性。

---

① See https：//icsid. worldbank. org/en/Documents/ICSID_ Web_ Stats_ 2019 -2_ （English）. pdf.

(三) 非欧盟成员国的回应

美国与欧盟在试图领导国际投资争端解决秩序上存在分歧。从《泛太平洋伙伴关系协定》(TPP)中可以推测出美国的立场。TPP的ISDS是一个改良的版本，仍然保持着仲裁特征——当事方自主选择仲裁员和一裁终局。有几位美国学者联合撰文，建议美国反对欧盟的ISDS机制，严厉批评欧盟ISDS建议是一种颠覆行为。美国改良版的ISDS是建立在当前仲裁实践之上的，是一种渐进式的改进思路和实用主义的做法。《北美自由贸易区协定》(NAFTA)重启谈判。东亚国家基于欧盟的野心也陆续提出在区域性经济组织中建立投资解决争端方案，例如东盟、“一带一路”倡议。《中国与东盟自由贸易区协定》对投资争端解决机制的透明度进行了改革，实行半公开的投资仲裁。在涉及法庭之友条款中允许非争端当事方通过提交摘要来参加审理，促进透明度和公众参与度。[①] 拉丁美洲国家在意识到ISDS具有严重的贸易领域的意识形态侵袭后，用退出《华盛顿公约》作为反抗ISDS仲裁的手段，并且陆续废止与ISDS相关的双边投资协定。2009年，厄瓜多尔提议建立一个区域仲裁投资争端解决中心，作为南美国家联盟的一部分。[②] 在该提案中，由总统任命仲裁员，在一定程度上防止了仲裁员的偏见。中国也在2017年10月1日正式施行首个国际投资仲裁规则。可以看出，非欧盟成员国对欧盟提出的投资法庭制度存在着担忧与疑惑。为适应数量日渐增长和复杂程度日趋提高的投资案件，发达国家与发展中国家都倾向于以地理位置为优势或在已有的条约和协定中建立投资争端解决机制。

(四) 第三方机构的调解

调解虽然在短期内不太可能取代仲裁作为投资争端解决的首选方式，但是不断发展的投资环境为其提供了机会。如今，投资纠纷具有复

---

① Jeffrey T. Cook, “The Evolution of Investment-state Dispute Resolution in NAFTA and CAFTA: Wild West to World Order,” *Pepp. L. Rev.* 34 (2006): 1085.

② Kendall Grant, “ICSID's Reinforcement: UNASUR and the Rise of a Hybrid Regime for International Investment Arbitration,” *Osgoode Hall LJ* 52 (2014): 1115.

杂性、成本高昂、纠纷解决期限不断延长的特点。要求争端解决的投资事由范围也不断扩大，涵盖了广泛的公共政策。调解具有成本低、灵活性高、速度快的特点，增强了争端当事方对结果的控制。2012 年国际律师协会公布了《国际律师协会投资争端调解规则》，标志着国际投资争端调解制度新时代的到来。投资调解近几年来发展迅速。2019 年 8 月 7 日，中国、美国、韩国、印度等 46 个国家签署了《联合国关于调解所产生的国际和解协议公约》。该公约将完善现行的国际调解法律框架，为投资争端解决提供了又一方案。

四 欧盟投资法庭即将面临的挑战

当前，对于投资法庭制度还具有较大的争议，未来如何发展是无法预料的，但可以确定的是，无论是投资法庭制度还是其他的新兴法律制度都不是一蹴而就的，都需要时间和实践去验证，因而以欧盟为首提出的该制度将在未来面临无数挑战，最关键的有如下三点。

第一，关于 MIC 裁决的执行。根据欧盟对 MIC 的安排，法官由缔约方选任，而投资者在这个过程中并没有完全的发言权，因此其自治的特征受到了一定的质疑。在这种情况下也有影响裁决独立性的可能，因此在裁决的执行方面，还有待商榷。

第二，在欧盟的 ICS 制度中没有提到国内法院可能基于主权豁免而拒绝执行的可能性。如果执行程序是在判决债务国拥有资产的中立管辖区进行的，法院可能会因主权豁免而拒绝执行。因此，只有当一国通过预先谈判并适当纳入适用的双边投资条约或自由贸易协定的诊断解决条款而放弃其豁免时，执行才能顺利进行。因此笔者认为，如果要使 ICS 享有国际合法性，ICS 法官必须建立一套连贯、可信和有说服力的案例法。除此之外，还需要有适当资格和经验丰富的法官参与，并借鉴双边和多边投资条约组成判例法。由此可见，在执行方面，欧盟的投资法庭也将面临困境。

第三，关于世界各国的态度差异。当前世界各国对 MIC 的不同态度无疑体现了对旧体制 ISDS 的态度。以美国为代表，它对 ISDS 持十分支持的态度，主张对 ISDS 机制进行各种修改，包括细化选任、增强透明度、控制成本等。持相反观点的是以印度尼西亚和南非为代表的国家，它们对 ISDS 十分不满，甚至不惜退出相关的国际投资条约（IIA）以摒弃 ISDS 体制。秉持不同观点的各国对 MIC 的确认也是其未来将面临的挑战。

五　欧盟投资法庭对中国的启示

中国应当采取“双规制”思路，即在短期内仍有参与传统的投资者—国家争端解决机制（ISDS）的需求，从长期来看则要积极关注欧盟投资法庭制度（ICS）的构建。由于中国对于国际投资争端解决的需求是“公正性”及“合理解释”，而欧盟的投资法庭制度的正式确立也需要时间的验证，因而我国不能就此“一刀切”，完全否认 ICS 或彻底放弃 ISDS。因此我国面对 ICS 需要有两个规制。

其一就是对现有 ISDS 的改革与应用。ISDS 是以投资仲裁为核心、运用法律手段并且包含磋商、调解、外交保护、东道国主张权利的一种制度，从国际争端解决的发展过程可以看出，它具有快速、灵活、价格低廉的优点，并且相较于以前的炮舰外交（Gunboat Diplomacy）和政治干预的投资解决方式，它无疑是十分具有科学性和公平性的。现在，因国际投资数量增加而导致其无法完全适应全球现状，但是新的制度并不是一蹴而就的，我国作为外国直接投资（FDI）体量处于全球领先地位的大国，仍应当密切参与 ISDS，并且提出一些与我国相适应的改革方案与意见。

其二是关注 ICS 的制度构建。在新制度构建的过程中和全球治理实践下，中国成为国际投资法治的重要参与者。中国所坚守的“构建人类命运共同体”“和平发展观”“合作共赢”等全球治理理念同样为新制度的设立和发展提供了理论参考。不仅如此，本文也概述了 ICS 相较以往制度的优势，在各项国际投资条约（IIA）基础上的国际争端更需要具有一定的透明度、正当性、公平性、低成本等特点的解决方式，而 ICS 则是最符合条件的，因此我国对其制度构建必须予以持续关注。

六 结语

欧盟投资法庭制度的出现为国际投资争端解决方案带来了曙光，但却被批判过于激进。目前只有 13 个成员国批准在 CETA 中加入 ICS 的建议，未来将面临较大的挑战。可以预见，世界投资争端解决机制正在朝着多元化的方向发展。未来会出现磋商、仲裁、司法等多种救济途径。从选择机构来说，不光包括国内的司法救济而且存在第三方机构。中欧投资协定已进入第 24 轮谈判，中国也应把握国际投资争端解决趋势，审时度势，关注国际社会的新变化，适时掌握投资争端解决的话语权。

参考文献

肖芳：《〈里斯本条约〉与欧盟成员国国际投资保护协定的欧洲化》，《欧洲研究》2011 年第 3 期。

邓婷婷：《中欧双边投资条约中的投资者—国家争端解决机制——以欧盟投资法庭制度为视角》，《政治与法律》2017 年第 4 期。

董静然：《“一带一路”倡议下投资者—国家争端解决机制研究——基于欧盟国际投资法庭制度的考察》，《江苏社会科学》2018 年第 1 期。

叶斌：《〈欧盟与加拿大全面经济贸易协定〉对投资者诉国家争端解决机制的司法化》，《国际法研究》2017 年第 6 期。

David M. Howard, “Creating International Law Joural,” *Fordham International Law Journal*, Volume 41.

John Gaffney, “The EU Proposal for an Investment Court System: What Lessons Can Be Learned from the Arab Investment Court?,” *Columbia Center on Sustainable Investment*, No. 181, August 29, 2016.

2018 年欧盟竞争政策报告*

Report on EU Competition Policy 2018

朱玥 译　林燕萍 审校**

一　为欧洲公司和消费者创造有竞争力的内部市场

2018 年是欧洲联盟的奠基石——《欧洲经济共同体条约》生效 60 周年。如今，2450 万家规模各异（包括小型、中型和大型）的欧盟企业竞相为 5 亿欧盟消费者提供服务。欧盟一直致力于提供一个充满活力的内部市场，以提升欧盟工业的竞争力，并且保证欧洲竞争性市场经济的可持续发展。

自其伊始，欧盟就制定了条约规则①赋予欧盟委员会以权力，以保护内部市场未被扭曲的公平竞争。欧盟竞争规则为企业在内部市场开展

---

* 本文是欧盟委员会于 2019 年向欧洲议会、欧洲理事会、欧洲经济和社会委员会以及欧洲地区委员会提交的一份有关欧盟竞争政策的年度发展报告。本文根据欧盟委员会官方网站发布的文件｛COM（2019）339 final｝翻译而成。译文对段落和标题作了适当调整。欧盟竞争法是整个欧盟法律体系中极具价值的法规之一。每年的年度报告总结和回顾了上一年度欧盟在竞争政策和竞争法领域的立法成果、执法动态和司法实践，并对相关案例作出评述。年度报告对中国学者研究欧盟竞争政策的演进和竞争法的前沿发展具有重要的参考价值。

** 朱玥，华东政法大学国际法学院 2019 级博士研究生；林燕萍，华东政法大学教授。

① Art. 3（1）（b）Treaty on the Functioning of the European Union. The principal competition rules are enshrined in Chapter 1, Title VII of Part Three, Articles 101 – 109 of the Treaty on the Functioning of the European Union（TFEU）and in the EU Merger Regulation（Regulation（EC）No 139/2004）.

业务制定了明确的法律框架，使各种规模的企业都能公平竞争。尽管该法律框架在过去的 60 年中有所革新，但是在欧盟法院的密切监督下，始终坚持法治原则。欧盟委员会在其日常执法工作中一直严格遵循非歧视原则、程序公正原则、透明度原则、可预见性原则、听证原则和保密原则等。欧盟法律体系的可预见性和公信力使欧盟委员会成为世界领先和最具影响力的竞争主管机构。

为了增强执法的有效性，欧盟委员会不仅与各成员国竞争主管机构、各成员国法院携手合作，而且在双边和多边层面上积极与全世界范围内的竞争主管机构开展合作。例如，加入经济合作与发展组织（Organisation for Economic Co-operation and Development，OECD）、加入国际竞争网络（International Competition Network，ICN）以及参与联合国贸易与发展会议（United Nations Conference on Trade and Development，UNCTAD）等，旨在打造一个真正的全球性的公平竞争环境，并且始终推崇法治精神。

作为欧盟 2021—2027 年多年度财政框架（MFF）的一部分，欧盟委员会于 2018 年 6 月 7 日通过了“单一市场计划”提案。① 这其中包含了一项新的竞争计划，其预算为 1.4 亿欧元。该竞争计划一旦在欧洲议会和欧洲理事会获得通过，将帮助欧盟委员会在大数据和云计算日渐普及、发展迅速，数字化程度日益加深的大环境中，更好地应对欧盟竞争政策所面临的新挑战。欧盟委员会也能与各成员国竞争主管机构进一步加强合作。与此同时，该竞争计划将助力欧盟委员会捍卫单一市场中的公平竞争。

2018 年，欧盟委员会竞争政策仍旧重点关注与欧盟公民、企业息息相关的市场。例如，电信和数字行业、金融服务行业、能源和环境行

---

① Proposal for a Regulation of the European Parliament and of the Council establishing the Programme for Single Market, competitiveness of enterprises, including small and medium-sized enterprises, and European statistics and repealing Regulations (EU) No 99/2013, (EU) No 1287/2013, (EU) No 254/2014, (EU) No 258/2014, (EU) No 652/2014 and (EU) 2017/826 COM/2018/441 final - 2018/0231 (COD): https://ec.europa.eu/commission/publications/single-market-programme-legal-texts-and-factsheets_en, http://europa.eu/rapid/press-release_IP-18-4049_en.htm.

业、农业和食品行业、运输和制造行业等。本报告是2018年欧盟委员会在竞争政策领域开展活动的一个总结，这份报告可能并不全面，如需获取更多的信息可以查询欧盟委员会工作组的相关报告文件，或者登陆欧盟委员会竞争总司官方网站。①

二 增强竞争执法的有效性

一直以来，欧盟委员会致力于简化竞争执法程序，注重评估其以往执法决定的经济效应，以便进一步提高欧盟竞争规则下执法行动的及时性、效率性和有效性。

2018年12月，欧盟委员会发布了《关于指导企业在反垄断调查中识别商业秘密和其他机密信息的指南》②，以及《关于适用保密程序③访问文件的指南》和相关文件模板。在反垄断调查中，涉案企业查阅欧盟委员会相关调查文件是一个基本步骤。这两份新的指导文件是欧盟委员会旨在提升竞争执法的及时性和效率性，同时保证正当程序和涉案企业的抗辩权等系列工作的一部分。它们是欧盟委员会先前发布的《关于使用数据库的最佳实践指南》④《关于欧盟委员会决定（公开版本）保密性要求的指南》⑤《关于以电子形式提交文件的建议》⑥等的有益补充。

继2016年在卡特尔领域和第一个非卡特尔案件⑦中与涉案企业建立了有效的奖励性合作框架之后，2018年，欧盟委员会在涉案企业的

---

① See http://ec.europa.eu/competition/index_en.html.

② See http://ec.europa.eu/competition/antitrust/business_secrets_en.pdf.

③ 译者将“confidentiality ring”翻译为“保密程序”，它是在调查过程中适用的一种协商披露程序。在适用此程序时，只有个别人有权访问欧盟委员会文件中的机密信息。——译者注（See http://ec.europa.eu/competition/antitrust/conf_rings.pdf.）

④ See http://ec.europa.eu/competition/mergers/legislation/disclosure_information_data_rooms_en.pdf.

⑤ http://ec.europa.eu/competition/antitrust/guidance_on_preparation_of_public_versions_antitrust_04062015.pdf.

⑥ See http://ec.europa.eu/competition/contacts/electronic_documents_en.pdf.

⑦ Case AT.39759 *ARA foreclosure*, Commission decision of 20 September 2016, available at http://ec.europa.eu/competition/elojade/isef/case_details.cfm?proc_code=1_39759.

配合下办结了几起非卡特尔案件。[①] 这种形式的合作使欧盟委员会能够加快调查速度，进而使其决定更具针对性和威慑力。与此同时，涉案企业可以获得大幅度罚款减免（具体减免幅度由其合作的实质内容和时间决定）。2018 年 12 月，欧盟委员会发布了《关于指导企业在反垄断调查中以合作换取较低罚款的指南（草案）》。[②]

欧洲议会和欧洲理事会通过了欧盟委员会提交的关于提升成员国竞争主管机构效能的立法提案

2018 年 12 月 11 日，欧洲议会和欧洲理事会通过了一项新指令，旨在促使成员国竞争主管机构在反垄断领域更有效地执行欧盟竞争法规则[③]（即“ECN +”指令）。该指令以欧盟委员会在 2015 年 11 月至 2016 年 2 月进行公众咨询后，于 2017 年 3 月形成的立法提案[④]为基础。

当成员国竞争主管机构执行欧盟竞争法规则时，该指令将确保它们拥有有效的执法工具，并且能够获取调查和处罚违法企业所必需的信息。此外，该指令将确保成员国竞争主管机构能够基于事实和法律独立行事。新规则将助力构建一个真正的单一市场、打造竞争性市场、改善就业和促进经济增长。

各成员国应在 2021 年 2 月 4 日之前将“ECN +”指令转化为国内法。欧盟委员会将监督各成员国的转化进程，并且协助各成员国在该指令于官方公报发布之日起两年内完成转化工作。

---

① Commission decisions of 24 July 2018 in cases: AT. 40181 *Philips*, AT. 40182 *Pioneer*, AT. 40465 *Asus* and AT. 40469 *Denon & Marantz*; and Commission decision of 17 December 2018 in case AT. 40428 *Guess*. For more information, see Chapter 3 of this Report.

② The factsheet setting out the framework for such cooperation was published at the occasion of the adoption of the prohibition decision in case AT. 40428 Guess, see http://ec. europa. eu/competition/publications/data/factsheet_ guess. pdf.

③ Directive (EU) 2019/1 of the European Parliament and of the Council of 11 December 2018 to empower the competition authorities of the Member States to be more effective enforcers and to ensure the proper functioning of the internal market, OJ L 11, 14. 01. 2019, pp. 3 – 33.

④ Proposal for a Directive of the European Parliament and of the Council to empower the competition authorities of the Member States to be more effective enforcers and to ensure the proper functioning of the internal market, available at https://eur – lex. europa. eu/legal – content/EN/TXT/? uri = CELEX%3A52017SC0114.

从国家援助规则的现代化中获益

自2012年5月以来，欧盟委员会实施了“国家援助现代化（SAM）一揽子重大改革计划”。这项一以贯之的一揽子改革计划使成员国能够通过实施国家援助措施，在短期内拉动投资、促进经济增长和就业。作为一揽子计划的一部分，2014年欧盟委员会发布了《一般集体豁免条例》[①]（GBER），并且于2017年进行了修订。《一般集体豁免条例》规定欧盟成员国在实施适当的援助措施时，无须事先通知欧盟委员会以获得批准，这无疑减轻了各成员国的行政负担。与此同时，那些可能严重损害竞争或者破坏单一市场的援助措施仍将接受严密审查。在欧盟2021—2027年多年度财政框架下，作为颁布《一般集体豁免条例》的法律依据，欧盟委员会建议进一步修订《欧盟国家援助授权条例》，以简化欧盟与其成员国共同投资项目的审批程序。

2018年“各国资助经费列表”[②]（State Aid Scoreboard）证实了国家援助现代化一揽子计划的效益。自2015年以来，超过96%的国家援助措施因符合《一般集体豁免条例》规定的条件而得以更快地实施。在国家援助控制方面也更加注重“抓大放小”（big on big things and small on small things）。《一般集体豁免条例》框架下的援助支出比例不断提高，这也意味着成员国更快地实施了其在欧盟委员会登记的国家援助措施。具体而言，实施国家援助措施的平均耗时较2013年下降了15%。[③]

成员国提交的一般经济利益服务（SGEI）年度报告显示，在一般经济利益服务领域，超过90%的援助措施享受了豁免。

国家援助措施的透明度越高，其实施效果就越好。为提升国家援助措施的透明度，督促成员国遵守国家援助现代化一揽子计划中的透明度

---

① See http：//ec. europa. eu/competition/state_ aid/legislation/block. html.

② see http：//ec. europa. eu/competition/state _ aid/scoreboard/index _ en. html. 译者将“state aid scoreboard”翻译为“各国资助经费列表”，但有人将其翻译为“国家援助计分板”（参见中华人民共和国驻欧盟使团经济商务参赞处官方网站，http：//eu. mofcom. gov. cn/article/jmxw/201901/20190102831981. shtml，2019年12月10日访问）。——译者注

③ For additional and more detailed information，see Part I of the Commission Staff Working Document accompanying this Report.

条款，欧盟委员会与成员国共同合作开发了一项信息学工具——透明度奖励模块[①]（Transparency Award Module），用于提交和公布超过 50 万欧元的国家援助项目的相关信息。截至 2018 年底，已有 25 个欧盟成员国及冰岛采用了透明度奖励模块并且公布了超过 4.3 万个项目的援助奖励。

2018 年，欧盟委员会根据其《更好的监管准则》启动了对国家援助规则（国家援助现代化一揽子计划的一部分）、铁路指引、短期出口信用保险的评估。这一系列评估均采用了“适用性审查”[②]（fitness check）的形式，以考察上述规则是否按计划被执行，以及是否达到预期目标。评估将为欧盟委员会今后是否延长或更新相关规则提供依据。

打击卡特尔的行动仍在继续

近年来，欧盟委员会推出了一种匿名举报人工具[③]（Anonymous Whistleblower Tool）。这一工具使知晓卡特尔行为或其他反垄断违法行为的内部知情人士，能够简便地通过双向加密信息系统匿名向欧盟委员会举报反竞争行为。

2018 年，欧盟委员会针对核心卡特尔的执法高压态势继续证明了和解程序的有效性，欧盟委员会 75% 的决定均适用了和解程序。和解程序有助于更快地揭露秘密卡特尔，从而为欧盟委员会开展其他调查节约执法资源。在和解程序中，涉案企业须承认参与了非法卡特尔，并且愿意承担相应责任。和解程序使欧盟委员会能够简化处理程序、缩短调查时间和降低执法成本。与此同时，涉案企业也能从中受益，获得

---

① See https：//webgate. ec. europa. eu/competition/transparency/public/search/chooseLanguage.

② The current fitness check will cover：the General Block Exemption Regulation（GBER）；the “De minimis” Regulation；the Regional aid Guidelines；the Research，Development and Innovation（RDI）Framework；the Communication on State aid for important projects of common European interest（IPCEI Communication）；the Risk finance，Airport and aviation Guidelines；the Energy and Environmental Aid Guidelines（EEAG）；the Rescue and restructuring Guidelines；the Railways Guidelines；as well as the Short term export credit Communication（the two latter were not included in the 2012 State Aid Modernisation package）. See https：//ec. europa. eu/info/law/better – regulation/initiatives/ares – 2018 – 6623981_ en.

③ See http：//ec. europa. eu/competition/cartels/whistleblower/index. html.

10%的罚款减免。

2018年2月21日，欧盟委员会针对三起卡特尔案件开出了总额为5.46亿欧元的罚单。这三起案件分别涉及海上汽车运输和汽车零部件供应。①

欧盟委员会处罚海上汽车运输企业和汽车零部件供应商：打击影响欧洲工业和消费者的核心卡特尔

根据欧盟委员会三项单独的处罚决定，由于违反欧盟反垄断规则，涉案的海上汽车运输企业被罚款3.95亿欧元、汽车火花塞供应商被罚款7600万欧元，汽车制动系统供应商被罚款7500万欧元。所有涉案企业都对参与卡特尔供认不讳并且同意和解。所有案件都始于涉案企业提出宽恕申请。成功获得豁免的卡特尔参与者因其向欧盟委员会揭露了卡特尔的存在而免于被罚款。

自2006年10月至2012年9月，六年间，5家运输企业（即智利南美航运公司、日本川崎汽船、日本商船三井、日本邮船会社、挪威/瑞典华轮威尔森运输公司）在运输新汽车、卡车和其他大型车辆的深海运输市场上形成了卡特尔，涉及欧洲与其他大洲之间的多条航线。它们同意在相关市场中维持现状，并且在车辆制造商招标过程中，通过采取故意报价过高或者根本不报价等手段，尊重彼此在某些航线上或与某些客户的传统业务。这一卡特尔对汽车进口商、车辆制造商（例如出口商）以及欧洲经济区（EEA）内的终端消费者都造成了影响。在调查期间，欧盟委员会与澳大利亚、加拿大、日本和美国的竞争主管机构紧密合作。商船三井因揭露了卡特尔的存在而获得完全豁免，并且免于2.03亿欧元的罚款。

同样是汽车行业，欧盟委员会对另外两起卡特尔案件实施了处罚。其中一起案件涉及多家汽车火花塞（汽车电气设备）供应商，包括博

---

① Commission decisions of 21 February 2018：cases AT. 40009 *Maritime car carriers*, available at http：//ec. europa. eu/competition/elojade/isef/case _ details. cfm? proc _ code = 1 _ 40009；AT. 40113 *Spark plugs*, available at http：//ec. europa. eu/competition/elojade/isef/case _ details. cfm? proc _ code = 1 _ 40113；and AT. 39920 *Braking systems*, available at http：//ec. europa. eu/competition/elojade/isef/case_ details. cfm? proc_ code = 1_ 39920.

世（德国）、NGK（日本）和电装（日本）。该卡特尔从 2000 年持续到 2011 年，旨在通过尊重彼此的传统客户和维持欧洲经济区内汽车火花塞市场的现状来避免竞争。电装因揭露了卡特尔的存在而获得完全豁免，并且免于 100 万欧元的罚款。欧盟委员会的另一项处罚系针对汽车制动系统行业中的两起违法行为。第一起卡特尔案件涉及多家汽车液压制动系统供应商，包括天合汽车集团（美国，现为德国采埃孚·天合公司）、博世（德国）和大陆集团（德国），其违法行为从 2007 年 2 月持续到 2011 年 3 月。第二起违法行为从 2010 年 9 月持续到 2011 年 7 月，涉及多家汽车电子制动系统供应商，包括博世和大陆集团。在这两起违法行为中，汽车零部件供应商通过交换敏感信息（包括价格要素）以协调市场行为。博世和大陆集团因揭露了卡特尔的存在而获得完全豁免，并且分别免于 5400 万欧元和 2200 万欧元的罚款。

上述两项有关汽车火花塞和汽车制动系统的卡特尔处罚决定是欧盟委员会对汽车零部件行业卡特尔的系列重大调查的一部分。欧盟委员会已经对汽车轴承①、汽车线束②、汽车座椅使用的弹性泡沫塑料③、汽车和卡车中的驻车加热器④、交流发电机和起动机⑤、热交换系统⑥、照明系统⑦和乘客安全系统⑧等汽车零部件供应商开出了罚单。

---

① Case AT. 39922 *Automotive bearings*, Commission decision of 19 March 2014, available at http: //ec. europa. eu/competition/elojade/isef/case_ details. cfm? proc_ code = 1_ 39922.

② Case AT. 39748 *Automotive Wire Harnesses*, Commission decision of 10 July 2013, available at http: //ec. europa. eu/competition/elojade/isef/case_ details. cfm? proc_ code = 1_ 39748.

③ Case AT. 39801 *Polyurethane Foam*, Commission decision of 29 January 2014, available at http: //ec. europa. eu/competition/elojade/isef/case_ details. cfm? proc_ code = 1_ 39801.

④ Case AT. 40055 *Parking Heaters*, Commission decision of 17 June 2015, available at http: //ec. europa. eu/competition/elojade/isef/case_ details. cfm? proc_ code = 1_ 40055.

⑤ Case AT. 40028 *Alternators and Starters*, Commission decision of 27 January 2016, available at http: //ec. europa. eu/competition/elojade/isef/case_ details. cfm? proc_ code = 1_ 40028.

⑥ Case AT. 39960 *Thermal Systems*, Commission decision of 8 march 2017, available at http: //ec. europa. eu/competition/elojade/isef/case_ details. cfm? proc_ code = 1_ 39960.

⑦ Case AT. 40013 *Lighting Systems*, Commission decision of 21 June 2017, available at http: //ec. europa. eu/competition/elojade/isef/case_ details. cfm? proc_ code = 1_ 40013.

⑧ Case AT. 39881 *Occupant Safety Systems*, Commission decision of 22 November 2017, available at http: //ec. europa. eu/competition/elojade/isef/case_ details. cfm? proc_ code = 1_ 39881.

此外，2018年9月18日，欧盟委员会开始对汽车制造商在乘用车排放清洁系统技术开发方面可能存在共谋一事展开深入调查。2017年10月，作为初步调查的一部分，欧盟委员会对宝马、戴姆勒、大众和奥迪位于德国的办公场所进行了执法检查。欧盟委员会正在调查涉案企业是否同意避免在汽车（在欧洲经济区内销售的）排放控制系统的开发和推广方面相互竞争。本案中涉及的排放控制系统包括选择性催化还原（SCR）系统和奥托微粒过滤器（OPF），前者可减少装有柴油发动机的乘用车的氮氧化物（NOx）的排放，后者可减少装有汽油发动机的乘用车的微粒物质的排放。诉讼程序的正式开始阶段不会对欧盟委员会的调查结果作预判。

2018年3月21日，欧盟委员会发布了一项针对电容器行业卡特尔的处罚决定。[①] 电容器是储存电能的电子元件，在消费者使用的各种电子产品中十分常见。涉案的8家生产商因自1998年至2012年参与卡特尔共计被罚款2.54亿欧元。

欧盟委员会制裁在并购领域的“抢跑”行为

欧盟并购规则要求企业向欧盟委员会申报其在欧盟范围内的并购计划，以供审查（“通知要求”），并且在欧盟委员会批准之前不得实施并购（“停止义务”）。在欧盟委员会的调查结果公布之前，停止义务可以防止并购对单一市场产生潜在的、不可挽回的负面影响。

2018年4月24日，总部位于荷兰的Altice公司因在收购葡萄牙电信运营商PT Portugal时，未向欧盟委员会申报并获得批准（所谓“抢跑”），被处以1.245亿欧元的罚款。[②] 这一巨额罚单将阻止其他企业再“以身试法”。企业在申报或获得批准前实施并购将减损欧盟并购控制制度的有效性。该制度旨在使消费者避免因并购而承担更高价格或更少选择。

---

① Case AT. 40136 *Capacitors*, Commission decision of 21 March 2018, available at http://ec.europa.eu/competition/elojade/isef/case_details.cfm?proc_code=1_40136.

② Case M. 7993 *Altice v Portugal* (Art. 14. 2 proc.), Commission decision of 24 April 2018, available at http://ec.europa.eu/competition/elojade/isef/case_details.cfm?proc_code=2_M_7993.

三 应对数字经济的新挑战

欧盟竞争政策实施 60 年以来，市场发生了巨大变化。尤其是经济的数字化已经极大地改变了消费者的行为和市场的运作方式。

在云计算时代，数据面临新的挑战。计算需要数据来完成集成工作：数据量越大，计算越智能。另一个值得关注的问题是，具有双重角色的数字平台的市场力量越来越强大，它既为他人提供分销渠道，同时也销售自己的产品。为了充分利用数字技术带来的潜力和机遇，欧洲需要一个真正互联的数字化单一市场。竞争政策则对构建一个运行良好的数字化单一市场具有重要作用。

数字时代也让新兴的市场参与者脱颖而出，其中不乏迅速发展，一跃成为主要技术供应商的佼佼者。尽管这些在新兴数字市场中具有市场支配地位的成功企业不断创新，为公民生活和商业活动带来了诸多便利，但仍然有必要防止它们利用自身影响力破坏竞争。为了确保欧洲市场始终服务于人，一项有关数据保护规则的条例已经出台，[①] 并且欧洲理事会和欧洲议会正在审议一项旨在促使在线平台履行透明度义务的条例。[②]

2018 年，欧盟委员会开始思考竞争政策如何在瞬息万变的世界中为欧洲消费者提供最佳服务。为此，欧盟委员会任命 Heike Schweitzer 教授、Jacques Crémer 教授、Yves-Alexandre de Montjoye 助理教授担任竞争政策应对数字化未来挑战问题的特别顾问。[③] 特别顾问报告——《数

---

① Regulation（EU）2016/679 of the European Parliament and of the Council of 27 April 2016 on the protection of natural persons with regard to the processing of personal data and on the free movement of such data, and repealing Directive 95/46/EC（General Data Protection Regulation）, OJ L 119, 4. 5. 2016, pp. 1 – 88.

② See the Commission proposal for a Regulation on promoting fairness and transparency for business users of online intermediation services, https: //ec. europa. eu/digital – single – market/en/news/regulation – promoting – fairness – and – transparency – business – users – online – intermediation – services.

③ See https: //ec. europa. eu/commission/commissioners/2014 – 2019/vestager/announcements/commission – appoints – professors – heike – schweitzer – jacques – cremer – and – assistant – professor – yves_ en and http: //ec. europa. eu/competition/scp19/.

字时代的竞争政策》于 2019 年 4 月 4 日正式发布。[①] 在报告中这些特别顾问对以下问题提出了建议：（1）界定了数字市场的主要特征；（2）就数字时代欧盟竞争法的目标发表了意见；（3）讨论了竞争规则在数字平台和数据方面的应用，以及并购控制在保护竞争和创新方面的作用。该报告旨在为欧盟委员会正在进行的反思提供参考，即竞争政策如何在日新月异的世界中最大限度地服务于欧洲消费者。

反垄断执法：捍卫数字市场中的创新

2018 年 7 月 18 日，欧盟委员会作出处罚决定，[②] 认定谷歌公司滥用其市场支配地位，并且因谷歌自 2011 年起，通过对移动设备制造商和网络运营者施加反竞争限制，以巩固其在通用互联网搜索市场中的支配地位，而对谷歌开出了 43.4 亿欧元的罚单。

"谷歌安卓"案：在移动领域让欧洲消费者重新享受到有效竞争带来的益处

谷歌的搜索引擎是其旗舰产品，每年的广告收入超过 950 亿美元，这主要归功于智能移动设备的普及。如今，移动互联网占据了全球互联网流量的一半以上。此外，欧洲乃至全球 80% 以上的智能移动设备（共计超过 22 亿台设备）均搭载了安卓系统。

欧盟委员会处罚决定涉及了谷歌对移动设备制造商和网络运营商施加的三种不同类型的限制，以确保流量流向谷歌搜索：

第一，谷歌要求制造商在搭载安卓系统的设备上预装谷歌搜索和浏览器应用程序。如果制造商想继续销售装有"谷歌应用商店"的设备，就必须遵从这一要求。

第二，谷歌向制造商和网络运营商支付了一定费用，以保证移动设备中只预装谷歌搜索应用。

第三，谷歌妨碍了与其竞争的移动操作系统的发展。这些移动操作

① See http：//ec. europa. eu/competition/publications/reports/kd0419345enn. pdf.

② Case AT. 40099 *Google Android*, Commission decision of 18 July 2018, available at http：//ec. europa. eu/competition/elojade/isef/case_ details. cfm? proc_ code = 1_ 40099.

系统可能会为竞争对手的搜索引擎提供获取流量的平台。

综上，欧盟委员会认为，在移动互联网的重要性日益凸显的今天，这三种滥用行为无疑是谷歌为了巩固其在通用互联网搜索市场中占有的支配地位而作出的战略举措。

根据欧盟反垄断规则，具有市场支配地位本身并不违法，但具有市场支配地位的企业负有特殊责任：在其占据支配地位的市场或者独立的相关市场中，不得滥用其市场支配地位限制竞争。谷歌的行为剥夺了其他企业参与竞争和创新的机会，因此违反了欧盟反垄断规则。更重要的是，谷歌的行为损害了欧洲消费者本应在移动领域的有效竞争中享有的利益。

根据欧盟委员会的处罚决定，谷歌应自决定公布之日起 90 天内主动终止其违法行为。至少，谷歌应停止和不再实施上述三种限制行为。此外，处罚决定要求谷歌不得实施任何相同或具有同等效果的措施。欧盟委员会将密切监督谷歌对处罚决定的执行情况。欧盟委员会的处罚决定并不阻止谷歌建立一个合理、公平、客观的系统，以确保使用谷歌专有应用程序和服务的安卓设备能正常运行，同时又不妨碍设备制造商生产安卓设备。

2018 年，欧盟委员会继续对谷歌限制第三方网站播放其竞争对手的搜索广告一事（AdSense 案）展开调查。为此，欧盟委员会于 2019 年 3 月 20 日对谷歌处以 14.9 亿欧元的罚款。①

2018 年 1 月 24 日，欧盟委员会因高通公司滥用了其在 LTE 基带芯片市场中的市场支配地位而违反了欧盟反垄断规则，对其处以 9.97 亿欧元的罚款。② 根据欧盟委员会的处罚决定，高通公司今后不得再实施任何相同或具有同等目的或效果的措施。LTE 基带芯片市场的进入壁垒很高，而高通公司是目前全球最大的供应商。自 2011 年至 2016 年，高

---

① Case AT. 40411 *Google Search* (*AdSense*), available at http: //ec. europa. eu/competition/elojade/isef/case_ details. cfm? proc_ code = 1_ 40411. See also: http: //europa. eu/rapid/press – release_ IP – 19 – 1770_ en. htm.

② Case AT. 40220 *Qualcomm* (*exclusivity payments*), Commission decision of 24 January 2018, available at http: //ec. europa. eu/competition/elojade/isef/case_ details. cfm? proc_ code = 1_ 40220.

通公司向苹果公司支付了高昂的费用以确保苹果旗下的 iPhone 和 iPad 等产品均使用高通芯片组。该排他性行为使竞争对手无法凭其实力参与竞争，同时侵犯了欧洲消费者的自主选择权，并且损害了企业的创新发展。

有效的卡特尔执法：维护数字设备具有竞争力的投入价格

2018 年 3 月 21 日，欧盟委员会对 8 家电容器生产商（包括埃尔纳、日立化成、圣石、松尾、东金电子、尼吉康、日本化工和红宝石）处以 2.54 亿欧元的罚款，原因是这些企业参与了一个长达 14 年的电解电容器供应卡特尔。[①] 电容器是储存电场中静电的电子元件，被广泛地应用于电气和电子产品。

有关该卡特尔的会议和联系主要发生在日本，但是卡特尔行为在全球范围内实施，包括欧洲经济区。涉案企业定期举行会议，交换未来定价和未来供求需要等商业敏感信息。其目的是协调未来行为，避免价格竞争。三洋电子公司及其母公司（松下公司）因向欧盟委员会揭露了卡特尔的存在而获得完全豁免，并且免于被罚款。

欧盟委员会的调查仅是全球执法行动的一部分。巴西、日本、新加坡和中国台湾地区的竞争主管机构已在欧盟委员会之前对电容器卡特尔参与者处以罚款。2018 年 10 月，美国对日本化工（第 8 家）处以罚款。韩国竞争主管机构紧随其后，于 2018 年 12 月对 9 家公司处以罚款。

欧盟反垄断规则：在电子商务领域保护价格竞争和给予消费者更好选择

电子商务为消费者和企业创造了无限可能。欧洲消费者能够有机会接触到更多样化的商品和服务，还能跨境购物并且比较欧洲各地卖家的价格。同样地，企业可以在超过 5 亿人使用一个购物网站的单一市场中开展商业活动。飞速发展的在线商务市场在欧洲每年营利超过 5000 亿

① Case AT. 40136 *Capacitors*, Commission decision of 21 March 2018, available at http://ec.europa.eu/competition/elojade/isef/case_details.cfm?proc_code=1_40136.

欧元，超过一半的欧洲人都选择线上购物。

作为数字化单一市场战略的一部分，欧盟委员会于 2017 年 5 月 10 日公布了欧盟委员会电子商务部门的调查报告。① 调查结果显示，在电子商务市场中，限制转售价格是最普遍的限制竞争的手段。因此，在该领域中的有效竞争执法显得格外重要。此外，调查结果显示，零售商倾向于使用自动化软件进行价格监控和定价。

应对价格干预：欧盟委员会因四家电子产品制造商固定网络转售价格而对其开出罚单

2018 年 7 月 24 日，欧盟委员会分别对华硕（中国台湾地区）、天龙马兰士、先锋（日本）、飞利浦（荷兰）作出处罚决定，共计处以 1.11 亿欧元的罚款。② 原因是自 2011 年至 2015 年，这 4 家企业限制其在线零售商对日常消费性电子产品（例如厨房用具、笔记本电脑和高保真音响等）设定零售价格。这种行为被称为维持转售价格。价格干预限制了零售商之间的有效竞争，并且直接影响数百万的欧洲消费者。申言之，以在线零售商销售的厨房用具、吹风机、笔记本电脑、耳机等商品为例，消费者需要承受更高的价格。

这 4 家企业特别干预了定价较低的在线零售商。如果这些零售商不遵循制造商要求的价格，它们将面临被切断货源等制裁。许多企业使用价格算法比照竞争对手的价格自动调整自家价格。由此，仅对定价较低的在线零售商施加的价格限制最终会对消费性电子产品的全网售价产生影响。此外，先进的监控工具使制造商可以有效跟踪分销网络中的转售价格，并且可以在价格下降时迅速介入干预。

所有涉案企业都积极与欧盟委员会合作，包括提供相关证据、明确

① See http：//ec. europa. eu/competition/antitrust/sector_ inquiry_ final_ report_ en. pdf.

② Commission decisions of 24 July 2018：cases（vertical restraints）AT. 40181 *Philips*, available at http：//ec. europa. eu/competition/elojade/isef/case_ details. cfm? proc_ code = 1_ 40181；AT. 40182 *Pioneer*, http：//ec. europa. eu/competition/elojade/isef/case_ details. cfm? proc_ code = 1_ 40182；AT. 40465 *Asus* available at http：//ec. europa. eu/competition/elojade/isef/case_ details. cfm? proc_ code = 1_ 40465；and AT. 40469 *Denon & Marantz*, available at http：//ec. europa. eu/competition/elojade/isef/case_ details. cfm? proc_ code = 1_ 40469.

承认违反欧盟反垄断规则的事实和行为等。这种合作加快了欧盟委员会的调查速度，并且提升了欧盟委员会处罚决定的威慑力和针对性。与此同时，涉案企业也分别根据其合作程度获得了不同程度的罚款减免：从40%（华硕、天龙马兰士和飞利浦）到50%（先锋）不等。

在电子商务部门的最终调查报告中，欧盟委员会还发现在接受调查的零售商中，有超过十分之一的零售商在分销协议中遭受跨境销售限制。

2018年12月17日，欧盟委员会因服装公司Guess达成了阻止跨境销售的协议而对其处以近4000万欧元的罚款。Guess的分销协议试图通过限制零售商投放广告和跨境销售来阻止欧盟消费者在其他成员国购物。这使得Guess能够维持高零售价格，尤其是在中东欧国家。Guess与欧盟委员会充分合作，不仅承认其违法行为，而且提供了相关证据。Guess也因此获得了50%的罚款减免。①

欧盟委员会对Guess的处罚决定采纳了电子商务部门的调查结果。欧盟委员会启动了独立于电子商务部门调查的调查程序。此外，该处罚决定解决了与单一市场不相称的价格限制问题，并且补充了于2018年12月3日生效的《解决不合理地域屏蔽问题的条例》。②

欧盟国家援助规则助力欧洲政府推进宽带部署

欧盟委员会已经将“数字议程”目标和“千兆社会”目标③作为其战略优先目标。要实现2020年和2025年数字化单一市场互联互通目标，预计需要在未来10年累计投入约5000亿欧元。虽然该投资的绝大部分款项来

---

① Commission decision of 17 December 2018: antitrust case AT. 40428 *Guess*, available at http://ec. europa. eu/competition/elojade/isef/case_ details. cfm? proc_ code = 1_ 40428.

② Regulation (EU) 2018/302 of the European Parliament and of the Council of 28 February 2018 on addressing unjustified geo-blocking and other forms of discrimination based on customers' nationality, place of residence or place of establishment within the internal market and amending Regulations (EC) No 2006/2004 and (EU) 2017/2394 and Directive 2009/22/EC, OJ L 60I, 2. 3. 2018, pp. 1 - 15.

③ See https://ec. europa. eu/digital - single - market/en/news/communication - connectivity - competitive - digital - single - market - towards - european - gigabit - society. See also https://ec. europa. eu/digital - single - market/en/broadband - europe.

源于私人资金，但是仍然需要公共资金来确保农村和偏远地区“不掉队”。国家援助控制旨在保证此类公共投资不会挤走（计划中的）私人投资，并且确保公共融资基础设施向所有运营商开放竞标。在此背景下，2018 年，欧盟委员会根据《宽带指南》① 批准了一个巴伐利亚项目②——在 6 个城市部署高容量网络。这是欧盟委员会首次从实现千兆通信目标的角度考虑如何实施支持措施。试点地区的网络传输速度较以往有了大幅提升。因此，新网络将带来的重大改进符合千兆通信战略目标。

欧盟国家援助规则促使成员国一同支持欧洲共同利益重大项目

2014 年 6 月，欧盟委员会通过了《关于欧洲共同利益重大项目（IPCEI）的通报》③，旨在鼓励成员国支持对欧洲经济增长、就业和竞争力有明显贡献的项目。欧洲共同利益重大项目框架补充了其他国家援助规则，例如《一般集体豁免条例》④《研究、开发和创新框架》⑤（该框架实现了在支持创新项目的同时，限制潜在的竞争扭曲）等。这些规则使得开展突破性研究、创新和广泛共享成果成为可能，并且确保纳税人缴纳的资金真正使欧洲公民受益。

2018 年 12 月，欧盟委员会认定由法国⑥、德国⑦、意大利⑧和

---

① Communication from the Commission—EU Guidelines for the application of State aid rules in relation to the rapid deployment of broadband networks, OJ C 25, 26. 1. 2013, pp. 1 – 26.

② Case SA. 48418 *Bavarian gigabit pilot project v Germany*, available at http://ec. europa. eu/competition/elojade/isef/case_ details. cfm? proc_ code = 3_ SA_ 48418.

③ Communication from the Commission—Criteria for the analysis of the compatibility with the internal market of State aid to promote the execution of important projects of common European interest, OJ C 188, 20. 6. 2014, pp. 4 – 12.

④ See http://ec. europa. eu/competition/state_ aid/legislation/block. html#gber.

⑤ Communication from the Commission—Framework for State aid for research and development and innovation, OJ C 198, 27. 6. 2014, pp. 1 – 29.

⑥ Case SA. 46705 *IPCEI on Microelectronics v France*, available at http://ec. europa. eu/competition/elojade/isef/case_ details. cfm? proc_ code = 3_ SA_ 46705.

⑦ Case SA. 46578 *IPCEI on Microelectronics v Germany*, available at http://ec. europa. eu/competition/elojade/isef/case_ details. cfm? proc_ code = 3_ SA_ 46578.

⑧ Case SA. 46595 *IPCEI on Microelectronics v Italy*, available at http://ec. europa. eu/competition/elojade/isef/case_ details. cfm? proc_ code = 3_ SA_ 46595.

英国[①]共同提出的“微电子联合研究创新项目”符合欧盟国家援助规则和欧洲共同利益。欧盟委员会已经将微电子技术认定为对未来工业发展至关重要的六项关键扶持技术之一。[②]

这四个成员国将为该项目投资 17.5 亿欧元，旨在加强研究和开发能够被集成到大量下游应用中的创新技术和组件（例如芯片、先进光学设备、集成电路和智能传感器等）。这其中还包括消费者设备，例如家用电器和自动化车辆、商业和工业设备、用于电力驱动和能量储存的电池管理系统等。值得一提的是，该项目能够促进与物联网的广阔领域和联网汽车或无人驾驶汽车有关的下游研究和创新。该项目旨在带动 60 亿欧元的私人投资，并且预计于 2024 年完成。

四　欧盟竞争政策有助于实现欧洲能源和环境目标

欧盟委员会一直致力于建立一个能够自由、安全流动的欧洲能源联盟。可靠的能源供应、合理的价格（对企业和消费者来说）、对环境影响最小等都对欧洲经济至关重要。

国家援助助力“绿化”经济

国家援助规则在推广绿色、节能的电力生产方式和消费方式等方面发挥了关键作用。国家援助规则还能够支持供应安全所需的投资，同时使欧洲能源系统脱碳。从这一点来看，国家援助规则既可以帮助欧盟花费纳税人最少的钱，实现其野心勃勃的能源和气候目标，又不会过度扭曲单一市场中的竞争，同时也有助于欧盟实现《巴黎协定》的减排承诺：到 2030 年至少减排 30%。

2018 年，在可再生能源领域，国家援助规则的执行率仍然很高。欧盟委员会批准了 21 个支持可再生能源和节能发电厂的计划。因此，

---

① Case SA. 46590 *IPCEI on Microelectronics v UK*, available at http://ec.europa.eu/competition/elojade/isef/case_details.cfm?proc_code=3_SA_46590.

② See http://europa.eu/rapid/press-release_IP-18-6862_en.htm.

现在几乎所有成员国的可再生能源和热电联产（CHP）支持计划都获得了国家援助许可。例如，在佛兰德斯，高效的热电联产装置因节能而获得证书，经营者可以在市场上出售该证书，以在通常电力市场价格之外获得额外收入。①

2018 年，可再生能源领域中授予的国家援助许可均以 2014 年《关于环境保护和能源的国家援助指南》为依据。这一指南使越来越多的成员国能够通过具有竞争力的和技术中立的招标促进可持续能源的使用，并且将可再生能源纳入电力市场。这将降低整个电力系统中的消费者成本。例如，在丹麦于 2018 年批准的首个技术中性招标中，太阳能和向岸风能项目都获得了支持，并且价格创历史新低。

此外，2018 年 2 月 26 日，欧盟委员会批准了德国 7000 万欧元“电动公共汽车和充电基础设施建设”公共资助计划，预计于 2021 年底完成。② 为了获得资助，公共交通运营商必须确保其电动和插电式混合动力公共汽车以可再生能源作为发动机能源。2018 年 11 月 14 日，欧盟委员会批准了德国 1.07 亿欧元“更环保的公共汽车”公共资助计划，旨在针对 2016 年或 2017 年超过氮氧化物排放限值的约 90 个城市改造其用于公共客运的柴油公共汽车。③ 这两项措施符合欧盟环境目标和欧洲低排放流动性战略，以及助力城市逐渐使用零排放车辆和为这类车辆创造市场。

在规范电力市场的同时实现欧盟能源和气候目标

电力容量机制旨在确保供电安全。在通常情况下，电力供应商除了可以通过销售电力获得收入外，还可以获得容量机制的额外奖励——维持现有容量或投资保障供电安全所需的新容量的回报。但是，容量机制无法替代国家和欧洲层面上的电力市场改革。与此同时，成员国必须实

---

① See http://europa.eu/rapid/press-release_IP-18-821_en.htm.

② Case SA.48190 *Support scheme for the acquisition of electric buses for urban public transport*, available at http://ec.europa.eu/competition/elojade/isef/case_details.cfm?proc_code=3_SA_48190.

③ Case SA.51450 *Scheme for retrofitting diesel buses in local public transport*, available at http://ec.europa.eu/competition/elojade/isef/case_details.cfm?proc_code=3_SA_51450.

施市场改革，以应对市场和监管失灵，避免降低能源运营商根据欧盟脱碳目标扩充电力容量的动力。

在2016年关于电力容量机制的部门调查报告[①]中，欧盟委员会认定容量机制能够影响发电组合，特别是与脱碳工具相互作用。为提升非化石能源的发电能力，欧盟委员会建议容量机制的资格和分配标准应允许可再生资源和需求方运营商与其他容量提供者竞争。否则，容量机制可能会因供电安全而提高电价，进而危及脱碳目标。

2018年12月18日，欧洲议会和欧洲理事会就“全欧洲清洁能源一揽子计划”达成了一项政治协议。[②] 该一揽子计划是欧洲能源系统实现脱碳的重要一步。未来的容量机制将提高化石燃料碳排放的上限。此外，该一揽子计划提出了一项新的市场设计，旨在推出适当的投资激励措施并且促进电力部门可再生能源的进一步发展。

国家援助措施继续为欧洲公民和企业确保能源供应安全

2018年2月7日，欧盟委员会根据2014年《关于环境保护和能源的国家援助指南》批准了6个电力容量机制[③]，以确保比利时[④]、法国[⑤]、德国[⑥]、希腊[⑦]、意大利[⑧]和波兰[⑨]的供电安全。希腊另一个电力

---

① See http://ec.europa.eu/competition/sectors/energy/capacity_mechanisms_final_report_en.pdf.

② See https://ec.europa.eu/energy/en/topics/energy-strategy-and-energy-union/clean-energy-all-europeans

③ See http://europa.eu/rapid/press-release_IP-18-682_fr.htm.

④ Case SA.48648 *Belgian Strategic Reserve*, available at http://ec.europa.eu/competition/elojade/isef/case_details.cfm?proc_code=3_SA_48648.

⑤ Case SA.48490 *Specific demand response tender in France*, available at http://ec.europa.eu/competition/elojade/isef/case_details.cfm?proc_code=3_SA_48490.

⑥ Case SA.45852 *German capacity reserve*, available at http://ec.europa.eu/competition/elojade/isef/case_details.cfm?proc_code=3_SA_45852.

⑦ Case SA.48780 *Prolongation of the Greek interruptibility scheme*, available at http://ec.europa.eu/competition/elojade/isef/case_details.cfm?proc_code=3_SA_48780.

⑧ Case SA.42011 *Italian capacity mechanism*, available at http://ec.europa.eu/competition/elojade/isef/case_details.cfm?proc_code=3_SA_42011.

⑨ Case SA.46100 *Planned Polish capacity mechanism*, available at http://ec.europa.eu/competition/elojade/isef/case_details.cfm?proc_code=3_SA_46100.

容量机制于 2018 年 7 月 31 日被批准。[①] 欧盟委员会发现这 6 个国家所采取的措施有助于确保供电安全，同时又不会给消费者带来更高的电价或阻碍电力跨境流动，因此符合欧盟国家援助规则。

这 7 个电力容量机制被批准之后，超过一半的欧洲公民因此而受益。这些容量机制的类型各不相同，能满足每个成员国的特定需求。这 7 项决定对接了欧盟委员会的“能源联盟战略”——确保在欧洲提供安全、有竞争力的能源。

借助欧盟排放交易体系（ETS），国家援助规则为绝大多数的电力密集型产业降低了欧盟碳市场的间接成本，这对实现气候目标起到了关键作用。欧盟排放交易体系的核心原则是污染者要为其碳排放行为“买单”。但是，除了欧盟外，不是所有国家都适用这一原则。如果企业因为碳成本而将部分生产企业转移到欧盟外，将导致全球碳排放的增加。因为购买发电机没有免费补贴，而企业又不得不购买发电机，那么成本将被转嫁到消费者身上，导致电价上涨。为此，成员国可以部分补偿电力密集型消费者因排放交易体系所产生的间接成本。

2012 年，欧盟委员会通过了《排放交易体系国家援助指南》，为成员国给予消费者部分补偿可以构成 2012—2020 年交易阶段的国家援助设定了条件。2018 年 3 月 14 日，欧洲议会和欧洲理事会通过了《2021—2023 年交易阶段排放交易体系指令（修订版）》。该指令强调，成员国应当将补偿额度限制在排放交易拍卖收入的 25%。为此，欧盟委员会于 2018 年 12 月 20 日启动了《排放交易体系国家援助指南》的修订工作。

支持开放、统一的天然气和电力市场

为实现其在《巴黎协定》中设定的宏伟目标[②]，欧盟既需要提升可再生能源（例如风能、太阳能）在能源组合中的占比，也需要确保作

---

① See http://ec.europa.eu/competition/sectors/energy/state_aid_to_secure_electricity_supply_en.html.

② See https://ec.europa.eu/clima/policies/strategies/2030_en.

为灵活备用能源并且价格具有竞争力的天然气的可获得性。欧洲天然气市场的有效竞争不仅依赖于欧盟竞争规则的实施，而且取决于对天然气供应多样化的投资、目标明确的欧洲和国家能源立法及其正确实施。这些措施一同构建了欧洲能源联盟——欧盟委员会的关键优先事项。

2018 年，欧盟委员会根据能源联盟目标，立足于维护消费者利益，继续推动开放、竞争性能源市场的发展。

2018 年 5 月 24 日，欧盟委员会作出一项处罚决定，① 旨在消除俄罗斯天然气工业股份公司（以下简称“俄气公司”）为影响中东欧天然气自由流动而设置的障碍，并且要求俄气公司履行一系列义务。

俄气公司处罚决定：确保天然气以具有竞争力的价格保持自由流动

俄气公司是众多中东欧国家的主要天然气供应商。2015 年 4 月，欧盟委员会发布了一份“异议声明”，指控俄气公司涉嫌在保加利亚、捷克、爱沙尼亚、匈牙利、拉脱维亚、立陶宛、波兰以及斯洛伐克 8 个成员国，实施一项全面的垄断战略，旨在划分中东欧天然气市场，违反了欧盟反垄断规则。该战略使俄气公司可以在 5 个成员国（即保加利亚、爱沙尼亚、拉脱维亚、立陶宛和波兰）提高天然气价格。

为消除欧盟委员会的顾虑，俄气公司必须在未来 8 年里履行一系列旨在确保天然气以具有竞争力的价格在中东欧国家自由流动的义务。欧盟委员会于 2017 年 3 月对利益相关者开展了一项市场调查，而上述义务是根据调查对象的反馈设定的。

具体而言，俄气公司的义务包含四部分：第一，俄气公司的客户不再遭受跨境转售天然气的限制；第二，客户在指定俄气公司向何地输送天然气方面有更大灵活性（部分中东欧国家，即波罗的海诸国和保加利亚，由于缺乏互联互通，仍然与其他成员国相隔离）；第三，客户获得了一项有效工具，以确保其天然气价格能够反映竞争激烈的西欧天然

① Case AT. 39816 *Upstream gas supplies in Central and Eastern Europe*, Commission decision of 24 May 2018, available at http://ec.europa.eu/competition/elojade/isef/case_details.cfm?proc_code=1_39816.

气市场（尤其是液化天然气市场）的价格水平；第四，俄气公司不能利用天然气基础设施的任何优势。

这四项义务消除了欧盟委员会的顾虑并且实现了欧盟委员会确保天然气以具有竞争力的价格在中东欧国家自由流动的目标。欧盟委员会决定赋予这些义务（所谓“承诺”）以法律约束力，这意味着如果俄气公司没有履行任意一项义务，欧盟委员会都可以对其处以全球营业额10%的罚款。

2018 年 6 月 21 日，欧盟委员会展开了一项正式调查，① 以评估出口液化天然气（LNG）的卡塔尔石油公司与欧洲进口商间的供应协议是否阻碍了天然气在欧洲经济区内的自由流动，违反欧盟反垄断规则。卡塔尔石油公司是全球和欧洲最大的液化天然气出口商，约占欧盟液化天然气进口总量的 40%，在某些成员国的进口比例还要高。欧盟委员会将对卡塔尔石油公司向欧洲经济区供应液化天然气的长期协议（通常为 20 年或 25 年）是否包含地域限制以分割欧盟内部天然气市场一事展开进一步调查。

2018 年 12 月 7 日，欧盟委员会决定赋予德国电网运营商 TenneT 作出的承诺以法律约束力。TenneT 承诺将大力促进电力在丹麦和德国跨境自由流动。② TenneT 将确保电力生产商始终可以利用特定的保证容量，最终得以进入德国电力批发市场。该承诺完全符合欧盟委员会的宏伟目标：让欧洲能源市场更具竞争力和一体化，促使欧盟逐步使用更清洁、可再生的能源以造福消费者。

2018 年 12 月 17 日，欧盟委员会因保加利亚能源控股公司（BEH）、BEH 的天然气供应子公司 Bulgargaz 和 BEH 的天然气基础设施建设子公司 Bulgartransgaz（BEH 集团）阻碍竞争对手进入保加利亚的主要天然气基础设施建设领域，违反了欧盟反垄断规则，而对其处以

---

① Case AT. 40416 *LNG supply to Europe*, available at http: //ec. europa. eu/competition/elojade/isef/case_ details. cfm? proc_ code = 1_ 40416.

② Case AT. 40461 *DK v DE Interconnector*, Commission Decision of 7 December 2018, available at http: //ec. europa. eu/competition/elojade/isef/case_ details. cfm? proc_ code = 1_ 40461.

7700 万欧元的罚款。[①]

此外，欧盟委员会继续针对罗马尼亚电力传输系统运营商 Transgaz 涉嫌限制天然气出口一事展开调查。[②]

五 保护单一市场中的竞争

成功的全球性公司通常是在竞争充分的国内市场中凭借其业务专长和创新能力成长起来的。但是，有些公司可能会认为，并购能够帮助它们扩大规模、增强实力，以在欧洲和海外开展更有效的竞争。它们期望并购能够“强强联手”、带来规模效率或者促使其进入新的市场或地域。这些好处一旦实现，消费者也会受益。欧盟并购控制既允许企业通过收购其他企业来谋求自身发展，同时也为欧盟公民、企业维持了选择、高质量、创新和具有竞争力的价格。

农用化学品行业中的关键并购操作

种质和农药对农民和终端消费者都至关重要。欧盟委员会只有确保该行业的有效竞争，农民才能获得创新产品、更好的质量和具有竞争力的价格。在评估陶氏化学和杜邦公司[③]、先正达和中国化工[④]近年来在这一集中市场中的并购时，欧盟委员会评估了并购对竞争各方面可能产生的影响，包括农民的成本和创新。欧盟委员会的两项并购决定都是在深入审查拟议交易之后作出的。

2018 年 3 月 21 日，经过深入审查，欧盟委员会附条件地批准了拜

① Case AT. 39849 *BEH gas*, Commission decision of 17 December 2018, available at http://ec.europa.eu/competition/elojade/isef/case_details.cfm?proc_code=1_39849.

② Case AT. 40335 *Romanian gas interconnectors*, available at http://ec.europa.eu/competition/elojade/isef/case_details.cfm?proc_code=1_40335.

③ Case M. 7932 *Dow v DuPont*, Commission decision of 27 March 2017, available at http://ec.europa.eu/competition/elojade/isef/case_details.cfm?proc_code=2_M_7932.

④ Case M. 7962 *ChemChina v Syngenta*, Commission decision of 5 April 2017, available at http://ec.europa.eu/competition/elojade/isef/case_details.cfm?proc_code=2_M_7962.

耳公司根据《欧盟并购条例》收购孟山都公司的计划。[①] 并购条件是拜耳剥离价值超过 60 亿欧元的业务，以解决双方在种质、农药和数字农业等方面的业务重叠问题。

附条件批准拜耳收购孟山都：维护农用化学品行业的竞争和创新

拜耳（德国）和孟山都（美国）都是种质和农药行业的巨头。孟山都是全球最大的种质供应商，产品主要销往美国和拉丁美洲（只有不到 10% 的产品销往欧洲）。拜耳是全球第二大农药供应商，约 30% 的产品销往欧洲。拜耳还是大量农作物的重要全球种质供应商。

作为深入调查的一部分，欧盟委员会评估了 2000 余个不同产品市场，审查了 270 万份内部文件。值得一提的是，该市场调查确定了在农药、种质和性状、数字农业等领域可能引发的竞争问题。

为解决该竞争问题，欧盟委员会于 2018 年 3 月 21 日作出决定，要求拜耳将其价值 60 亿欧元的相关业务和资产（包括研发）出售给合适的买方。欧盟委员会认为，一揽子剥离方案使合适的竞争者能够可持续地取代拜耳在相关市场中的垄断地位并且能够继续创新，对所有欧洲人、消费者和农民、环境都有利。

2018 年 4 月 30 日，欧盟委员会根据《欧盟并购条例》附条件批准巴斯夫收购拜耳作物科学部分业务[②]——与拜耳/孟山都并购剥离承诺有关。

通过确保在这些集中市场中积极参与竞争的全球竞争者数量保持不变，欧盟委员会关于拜耳/孟山都并购案的决定维护了种质和性状、农药、数字农业等市场中的有效竞争和创新，并且就这些市场中的种质和农药供应商而言，农民依然拥有与以前一样多的选择。

这场并购创建了全球最大的综合性种质和农药公司。

---

① Case M. 8084 *Bayer v Monsanto*, Commission decision of 21 March 2018, available at http: //ec. europa. eu/competition/elojade/isef/case_ details. cfm? proc_ code = 2_ M_ 8084.

② Case M. 8851 *BASF v Bayer Divestment Business*, Commission decision of 30 April 2018, available at http: //ec. europa. eu/competition/elojade/isef/case_ details. cfm? proc_ code = 2_ M_ 8851.

鉴于拜耳和孟山都的经营活动遍布全球，欧盟委员会就此案与多家竞争主管机构（特别是美国司法部以及澳大利亚、巴西、加拿大、印度、中国、南非等国的反垄断主管机构）开展了密切合作。

除了竞争政策外，在种质和农药方面还有其他重要关切，包括消费者保护、食品安全、维持环境和气候的最高标准等。在拜耳收购孟山都之后，关于上述问题的现有国家和欧洲监管标准依旧严格并且将继续适用。

维护欧洲钢铁市场中的有效竞争

钢铁是众多欧洲工业和产品的重要原料，欧洲钢铁行业在遍布 23 个成员国的 500 多个生产基地中雇用了约 36 万人。

2018 年 5 月 7 日，经过深入审查，欧盟委员会附条件批准了安赛乐米塔尔公司（欧洲和全球最大的碳素扁钢生产商）收购伊尔瓦公司。[①] 并购条件是安赛乐米塔尔执行一揽子剥离方案，以维护欧洲钢铁市场中的有效竞争，使消费者和企业受益。

欧盟委员会附条件批准安赛乐米塔尔收购伊尔瓦

安赛乐米塔尔公司总部位于卢森堡，控制着整个欧洲的钢铁生产网络；而伊尔瓦公司的主要生产经营地点位于意大利，其建于塔兰托的钢铁厂是欧洲最大的单点集成式碳素扁钢厂。安赛乐米塔尔收购伊尔瓦创建了欧洲最大的钢铁制造商。

作为深入调查的一部分，欧盟委员会审查了 80 多万份内部文件，参考了超过 200 个活跃在各个行业（例如建筑、汽车制造、家用电器、地铁等）的制造商的反馈意见。这些制造商依靠具有竞争力的钢铁价格与进口商在单一市场乃至全球市场中展开竞争。

为解决在热轧、冷轧以及镀锌碳素扁钢领域可能引发的竞争问题，安赛乐米塔尔提议将其遍布欧洲的钢铁厂出售给一个或多个与其有长期竞争关系的买方。

---

① Case M. 8444 *ArcelorMittal v Ilva*, Commission decision of 7 May 2018, available at http: //ec. europa. eu/competition/elojade/isef/case_ details. cfm? proc_ code = 2_ M_ 8444.

欧盟委员会认定上述承诺维护了欧洲钢铁市场中的竞争，不会导致钢铁价格上涨，符合欧洲制造业和消费者的利益。安赛乐米塔尔收购伊尔瓦必须严格遵守该承诺。

可以看到，并购控制与欧盟保护其钢铁业竞争秩序免受第三国不公平贸易行为扭曲的果断行动“携手并进”。欧盟委员会考虑到了欧洲钢铁行业的忧虑，也考虑到了钢铁是众多欧洲企业的生产原料。目前，欧盟对钢铁产品的进口采取了多种贸易防御措施，其中包括来源于中国、俄罗斯、印度等国的钢铁产品。还有几项针对钢铁产品的贸易防御调查正在进行中。此外，欧盟委员会还参加了钢铁产能过剩全球论坛，该论坛旨在解决全球钢铁产能过剩问题，并且制定具体的政策解决方案。

伊尔瓦被安赛乐米塔尔收购同样有助于加快推进塔兰托地区的紧急环境清理工作。正如意大利政府与欧盟委员会于2016年至2017年商定的那样，这项重要的去污染工作应当毫不迟疑地继续进行，① 以保护邻近人口的健康和环境。

在根据国家援助规则开展的另一项调查中，2017年12月21日，欧盟委员会认定意大利在2015年给予伊尔瓦公司的两笔贷款属于非法和不相容的国家援助。② 欧盟委员会要求意大利向伊尔瓦追回8400万欧元的不当收益。

欧盟委员会对西门子拟议收购阿尔斯通案展开深入调查

火车及其信号引导设备对欧洲交通至关重要。2018年7月13日，欧盟委员会根据《欧盟并购条例》对西门子公司拟议收购阿尔斯通公司案展开了深入调查。③

西门子（德国）和阿尔斯通（法国）是铁路运输行业的全球领先

---

① Since 2013, the Commission has been pursuing infringement proceedings against Italy for failure to ensure that Ilva complies with EU legislation on environmental standards.

② Case SA. 38613 *Aid to Ilva*, Commission decision of 21 December 2017, available at http: //ec. europa. eu/competition/elojade/isef/case_ details. cfm? proc_ code = 3_ SA_ 38613.

③ Case M. 8677 *Siemens v Alstom*, available at http: //ec. europa. eu/competition/elojade/isef/case_ details. cfm? proc_ code = 2_ M_ 8677.

企业。无论是从企业规模还是从企业经营的地域范围来看，该项拟议交易将实现欧洲经济区两大轨道车辆和信号系统供应商的合并。

欧盟委员会担心并购将损害相关市场中的竞争，尤其是影响火车（轨道车辆）和铁路信号系统的供应。这将导致更高的价格、更少的供应商选择和创新产品，损害火车运营商、基础设施管理者以及数百万每天依靠铁路交通通勤或出游的欧洲人的利益。欧盟委员会认为，在可预见的将来，新竞争对手（包括潜在的中国供应商）将很难进入欧洲经济区轨道车辆或信号系统市场。

欧盟委员会将就上述顾虑展开进一步调查，以确认并购交易可能对竞争带来的影响。欧盟委员会认为，并购将损害铁路信号系统市场和超高速列车市场中的竞争，而西门子和阿尔斯通均未提出足以消除欧盟委员会上述顾虑的补救措施。2019 年 2 月 6 日，欧盟委员会根据《欧盟并购条例》禁止西门子收购阿尔斯通。[①]

创造有竞争力的运输市场

有竞争力和高效的运输行业有助于维护运行良好的单一市场，推进可持续增长战略，促进开放经济融入全球市场。

2018 年航空运输量迎来大幅增长，这部分得益于航空公司和机场之间的激烈竞争。维护航空运输行业的有效竞争仍是优先事项。在机场方面，欧盟委员会通过了一项决定，认定将雅典埃莱夫塞里奥斯·韦尼泽洛斯国际机场（以下简称“雅典国际机场”）的特许权延长 20 年不构成国家援助。[②] 该决定是在特许权使用费由 4.84 亿欧元（测算依据是不符合行情的财务和商业参数）上涨到 11.15 亿欧元之后作出的。考虑到价格上涨，欧盟委员会认定延长特许权不会构成国家援助，因为雅典国际机场将投入足够的资金来维持运营。

2018 年 11 月，欧盟委员会根据《欧盟运行条约》（TFEU）第 101 条对全球领先的两大计算机化预订系统供应商——Amadeus 公司[③]和

① See http://europa.eu/rapid/press-release_IP-19-881_en.htm.

② See http://europa.eu/rapid/press-release_IP-18-6785_en.htm.

③ Cases AT.40617 *Airline ticket distribution* (*Amadeus*), available at http://ec.europa.eu/competition/elojade/isef/case_details.cfm?proc_code=1_40617.

Sabre 公司[①]提起诉讼。欧盟委员会反垄断调查的重点是机票分销服务市场中可能存在限制竞争的行为。欧盟委员会担心该限制竞争行为阻碍创新、抬高机票分销成本，最终导致旅客机票价格上涨。

在航空业方面，在柏林航空公司破产的背景下，欧盟委员会允许其强有力的竞争对手及时收购柏林航空公司，这将维护并且促进德国和奥地利各大机场之间的竞争，对使用这些机场的许多欧洲乘客有利。[②] 鉴于向经济困难的航空公司提供国家援助将扭曲竞争，因此，欧盟委员会就意大利政府于 2017 年向意大利航空公司提供的 9 亿欧元过桥贷款一事展开正式调查。[③]

六 在银行业联盟背景下增强金融业弹性

金融业的总体稳定和银行业联盟监管框架的逐步实施减少了公共预算的干预，因此该领域新的国家援助案件数量有所减少。此外，欧盟委员会可以结束对 10 家银行履行以往国家援助决定中承诺义务的监督，了结一些长期遗留案件。

2018 年，欧盟委员会批准了德国北方银行的免援助私有化。该私有化经历了一个开放、竞争的过程，最终以正价出售该行，并且需要重组以恢复该行的长期生存能力。[④] 斯洛文尼亚遵守其于 2018 年被欧盟委员会批准的修订承诺，出售了其持有的 NLB 集团 65% 的股份。[⑤] 该出售行为是欧盟委员会评估 2013 年 NLB 集团国家援助决定的可行性的一个关键因素。欧盟委员会将继续监督斯洛文尼亚履行其余承诺。

---

① Case AT. 40618 *Airline ticket distribution* (*Sabre*), available at http://ec. europa. eu/competition/elojade/isef/case_ details. cfm? proc_ code = 1_ 40618.

② See http://europa. eu/rapid/press - release_ IP - 17 - 5244_ en. htm, http://europa. eu/rapid/press - release_ IP - 17 - 5402_ en. htm, and http://europa. eu/rapid/press - release_ IP - 18 - 4494_ en. htm.

③ See http://europa. eu/rapid/press - release_ IP - 18 - 3501_ en. htm.

④ Case SA. 52288 *Germany*, Commission decision of 26 November 2018, available at http://ec. europa. eu/competition/elojade/isef/case_ details. cfm? proc_ code = 3_ SA_ 52288.

⑤ Case SA. 33229 *Slovenia*, Commission decision of 10 August 2018 available at http://ec. europa. eu/competition/elojade/isef/case_ details. cfm? proc_ code = 3_ SA_ 33229.

尽管欧盟银行业的弹性有所提高，但部分金融业仍然面临遗留问题，这些问题（尤其是一些成员国的不良贷款率很高）在银行业联盟框架建立之前就已经存在。对此，欧盟委员会金融业国家援助控制将继续发挥中枢作用。

2018 年，欧盟委员会批准对塞浦路斯合作银行（塞浦路斯第二大银行）的破产清算提供援助，并且同意其剩余实体停业。[①] 该决定使这家已经两度接受国家援助的银行有序地退出市场，并且消除了塞浦路斯国内银行系统中 30% 的不良贷款。欧盟委员会还批准了塞浦路斯的“家园”（ESTIA）计划，帮助那些无力偿还贷款并且可能因此失去自住房的家庭和微型企业逐步偿付借款。[②]

此前，欧盟委员会于 2016 年 2 月批准了意大利政府担保计划，以促进不良资产证券化（GACS），随后该计划延期至 2019 年 3 月初。[③] 根据 GACS 计划，意大利银行将对不良资产证券化交易中的优先级投资者提供国家担保。GACS 计划为清除意大利银行系统中的不良贷款作出了重要贡献：自该计划生效至 2018 年 11 月中旬，GACS 计划支持的 17 项不良资产证券化交易总额占同期意大利不良贷款净减少总额的 60%（不良贷款总额约为 510 亿欧元）。

七　确保税收领域的公平竞争环境

打造欧盟单一市场的关键在于为企业创造公平的竞争环境，在税收领域也是如此。例如，成员国不能只给予跨国集团税收优惠（通常是当地企业无法获得的税收优惠），因为这会严重扭曲竞争。

---

① Case SA. 35334 Cyprus, Commission decisions of 19 June 2018 and 28 August 2018, available at http://ec. europa. eu/competition/elojade/isef/case_ details. cfm? proc_ code = 3_ SA_ 35334.

② Case SA. 49554 Cyprus, Commission decision of 3 December 2018, available at http://ec. europa. eu/competition/state_ aid/cases/276985/276985_ 2032224_ 96_ 2. pdf.

③ Case SA. 51026 (2018/N) Italy, Commission decision of 31 August 2018 available at http://ec. europa. eu/competition/elojade/isef/case_ details. cfm? proc_ code = 3_ SA_ 51026.

欧盟委员会继续打击选择性税收优惠

2018 年 6 月 20 日，欧盟委员会认定，根据欧盟国家援助程序，卢森堡给予天然气和电力供应商 Engie 公司的税收待遇是非法的，并且不符合欧盟国家援助规则。[①] 因此，卢森堡需要向 Engie 公司追回 1.2 亿多欧元。

选择性税收优惠：Engie 案

自 2016 年 9 月启动深入调查之后，欧盟委员会认定卢森堡发布的两项税收裁定人为地、无任何正当理由地降低了 Engie 公司在卢森堡近 10 年的税负。

Engie 公司分别在 2008 年和 2010 年为卢森堡 Engie 集团旗下的两家公司——Engie 液化石油气供应公司和 Engie 财务管理公司，搭建了两个复杂的集团内部融资结构。这其中涉及 Engie 液化石油气供应公司和 Engie 财务管理公司，以及卢森堡 Engie 集团旗下另外两家公司之间的三角交易。

根据欧盟委员会的调查，卢森堡针对 Engie 作出的税收裁决对该集团公司间相同的交易进行了前后不一致的处理：一笔认定为债务；另一笔认定为股权交易。该税收裁决没有反映经济实质，人为地降低了 Engie 的税负。Engie 因此在近 10 年的时间里只针对其在卢森堡产生的部分利润缴纳了企业所得税，税率仅为 0.3%。

基于此，欧盟委员会认定该税收裁决给予了 Engie 选择性税收优惠。申言之，该裁决让 Engie 免于针对 Engie 液化石油气供应公司和 Engie 财务管理公司在卢森堡产生的 99% 利润缴纳税款。欧盟委员会要求卢森堡向 Engie 补征 1.2 亿欧元税款。

欧盟委员会认同卢森堡政府修订税法，并且使相关规则与 OECD 税基侵蚀和利润转移项目[②]相符等立法举措。这其中还应包括修订《企业

① Case SA. 44888 *Aid to Engie*, Commission decision of 20 June 2018, available at http://ec.europa.eu/competition/elojade/isef/case_details.cfm?proc_code=3_SA_44888.

② See http://www.oecd.org/tax/beps/.

所得税法》，对可转换为股权的贷款产生的利润进行征税。但该修订不影响 Engie 实施的三角交易。

欧盟国家援助规则禁止成员国仅对部分企业给予不公平的税收优惠。成员国不得在同一套法律体系中区别对待经营情况相同的公司。这种区别对待将扭曲竞争并且违反了欧盟国家援助规则。此外，欧盟国家援助规则要求成员国撤回非法和不相容的国家援助，以消除该援助造成的竞争扭曲。欧盟国家援助规则没有设定罚款，因此撤回援助不会处罚相关企业，只是重塑了企业间的公平竞争格局。

2018 年 9 月 19 日，欧盟委员会认定卢森堡对麦当劳部分利润的免税不构成非法国家援助。[①] 该免税待遇符合卢森堡税法和《卢森堡—美国双重征税协定》，并非给予麦当劳选择性税收优惠，而是卢森堡税法和美国税法二者不协调的结果。因此，欧盟委员会认定卢森堡没有违反欧盟国家援助规则。

在上述使税收法律与 OECD 税基侵蚀和利润转移项目相符的修订工作中，卢森堡完善了其税法中常设机构的界定标准。根据 2019 年 1 月 1 日生效的新规定，在特定条件下，卢森堡有权要求国外的应税实体向其提交相关证明，证实已在国外纳税。

2018 年 12 月 19 日，欧盟委员会认定，一方面，直布罗陀于 2011 年至 2013 年对利息和特许权使用费免征企业所得税，给予了跨国公司非法税收优惠；[②] 另一方面，直布罗陀发布的 5 项税收裁决，给予了荷兰有限合伙企业选择性税收优惠。受益人必须向直布罗陀补缴约 1 亿欧元的税款。

在欧盟委员会调查期间，直布罗陀修订了税法，以完善税收裁决程序和转移定价规则、强调纳税义务（例如提交年报、在裁决申请中提

---

① Case SA. 38945 *Alleged aid to Mc Donald's v Luxembourg*, Commission decision of 19 September 2018, available at http://ec. europa. eu/competition/elojade/isef/case_details. cfm? proc_code = 3_SA_38945.

② Case SA. 34914 *UK v Gibraltar Corporate Tax regime (ITA 2010)*, Commission decision of 19 December 2018, available at http://ec. europa. eu/competition/elojade/isef/case_details. cfm? proc_code = 3_SA_34914.

供有用信息等）以及提升税收透明度。新规则于 2018 年 10 月生效。

欧盟委员会将继续调查荷兰发布的有利于宜家国际集团的税收裁决，[①] 以及英国针对跨国公司的征税计划。[②]

欧盟委员会针对成员国税收裁决的调查是有效的

如果一项税收裁决仅确认了同一集团内部公司之间的合法税收安排，那么该裁决并不会违反欧盟国家援助规则。但是，如果一项税收裁决给予了某一公司选择性税收优惠，并且会扭曲欧盟单一市场中的竞争，那么该裁决就违反了欧盟国家援助规则。

成员国在执行欧盟委员会上一年度关于补征税款的决定方面已取得重大进展，这实际上阻止了公司继续从非法税收优惠中获益。2018 年 5 月，卢森堡向亚马逊公司补征了超过 2.6 亿欧元的税款以及 2100 万欧元的利息。2018 年 10 月，卢森堡向 Engie 公司补征了超过 1.2 亿欧元的税款以及 100 万欧元的利息。同月，爱尔兰撤回了对苹果公司非法和不相容的国家援助，追回了 131 亿欧元的援助资金以及 12 亿欧元的利息。上述案件所涉资金暂时统一放在托管账户中，在欧盟法院正在审理的"欧盟委员会决定上诉案"结果公布之后再作处置。

八 合力培育全球竞争文化

随着全球经济一体化的程度日益加深，越来越多的企业依赖全球价值链，今天的竞争主管机构比以往任何时候都需要加强合作，并且需要就共同标准和执法程序达成共识。竞争规则的有效实施依赖于主管机构之间的紧密合作。当某一公司的商业行为损害了不同国家，甚至不同大洲的竞争时，只有执法机构通力合作才能恢复公平竞争。

欧盟委员会一直倡导双边和多边竞争执法合作。早在 2001 年，欧

---

① Case SA. 46470 *Potential aid to IKEA v NL*, available at http: //ec. europa. eu/competition/elojade/isef/case_ details. cfm? proc_ code =3_ SA_ 46470.

② Case SA. 44896 *Potential State aid scheme regarding United Kingdom CFC group financing exemption*, available at http: //ec. europa. eu/competition/elojade/isef/case_ details. cfm? proc_ code =3_ SA_ 44896.

盟委员会就作为创始成员国加入了 ICN，该组织目前已有 130 个成员国。欧盟委员会还积极参与所有讨论竞争问题的国际论坛。例如，OECD、UNCTAD、WTO 以及世界银行（World Bank）等组织举办的各种论坛。①

在双边层面上，欧盟委员会通过将竞争规则和国家援助条款纳入其对外签订的自由贸易协定，营造国际一流竞争环境。2018 年，欧盟委员会继续分别与智利、墨西哥、南方共同市场、阿塞拜疆、突尼斯、印度尼西亚、安道尔、摩纳哥、圣马力诺等国谈判，并且启动了与澳大利亚、新西兰、吉尔吉斯斯坦和乌兹别克斯坦等国的谈判工作。2018 年底，欧盟与瑞士就《体制框架协议》的文本内容达成共识，该协议包含了国家援助规则。此外，欧盟委员会根据协定或谅解备忘录，与许多第三国竞争主管机构开展了广泛的合作。2018 年 6 月，欧盟委员会与墨西哥签署了一项行政安排。

2018 年，欧盟委员会竞争总司在竞争政策和执法行动方面开展了诸多合作，包括与中国国家市场监督管理总局（SAMR）就国家援助控制展开对话。2018 年，中国国务院进行了机构改革，国家市场监督管理总局由此成立。将商务部反垄断局、国家发展和改革委员会、国家工商行政管理总局以及国家发展和改革委员会公平竞争审查处等职责整合，组建国家市场监督管理总局。欧盟委员会竞争总司已与国家市场监督管理总局在 5 起并购案件中开展合作，并且应邀针对国家市场监督管理总局发布的《禁止滥用市场支配地位行为暂行规定》发表了意见。此外，双方在技术层面探讨了如何完善公平竞争审查制度。

欧盟委员会一如既往地致力于培育影响深远的竞争文化，塑造全球公平竞争环境，使企业能够凭各自实力展开公平竞争。作为欧盟关于 WTO 现代化的概念文件的一部分，2018 年欧盟委员会继续努力完善多边补贴规则。其主要目的是提高透明度、更好地应对有害补贴问题并且妥善解决国有企业问题。此外，欧盟委员会继续积极响应解决补贴问题的行业倡议，例如钢铁行业补贴问题（G20 钢铁产能过剩全球论坛）、

---

① For additional and more detailed information, see Part I of the Commission Staff Working Document accompanying this Report.

半导体行业补贴问题（半导体行业区域支持指南）以及造船业补贴问题（OECD）等。最后，欧盟委员会继续与各成员国就国际补贴政策交换意见，并且协调双边和多边的国际补贴政策。

维持机构间的定期磋商和建设性对话

欧洲议会、欧洲理事会和咨询委员会对欧盟公民和利益相关者负有特殊职能，它们是竞争政策对话的主要参与者。

2018 年 4 月，Vestager 专员与议会全体成员就竞争政策取得的总体成就交换了意见。10 月，Vestager 表示竞争有利于提升欧盟工业的竞争力。11 月，Vestager 与议会一同见证了新指令的定稿，新指令旨在使成员国竞争主管机构能够更有效地执行欧盟竞争规则。此外，Vestager 分别与经济与货币事务理事会（6 月和 10 月）以及工业、研究与能源委员会（7 月）进行了专题辩论。欧盟委员会竞争总司总干事 Johannes Laitenberger 于 5 月视察了经济与货币事务理事会竞争工作组。10 月，欧盟委员会竞争总司副总干事 Carles Esteva Mosso 与经济与货币事务理事会进行了筹备性辩论。此后，Johannes Laitenberger 于 11 月与经济与货币事务理事会全体成员交换了意见。

同往年一样，欧洲议会通过了关于欧盟委员会竞争政策年度报告的决议。欧洲议会批准了一个强有力的竞争政策，以保持内部市场的完整性，并且给予公民实惠的价格、多样化选择和创新产品。秉承这一精神，欧盟委员会在 2018 年努力查处非法卡特尔行为、企业滥用市场支配地位行为，做好对内部市场并购以及国家援助的审查。

2018 年，欧洲议会积极参与打击逃税、避税的行动。欧洲议会希望国家援助控制能够有效解决跨国企业的选择性税收优惠问题。2018 年，欧盟委员会继续在这一领域采取重要行动,[①] 并且系统地分析了所有成员国在税收裁定中采信的证据。

欧洲议会敦促欧盟委员会继续在控制金融业国家援助方面发挥关键作用，以确保向银行提供的援助维持在最低必要限度内，并采取适当措施使银行恢复生存能力，尽量减少内部市场的竞争扭曲。一直以来，欧

① For detailed information, see Chapter 2 of this Report.

盟委员会都赞同欧洲议会有关削减金融业国家援助的计划，并且将继续向其他机构解释其在该领域采取行动的原因。

2018 年 4 月，欧洲议会组织了一场关于数字经济的听证会。欧洲议会呼吁欧盟委员会认真思考如何在网络社会中保持其竞争执法的与时俱进。3 月，Vestager 专员任命了 3 名特别顾问，就未来将影响市场和消费者的数字化进程以及数字化进程对竞争的影响向他们征求意见。为此，欧盟委员会启动了一场关于数据、算法和数字经济其他方面重要性的磋商，并且欢迎有关各方发表意见。欧洲议会下设的经济和货币事务委员会支持上述举措。

2018 年 7 月，Vestager 专员与欧洲议会成员就竞争执法如何提升欧洲工业竞争力交换了意见。Vestager 认为，企业之所以想要实施并购，是因为它们想凭借其平价产品在全球市场中占据一席之地。秉承这一精神，欧盟委员会继续调查大型企业并购对竞争的影响，并且感谢欧洲议会对其行动的大力支持。

鉴于欧盟 85% 的反垄断罚款决定是由成员国竞争主管机构作出的，因此很有必要提高成员国竞争主管机构执法行动的有效性。2018 年 12 月，欧洲议会和欧洲理事会签署了一项指令，要求成员国赋予其国内竞争主管机构有效的调查权和执法工具以保护其国内竞争，使国内竞争主管机构能够对反竞争行为处以具有威慑力的罚款，并且协调各成员国的宽恕政策。欧盟委员会向欧洲议会保证将认真审查各成员国是否全面有效地执行了该指令。为响应欧洲议会的号召，欧盟委员会还指出，临时措施可能成为竞争执法的关键工具，以确保调查过程中竞争不受到损害。为了让成员国竞争主管机构更好地应对日新月异的市场带来的挑战，欧盟委员会承诺将在新指令颁布实施的两年过渡期内尝试找出能够简化临时措施审批程序的方法，并且同意将最终结果提交欧洲议会和欧洲理事会。

欧盟委员会意识到欧洲议会和欧洲理事会都非常重视整个“食物链”的有效竞争。基于此，在最近的并购决定中，包括农用化学品行业的拜耳/孟山都并购案、美国化工公司陶氏化学/杜邦并购案、中国化工/先声达并购案等，欧盟委员会均以实质性资产剥离作为批准并购方案的附加条件。欧盟委员会将继续调查百威英博公司可能限制其啤酒平行进口至比利时一事。欧盟委员会还发布了《生产组织及其在橄榄油、牛肉、小牛肉和农作物行业的活动》研究报告，旨在更好地了解农民在建立生产组织时面临的挑战。这能够帮助农民提高其在“食物链”中的地位。

2018 年，Vestager 专员和欧盟委员会竞争总司通过完善竞争政策为搭建欧盟下一个多年度财政框架作出了贡献。Vestager 出席了欧盟竞争力委员会于 3 月举办的会议，在下一个多年度财政框架引发热议的背景下，她阐释了国家援助规则应如何适应初创企业和中型企业的成长。2018 年底，欧洲议会和欧洲理事会批准了欧盟委员会提交的《欧洲理事会第 2015/1588 号条例》修正案，以免除成员国实施国家援助需事先通知欧盟委员会的义务。

欧洲议会、欧洲理事会和欧盟委员会还讨论了在欧盟下一个多年度财政框架下加强竞争执法的必要性。12 月，欧洲议会下设的经济和货币事务委员会批准了竞争方面的单一市场计划。经济和货币事务委员会认为欧盟委员会应长期投资开发 IT 设备，以增强竞争执法的有效性、支撑国家与国际竞争主管机构之间的合作网络以及加强沟通，确保整个欧盟遵守欧洲竞争规则。

欧盟委员会竞争总司的代表还与经济和货币事务委员会交换了意见。经济和货币事务委员会认可欧盟委员会主要竞争执法工作。经济和货币事务委员会也十分支持国家援助领域的欧洲理事会条例的实施。

英国根据《欧洲联盟条约》第 50 条启动脱欧程序

英国根据《欧洲联盟条约》第 50 条启动脱欧程序后，欧盟委员会随即着手处理英国脱欧事宜。欧盟委员会竞争总司也参与其中，工作内容涉及与其职能相关的诸多方面（例如并购、反垄断和国家援助等）。此外，欧盟委员会竞争总司支持欧盟委员会工作组根据《欧洲联盟条约》第 50 条与英国就脱欧协议开展谈判。

欧盟委员会给欧洲议会、理事会、经社委员会和地区委员会的通讯：欧盟贸易政策审议

——开放、可持续和更加坚定自信的贸易政策*

European Commission: Trade Policy Review—An Open, Sustainable and Assertive Trade Policy

章凯琪　张琨　杨昆灏译，叶斌校**

一　经济转型和地缘政治不稳定时期的欧洲贸易政策：为2030年的世界做准备

贸易是欧盟十分有力的工具之一，是欧洲经济繁荣和竞争力的核心，支撑着充满活力的内部市场和欧盟坚定自信的对外行动。由于贸易体制的开放性，欧盟是世界上最大的农产品和工业制成品及服务贸易者，并且在对内和对外的国际投资中均居于首位。得益于共同商业政策，欧盟在全球舞台上以一个声音说话。这是欧盟独特的工具。

---

* 本文取自COM（2021）66 final，布鲁塞尔，2021年2月18日。

** 章凯琪，中国社会科学院大学欧洲研究系2019级博士研究生，研究方向：欧盟法；张琨，中国社会科学院大学欧洲研究系2017级硕士研究生，研究方向：欧盟法；杨昆灏，中国社会科学院大学欧洲研究系2018级硕士研究生，研究方向：欧盟法；叶斌，中国社会科学院欧洲研究所欧盟法研究室主任，副研究员，国际法学博士。

面对新的内部和外部挑战，以及“欧洲绿色新政”和“欧洲数字战略”中所设想的更可持续的新增长模式，欧盟需要新的贸易政策战略——支持实现其对内和对外政策目标，促进与联合国可持续发展目标承诺的一致性。在从新冠病毒肺炎疫情中复苏、经济绿色和数字化转型，以及在世界上建立更具韧性的欧洲中，贸易政策必须全面发挥作用。

为谋划2030年的世界贸易政策，必须作出正确的政策选择，这意味着要考虑最近的政治、经济技术、环境和社会变化，以及由此产生的全球趋势。①

> 2017—2019年实施的限制措施对贸易的影响已经高于2009—2016年，国际货币基金组织认为，在当前尤其疲弱的情况下，贸易紧张局势对全球经济仍构成严重风险。（IMF Strategy，Policy and Review Department（2020），Developments in Global Trade Policy: Broadening Conflict May Hinder Recovery，October 1，2020）

全球不确定性因政治和地缘经济紧张局势而加剧。与采取国际合作和多边治理相反，单边主义持续加码，其结果是破坏或绕过多边机制。这些趋势源于几个方面的发展。

第一，全球化、技术演变和全球价值链的建立对经济和社会产生了两方面的影响。一方面，它们创造了巨大的效率，推动了世界许多地区持续的和以贸易为主导的经济增长。这使数以百万计的人口摆脱贫困。另一方面，这些发展有时会产生强烈的破坏性影响，导致不平等现象加剧，使某些个人和社会跟不上发展。原本指望的暂时性成本调整，有时却成为生活水平、就业机会或工资以及其他工作条件方面的长期损失。在许多情况下，政府被认为在经济调整和减轻负面影响方面的响应不够。② 这导致去全球

---

① 欧盟委员会《2020年战略预测报告》分析了新冠病毒肺炎疫情对一些相关趋势动态的影响，参见2020 Strategic Foresight，COM（2020）493 final。欧盟委员会《2021年战略预测报告》将重点关注开放的战略自主。

② 在欧盟层面，“欧洲全球化基金”旨在为此类矫正成本提供支持，参见Regulation（EU）No 1309/2013 of the European Parliament and of the Council of 17 December 2013 on the European Globalisation Adjustment Fund（2014－2020）and Repealing Regulation（EC）No 1927/2006. 欧盟将通过一部新条例，允许该基金继续支持丧失行动能力的工人和自营职业者。

化的呼声，以及内向和孤立主义反应的出现。

第二，中国的迅速崛起，展现其全球野心和追求独特的“国家资本主义”模式，已从根本上改变了全球经济和政治秩序。这对既有的全球经济治理体系造成越来越大的挑战，并且影响着欧洲企业在全球和内部市场上的公平竞争环境。[①]

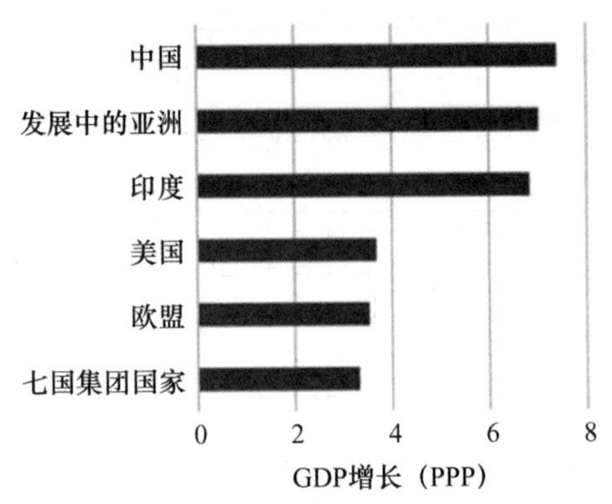

图1　2010—2025年的GDP增长（%）

Source：IMF WEO.

第三，气候变化加速，以及生物多样性丧失和环境退化，伴随着可见的破坏性影响，使人们认识到绿色转型是我们这个时代的决定性目标。

“欧洲绿色新政”是欧盟的新增长战略，它有助于重新调整经济政策，以更好地应对21世纪的挑战。它的总体目标是在2050年前过渡到气候中立、环境可持续、资源高效以及具有韧性的经济，以及在2030年前至少减少55%温室气体排放量，并且保护、维持和增强欧盟自然资本的雄心。因此，它将成为我们竞争力背后的驱动力量，使经济逐步而深刻地转型，这反过来将对贸易模式产生重大影响。

绿色转型需要与社会公平同步进行。在世界许多地区的全球供应链

① 这一挑战在能源密集型行业尤其明显，特别是在钢铁行业，需要全球解决方案来解决全球市场的巨大失衡。这种失衡对欧洲企业产生负面影响，并破坏了生态系统的成功绿色转型。

中存在严重的“体面劳动赤字”,[①] 包括从严重侵犯结社自由到恶劣的工作条件。[②] 剥夺工人的基本权利会使全球社会条件恶化，并使人们对全球化和开放贸易不再抱持幻想。

第四，数字化转型是可持续发展的另一个重要推动力，也是竞争和多边治理不足的领域。在迈入“数字十年”之际，支持欧洲的数字化转型是对内和对外政策的重点，包括贸易政策和工具在内。同时，贸易的性质将继续演变。它将更加注重创新驱动和知识产权保护，并且与货物贸易相比，服务贸易的作用将进一步增强。[③] 服务业不仅对价值链（金融服务、电信、信息技术、运输和物流）作出直接贡献，更重要的是它们被纳入产品制造中。经济的服务化和数字技术的兴起创造了高收入和高质量的工作，推动了经济增长。

新冠病毒肺炎疫情加速并将注意力集中于这些转变上，同时也带来了挑战。它突显了各经济体的相互关联性，即依赖于稳定和可预测的国际规则和具有韧性的运输渠道。它揭示了全球合作和信任破裂的风险，还引发了关于对内和对外供应来源多样化以及建立战略生产能力和储备方面的正确政策组合的问题。它还表明，在危机局势中扩大医疗卫生产品生产的重要性，以及开展合作以确保较脆弱人口公平获得的必要性。此外，它还使得政府对经济的支持和参与度大大增加，这对挽救医疗卫生企业和保护就业是必要的。但从长远来看，这可能不可持续且会引发紧张关系。

第五，需要将全球的经济前景纳入考虑中。欧盟仍将是全球性的经济力量，是可持续增长的领导者。经合组织最新的长期预测显示，未来

---

① 据国际劳工组织（ILO）估算，全球每年仍有2500万人从事强迫劳动，存在1.52亿童工受害者，278万名工人死于与工作有关的事故或疾病。（Global estimates of modern slavery: forced labour and forced marriage, ILO (2017); Global Estimates of Child Labour, ILO (2017) and ILO website.）

② Commission Staff Working Document: Promote decent work worldwide, SWD (2020) 235 final.

③ 2016年，将货物和服务贸易均考虑在内，80%的欧盟进口和82%的欧盟出口源于知识产权密集型产业，参见IPR-intensive Industries and Economic Performance in the European Union, Industry-Level Analysis Report, joint EPO/EUIPO study, 3nd edition, September 2019.

10 年欧元区的实际 GDP 将以每年 1.4%（年复合增长率）的速度增长。[①] 然而，这些增长前景将因其他地区的发展而黯然失色，欧洲在国际经济中的相对地位也将发生变化。预计到 2024 年，全球 85% 的 GDP 增长将来自欧盟以外。中国的持续崛起将对未来 10 年全球经济发展产生重大影响——据经合组织预测，中国 GDP 将以每年 4.7% 的速度增长。

欧盟的贸易政策必须考虑到这些全球趋势和挑战，以反映“在世界范围内建立一个更强大的欧洲”的政治雄心，[②] 同时应当回应利益相关者的期望，这在与成员国的讨论、欧洲议会通过的决议[③]以及公众咨询所表达的意见[④]中已经有所体现。

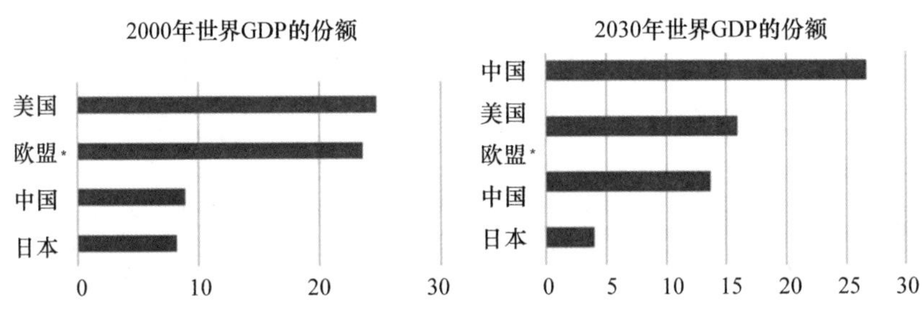

图 2　2000 年和 2030 年世界 GDP 份额（%）

资料来源：OECD Real GDP Long Term Forecasts.

二　贸易政策支持欧盟开放的战略自主

（一）开放的战略自主

一个更强大和更具韧性的欧盟需要跨越多个政策领域采取对内和对外的联合行动，调整并使用所有贸易工具以支持欧盟利益和政策目标。它要求在与合作伙伴交往时发挥我们的优势。“开放的战略自主”满足

---

① OECD（2020），Real GDP long – term forecast（indicator）.

② Political guidelines for the next European Commission 2019 – 2024.

③ European Parliament resolution on the EU Trade Policy Review（2020/2761（RSP）.

④ https：//trade. ec. europa. eu/consultations/index. cfm? consul _ id = 266&utm _ source = dlvr. it&utm.

了这一需求。开放的战略自主①强调欧盟有能力做出自己的选择并通过领导力和接触来塑造周边世界，体现其战略利益和价值观。它反映了欧盟的基本信念，即应对当今挑战需要更多而不是更少的全球合作。这进一步表明，欧盟将继续从国际机遇中受益，坚定捍卫自身利益，保护欧盟经济免受不公平贸易行为的侵害，并确保公平的竞争环境。最后，它意味着支持内部政策以增强欧盟的经济，并且强化欧盟在推进以规则为导向的全球贸易治理体系改革中的全球领导者地位。

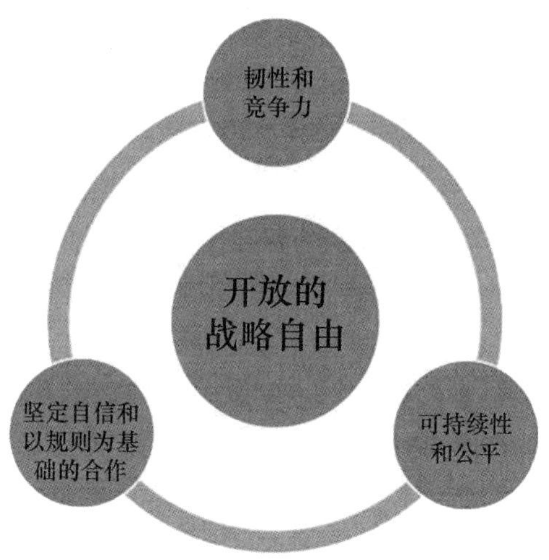

图 3　欧盟的政策选择

开放的战略自主是一种政策选择，也是决策者的一种心态。它建立在开放的重要性基础上，重申欧盟对开放和公平贸易与建立运行良好、多样化和可持续的全球价值链的承诺。它包括：

- 以韧性和竞争力来增强欧盟的经济。
- 可持续性和公平，反映欧盟采取负责任和公平行动的必要性。
- 坚定自信和以规则为基础的合作，以展示欧盟对国际合作和对话的偏好，同时做好打击不公平实践和必要时使用自主工具追求自身利益的准备。

---

① Europe's Moment：Repair and Prepare for the Next Generation，COM（2020）456 final.

(二)开放与接触是一种战略选择

欧盟建立在对内和对外开放的基础上。它是世界上最大的货物和服务出口方和进口方。在大型经济体中，欧盟的贸易占经济的比重最大。欧盟的出口为欧盟提供了3500万个工作岗位，高于2000年的2000万个。[①] 欧盟经济同样依赖进口提供的关键原材料和其他投入品。60%的欧盟进口实际用于生产欧盟商品。自1995年欧盟加大对进口的开放力度以来，其收入增加了约5500亿欧元。欧盟也是低收入国家的主要出口目的地，尤其是非洲国家及欧盟邻国。这有助于促进全球发展和经济增长。正如上次经济和金融危机之后一样，贸易对于欧盟从新冠病毒肺炎疫情所导致的经济衰退中实现绿色复苏至关重要。

> 2019年，欧盟出口了价值超过3.1万亿欧元的商品和服务，进口了2.8万亿欧元的商品和服务。两者合计，使欧盟成为世界贸易舞台上最大的行为体。

为增强欧盟的韧性并保持各经济部门的竞争力，我们需要确保开放和不被扭曲地进入国际市场，包括新的市场准入和开放的贸易流通，以有利于我们的产业、工人和公民。欧盟的产业生态系统涵盖了价值链的所有参与者，从农民、制造商到服务提供商，从全球跨国公司到中小企业和初创企业，这在欧盟经济的国际化中发挥着关键作用。

欧盟也是世界上最大的“促贸援助”提供者。[②] 新冠病毒肺炎疫情加强了全面实施“2017年欧盟促贸援助联合战略”的必要性。事实上，

---

① 贸易总司所做的内部统计基于Arto, I., Rueda - Cantuche, J. M., Cazcarro, I., Amores, A. F., Dietzenbacher, E. Kutlina - Dimitrova, Z. and Romaán, M. V., EU exports to the World: Effects on Employment, Publications Office of the European Union, Luxembourg, 2018, ISBN 978 - 92 - 79 - 93283 - 0, doi: 10.2760/700435, JRC113071. https://trade.ec.europa.eu/doclib/docs/2018/november/tradoc_ 157516.pdf.

② “促贸援助”(Aid for Trade)旨在支持发展中国家利用贸易作为减少贫困的手段。《2030年可持续发展议程》中“可持续发展目标”(SDGs)8.a提到，增加促贸援助，尤其是对最不发达国家的援助。SDG17包括努力增加发展中国家的出口，尤其是最不发达国家的出口。

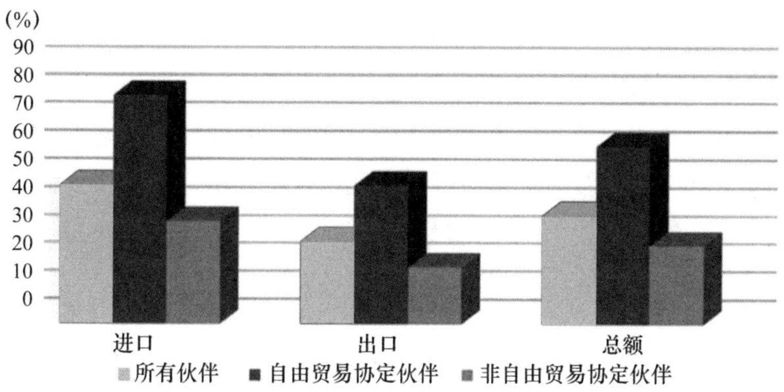

图4　2015—2020年贸易增长率

资料来源：Eurostat COMEXT.

由于许多脆弱的发展中国家在地理上临近欧盟，欧盟在支持其融入世界经济一体化方面具有战略利益。

> 欧盟是全球范围内74个国家的第一大贸易伙伴。它是亚洲、非洲、美国、西巴尔干地区及其邻国的第一大贸易伙伴。

欧盟必须充分利用开放性和单一市场的吸引力所带来的力量。对于国际合作、多边主义和以规则为基础的秩序而言，欧盟在国际舞台上的开放和接触使其成为可信赖的支持者，这反过来对欧盟的利益也是至关重要的。欧盟与伙伴们合作，以确保遵守普世价值，尤其是促进和保护人权。这包括核心劳工标准和符合“欧洲社会权利支柱”的社会保护，以及性别平等、[1] 抗击气候变化和生物多样性的丧失。

只有通过开放、全球接触和合作，才能应对气候变化和其他的环境挑战。欧盟仅凭一己之力无法赢得应对气候变化的斗争。为了取得成功，必须促使我们的伙伴认识到，绿色转型不仅在发展中期是必要的，而且已经成为当今明智的经济政策。欧盟需要利用其开放性，与其伙伴接触，尤其是与最大的排放国和污染国接触，以使它们致力于公平分担

① 参见 Gender Equality Strategy 2020 - 2025 and the Gender Action Plan III。

减缓气候变化的责任。不仅如此，保护生物多样性也是一项全球挑战，需要全球努力。

开放和接触是一种战略选择，也符合被广泛理解的欧洲联盟的自身利益。开放带来繁荣、竞争力和活力。同时，开放的经济需要与果断的行动结合起来，以缓解和适应气候变化，保护环境，加强社会和劳工政策，并回应欧盟公民的期望。只有这样，我们才能推广开放的好处，并促进适应全球经济转型，以确保无人掉队。

(三) 增强价值链的韧性和可持续性

增强欧盟经济及供应链的韧性和可持续性及其供应链，是推动欧盟开放的战略自主的重要支柱。①

新冠病毒肺炎疫情考验了全世界各经济体的韧性。从危机中得出的第一个教训是，大多数供应链都表现出了显著的韧性。在适当的条件下，企业能够增加全球生产和销售，尤其是企业能够依靠开放的供应链，得到稳定、可预测和透明的贸易规则的支持。② 各国政府对创造这样的环境负有特殊责任，但也要支持公平和公正地分配那些需求大于供给的供应品。在这方面，国家之间以及政府和私营部门之间的信任至关重要。因此，欧盟坚决支持在二十国集团、世界贸易组织和双边关系中作出的全球努力，以监测关键供应链，保持它们的开放和不受干扰，确保公平和公正地获得关键货物。这一点在推出新冠病毒疫苗的背景下尤为重要，因为有限国家生产的疫苗需要满足整个世界的需求。欧盟打算加强与其他国家和私营部门的合作，以扩大生产，促进疫苗的公平获取。欧盟将确保，任何旨在获取疫苗的短期措施不会扰乱脆弱国家的供应，并以针对性的、公平和透明的方式实施。富有韧性和可持续的运输在促进国际贸易和维护欧盟的供应链方面发挥着关键作用。发展欧盟的互联互通可以提高欧盟贸易的韧性，并保持欧盟作为全球互联互通枢纽

---

① 欧盟委员会通过了首份战略预测报告（Strategic Foresight Report），该报告强调，在本届委员会议程中，作为新冠病毒肺炎疫苗的结果，韧性是欧盟所有政策的新导向。

② 经合组织的分析工作证实，全球价值链不仅使经济效率最大化，而且具有韧性的供应链在危机时期对于吸收冲击、提供调整和加速复苏的机会至关重要。可比较 Shocks，risks and global value chains：insights from the OECD METRO model，June 2020.

的地位，正如《可持续和智能交通战略》所认可的那样。

- 当需求空前增长时，以口罩为例，贸易开放是扩大替代供应来源范围的关键。
- 透明度也十分重要，因为它有效地提高了食品供应链的韧性，农业市场信息系统（AMIS）可有助于缓解对粮食供应安全的担忧。危机防务在农业部门尤其重要。
- 不应低估贸易限制措施使发展中国家脱离全球价值链的风险。

鉴于新冠病毒肺炎疫情危机的规模及其对于包括生产和交通在内的经济和社会生活各个方面的影响，某些部门和产品的中断是不可避免的。与医疗相关的关键产品的需求量急剧增加，同时又因封锁或限制性措施而出现供应短缺，这暴露了卫生部门的脆弱性。需要对这些弱点进行认真分析，并在今后加以有效解决。解决办法包括从危机防备到生产和供应链的多样化，确保战略储备，以及促进包括在邻国和非洲的生产和投资。

在评估风险和平衡“及时”生产与适当保护方面，私营部门可发挥核心作用。它是在面对供应中断或需求冲击时保持韧性的一个关键因素，尤其是在公司依赖单一供应商的情况下。

决策者还需要加深对脆弱性的了解，分享信息并促进合作。委员会在确定战略依赖性方面的工作，尤其是在卫生等十分敏感的工业生态系统中的工作，将为确定必要的政策回应及为与该行业的接触奠定坚实的基础。这项工作将支持实施新的“制药战略”① 和制定最新的产业政策战略。

贸易政策可以通过以下方式提升韧性，即提供稳定的和以规则为基础的贸易框架，开放新的市场以实现供应来源的多样化，并推动形成公平和公正地获得关键供应品的合作框架。在该背景下，欧盟正与其伙伴在世界贸易组织内推行一项贸易和卫生倡议。

---

① Pharmaceutical Strategy for Europe，COM（2020）761 final.

增强供应链的韧性也与欧盟促进供应链更可持续的目标密切相关，尤其是通过在全球价值链上推广可持续性标准。[①] 贸易政策也可以通过促进负责任的商业行为和提高供应链的透明度和可追溯性，来推动这一目标的实现。即将出台的关于可持续公司治理和森林砍伐的立法，将是这方面的重要里程碑。

(四) 贸易政策支持欧盟地缘政治利益

在支持多边主义[②]和以规则为基础的国际秩序方面，与伙伴的密切合作非常重要。现行国际经济治理框架正受到破坏。如果持续下去，那么将对经济关系和贸易，以及对被我们视为常态的安全和稳定产生影响。由于这些原因，支持有效的和基于规则的多边主义事关欧盟的重要地缘政治利益。因此，必须在欧盟优先议题的大背景下看待世界贸易组织改革，即确保正常运行的全球机制来支持全球经济复苏、体面的工作、可持续发展和绿色转型。欧盟应加强发展盟友的工作以支持有效的多边机制。在这方面，欧盟将加强与美国、渥太华集团、非洲国家、印度和中国的对话。

欧盟需要在新的全球多极秩序中运行，这个新秩序打上了主要行为体关系持续紧张的印记。欧盟应推行缓和紧张局势的方法，并在基于规则的现代化框架之上寻求解决方案。与此同时，欧盟需要为自己配备各种工具，以便在必要时能在更具敌意的国际环境中运行。

跨大西洋关系是世界上最大以及最具经济意义的伙伴关系。它根植于共同的利益和价值观。[③] 美国新政府提供了一个共同努力改革世界贸易组织的机会，包括增强世界贸易组织应对竞争扭曲和促进可持续发展的能力。这也为双方经济的绿色和数字化转型提供了密切合作的新前景。因此，欧盟将优先加强与美国的伙伴关系。

---

① 参见经合组织关于新冠病毒肺炎疫情和负责任商业行为文件，http：//www. oecd. org/coronavirus/policy – responses/COVID – 19 – and – responsible – business – conduct – 02150b06。

② 也可比较 Joint Communication on strengthening the EU's contribution to rules – based multilateralism.

③ Joint Communication to the European Parliament, the European Council and the Council, "A new EU-US agenda for global change," JOIN (2020) 22 final.

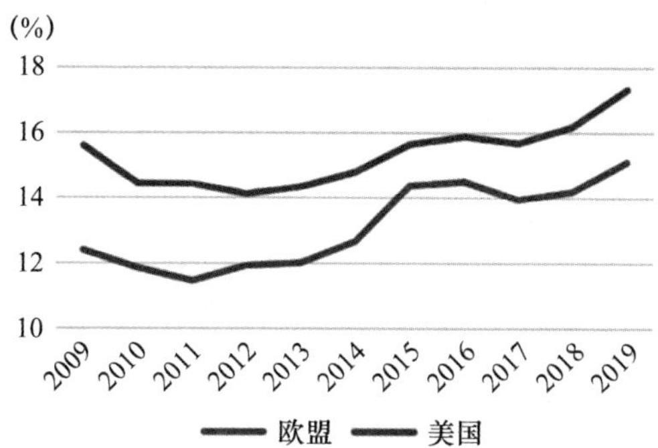

图 5 欧盟—美国：双边（货物）贸易额占对外（货物）贸易总额的比重

资料来源：IMF dots.

欧盟与中国的贸易和投资关系是重要的，也是具有挑战性的。[①] 欧盟的政策是基于双边和多边层面的积极接触，以及同时发展和实施保护欧盟基本利益和价值观所必需的自主工具——完全履行其国际承诺。与中国建立更加公平和基于规则的经济关系是优先事项。欧盟重新平衡双边贸易关系的核心，是确保中国在国际贸易中承担更多的义务，并同时应对其国家资本主义经济制度所造成的负面效应。最近双方在政治上完成《全面投资协定》谈判，这是上述努力的一部分。批准《全面投资协定》的工作，要求双方为了协定的有效实施，在市场准入、公平竞争环境承诺和可持续发展方面保持接触。

从更广泛的战略角度来看，欧盟加强与欧洲内部及周边国家的关系，并深化与非洲大陆和非洲国家的深度接触，将是非常重要的。两大洲之间有着多元的文化、经济和政治联系。非洲的稳定和繁荣对欧盟的稳定和繁荣至关重要，这需要两大洲更紧密的经济一体化来支持，并与非洲共同推动绿色和数字转型。

为协助实现自身的全球地缘政治雄心，欧盟将需要使其关系多样化，并与志同道合的伙伴建立同盟，包括通过欧盟广泛的贸易协定网

① Joint Communication to the European Parliament, the European Council and the Council, "EU-China—A Strategic Outlook," JOIN (2019) 5 final.

络。通过每一个当前和未来协定，这个网络对于加强欧盟与合作伙伴之间的关系至关重要。欧盟自由贸易协定是追求欧盟价值观和利益的密切合作平台。它们是与世界各地重要市场和国家，特别是亚太地区、拉丁美洲和加勒比地区接触的基础。

三 中期贸易政策指南

（一）中期贸易政策的三个核心目标

欧盟贸易政策应关注以下三个核心目标：

第一，支持欧盟经济复苏和根本转型，实现绿色和数字化目标。

在努力复苏的背景下，欧盟贸易政策应继续发挥其核心作用，以创造机会和经济福利的方式促进商品和服务的交换。必须关注公民、工人和企业的福利。与此同时，欧盟的贸易政策应该帮助欧盟经济实现绿色和数字化转型。它应该在各个方面明确支持“绿色新政”，包括树立在2050年前实现气候中立的雄心。与此同时，欧盟的长期竞争力、繁荣和全球地位将取决于其接受和利用数字化转型的能力。因此，绿色和数字化转型应成为多边和双边贸易政策的关键优先议题。如果欧盟想在该领域内制定所必要的规则方面保持并提升其影响力，那么就需要形成一种更具战略性的国际监管合作方式。这要求在贸易政策和欧盟内部政策之间进行更紧密的政策整合。

第二，为更加可持续和公平的全球化制定规则。

全球贸易规则迫切需要更新，以反映当今的经济环境和全球社会面临的挑战。让全球化更加可持续和实现公平，应该成为贸易政策的根本动力，以实现欧洲和世界各国人民的期望。欧盟贸易政策应该利用一切可利用的工具来支持社会公平和环境可持续性。

领导世界贸易组织改革的进程并提升多边贸易治理框架的有效性，应作为欧盟实现这一目标的关键优先议题。加强稳定性和基于规则的贸易将是欧盟行动的中心支柱，因为只有在这样的环境中，贸易和国际合作才能朝着有利于全球可持续发展的方向前行。与此同时，必须确保这些规则能够回应当前的经济现实，并为回应竞争扭曲行为和确保公平竞争环境做好准备。

第三，加大欧盟维护自身利益和实现权利的能力，包括在必要时自主执行的能力。

贸易协定谈判是创造经济机会和促进可持续发展的重要手段；执行这些协定和执行其中所包含的权利和义务将更为重要。这将包括确保欧盟拥有可以使用的正当工具，以保护工人和企业免受不公平做法的损害。这也意味着要加大努力，确保欧盟贸易协定中可持续发展章节的有效实施和执行，以提升全球的社会、劳工和环境标准。通过加强协定的实施和执行，欧盟的贸易政策为企业发展、成长和创新创造条件；并在欧洲和其他地区提供高质量的就业机会。支持多边主义和开放合作，与欧盟积极维护自身利益和实现权利并不矛盾。欧盟应根据其国际承诺，在应对不公平贸易行为或其他敌对行为时强化其工具箱。

（二）实现欧盟中期目标的六个关键领域

为了实现上述三个目标，欧盟委员会将专注于以下六个领域。对于每一个领域，下文分别详细说明委员会将在当前任期内完成的若干首要行动。

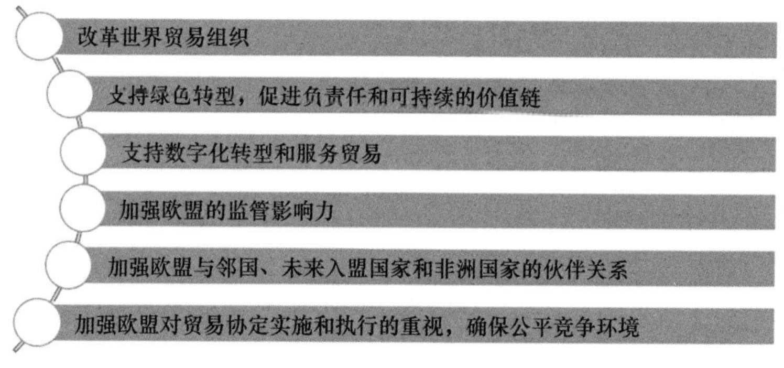

图 6　欧盟中期目标的六个关键领域

1. 改革世界贸易组织

自 1995 年成立以来，世界贸易组织为其成员带来了巨大利益。它提供了一个稳定和可预期的贸易环境，促进了全球贸易的迅猛发展，并提供了一个通过裁判解决贸易争端的框架。然而，世界贸易组织目前正面临着一场危机，并且未能达成应对全球贸易挑战的谈判结果。它解决贸易争端的能力没有发挥出来。此外，它的监督体系需要改进，以确保透明度或防止贸易壁垒。

欧盟委员会计划推动世界贸易组织所有职能的改革。

必须更新和改进世界贸易组织的规则和实践，以反映当下的贸易现实。这应以其成员的共同目标为基础：经济的复苏和发展，环境和社会的可持续性。规则的现代化以及改善世界贸易组织的运行——包括通过开放的双边协议——对于应对竞争扭曲行为以及为数字和可持续贸易提供协商一致的框架至关重要。

对于以规则为基础的体系，其可信度关键取决于一个独立的和被普遍接受的贸易争端裁决制度，因此，恢复争端解决机制至关重要。

附件一《改革世界贸易组织：迈向可持续和高效的多边贸易体系》列出了欧盟对世界贸易组织改革优先议题的观点。

欧盟委员会还将在其他平台上推动多边改革，例如通过联合国国际贸易法委员会建立多边投资法院。

首要行动

欧盟委员会将采取的行动是：

第一，寻求达成世界贸易组织第一轮改革方案，着重加强世界贸易组织对可持续发展的贡献，并且为了避免因国家干预扭曲竞争而启动强化规则的谈判。在世界贸易组织改革问题上，将优先加强跨大西洋合作。

第二，通过改革上诉机制，努力恢复世界贸易组织争端解决机制的全面运行。

2. 支持绿色转型，促进负责任和可持续的价值链

正如“欧洲绿色新政”所反映的那样，应对气候变化和环境恶化是欧盟的首要议题。欧盟的所有政策都应为此做出贡献，但是有关的进展将取决于全球合作伙伴、大排放国和污染者是否准备好加大减排力度。贸易政策将发挥重要的支持作用。

欧盟委员会在未来十年的决心是，确保贸易工具伴随并支持全球向

气候中立的经济转型，包括加速对清洁能源的投资，促进循环、负责任和可持续的价值链。这包括促使（企业采取）负责任的商业行为，尊重环境、人权和劳工标准。同时，这也意味着为可持续发展的产品和服务创造条件和机会。

要实现这一愿景，就需要在各个层面——多边、双边和自主采取行动。

应当建立一个完善的多边框架，以支持向气候中立、环境友好型和有韧性经济的绿色转型。欧盟将与志同道合的国家合作，在世界贸易组织框架内推动订立强有力的环境议程。作为上述努力的一部分，欧盟将在世界贸易组织的各项职能中，提出推动气候和可持续性考虑因素的倡议和行动，包括贸易和气候倡议。这些倡议将包括某些商品和服务的自由化、透明度以及“促贸援助”的绿色化；还应包括逐步发展有关化石燃料补贴的规则并将推动世界贸易组织就贸易如何支持体面工作和社会公平进行磋商。

欧盟庞大的双边贸易协定网络促进了绿色技术、货物、服务和投资的贸易。除了提供雄心勃勃的贸易和可持续发展章节外，可持续性维度还继续反映在欧盟贸易和投资协议的许多其他方面。它们支持推广清洁和更高效的生产方法和技术，并为绿色产品和服务创造市场准入机会。它们有助于确保欧盟的可再生能源产业进入第三国市场，并确保原材料和能源产品的贸易和投资不受扭曲，以为气候中立经济转型提供必要的供应。此外，它们为我们在气候变化、生物多样性、循环经济、污染、清洁能源技术（包括可再生能源和能源效率）以及向可持续的粮食系统转型等问题上与伙伴进行合作提供了一个重要平台。对于未来的贸易协定，欧盟委员会将增加一个关于可持续粮食系统的章节。欧盟还将提议，把尊重《巴黎协定》视为未来贸易和投资协定的基本要素。此外，与二十国集团国家缔结贸易和投资协定，应基于尽快实现气候中立的共同目标，并与政府间气候变化专门委员会（IPCC）的建议保持一致。根据《巴黎协定》提交的国家自主贡献（NDCs）也应适当反映这一雄心。欧盟还将在贸易和投资协定中将有效实施《生物多样性公约》作为优先事项。

欧盟贸易和投资协定，以及普惠制（GSP）在促进尊重核心人权和劳工权利方面也发挥了重要作用，这些权利反映在国际劳工组织（ILO）的基本公约中。未来将特别优先重视这些承诺，包括将打击童工的行动作为欧盟委员会确保对童工零容忍的更广泛行动的一部分。即将对普惠制（GSP）进行审查的主要目标之一，是进一步增加发展中国家的贸易机会以减少贫困，并根据国际价值和原则（如劳工和人权）创造就业机会。

欧盟委员会将在现有和未来协定的所有章节的执行过程中进一步强化其可持续性。根据首席贸易执法官（CTEO）收到的投诉，将加强实施贸易和可持续发展的承诺。进一步的行动将在2021年“15点行动计划”的前期审议中予以考虑，该计划是关于推动贸易协定中贸易和可持续发展章节（TSDs）的有效实施和执行。审议将包括执行和实施贸易和可持续发展章节的所有相关方面，包括承诺的范围、监测机制、对不守约施加制裁的可能性、基本要素条款以及机构设置和所需资源。

此外，自主措施正在支持这一目标，以确保贸易是可持续的和负责任的，并与欧盟的总体目标和价值观相一致。“碳边界调整机制”（CBAM）就是一个很好的例子。为了避免自身气候政策的有效性因碳泄漏而受到破坏，欧盟委员会正在制定关于“碳边界调整机制”的提案。另一个例子是欧盟委员会打算提出处理毁林和森林退化问题的立法提案。确保供应链可持续和负责任的一个重要因素，将是欧盟委员会关于可持续公司治理的立法提案，包括环境、人权和劳工权利的强制性尽职调查。根据影响评估，这将包括有效的行动和执行机制，以确保强迫劳动不能存在于欧盟公司的价值链中。

新的全球人权制裁机制也将在确保遵守人权方面发挥作用。通过这个制度，欧盟为自己配备了一个框架，将允许欧盟针对个人、实体和机构——包括国家和非国家行为体——参与或与涉及全球严重侵犯和滥用人权的行为负责。①

---

① 欧盟制裁是用于促进“共同外交安全政策”（CFSP）目标的关键工具，欧盟可以用来为避免冲突而施加干预，以及回应潜在或当前危机（Communication from the Commission to the European Parliament, the Council, the European Central Bank, the European Economic and Social Committee and the Committee of the Regions – The European economic and financial system: fostering openness, strength and resilience; COM/2021/32 final）。

进口产品必须符合欧盟相关条例和标准。如上所示，在世界贸易组织规则规定的特定情况下，欧盟可以要求进口产品符合特定的生产要求，这是适当的。全球贸易规则旨在确保一个可预测和非歧视的贸易框架，同时保障每个国家根据其社会偏好（所采取）的监管权。对进口产品适用生产要求的合法性，是建立在保护全球环境或回应道德关切需要的基础之上的。欧盟在考虑对进口产品采取此类措施时，将充分尊重世界贸易组织规则，特别是非歧视和比例原则，以避免对贸易造成不必要的干扰。

欧盟委员会将率先开展制定可持续发展标准的工作，并根据“欧洲绿色新政”制定国际标准。同时委员会将与合作伙伴开展合作，制定和实施同样雄心勃勃的规则。

首要行动

欧盟委员会将争取新的行动是：

第三，在世界贸易组织内采取促进气候和可持续性考虑的倡议和行动。

第四，寻求二十国集团伙伴在气候中立方面的承诺，加强在绿色新政其他方面的合作，如生物多样性、可持续粮食政策、污染和循环经济，并建议将尊重《巴黎协定》作为未来所有协定的基本要素。

第五，通过2021年“15点行动计划”的前期审议，提升贸易协定中可持续发展章节的有效实施和执行。审议的结果将反映到当前和未来的谈判中。

第六，通过一项关于强制性尽职调查的立法提案，促进可持续和负责任的价值链，包括有效的行动和执行机制，以确保强迫劳动不能存在于欧盟公司的价值链中。为了缩短时间，欧盟委员会将为欧盟企业提供指导，协助其采取已符合国际尽职调查指南和原则的适当措施。

3. 支持数字化转型和服务贸易

欧盟的贸易政策必须有助于创造一个使欧盟的服务提供者能够创新和成长的环境。作为一项优先事项，需要更新国际规则的全球框架。

在数字领域，激烈的全球竞争将重塑全球经济关系。只有以一种外向型的方式构建数字化议程，并充分考虑到竞争的日益激烈，以及有时会对欧盟基于价值观的数字化方式构成挑战的全球环境，欧盟才能成功实现数字化转型。贸易政策将在欧盟实现其数字化转型目标中发挥重要的作用。欧洲企业越来越依赖于数字服务。数据是许多企业的生命线，也是欧盟供应链的关键组成部分。出于保持竞争力的需要，数字技术提高了效率收益，[①] 但也改变着传统工业部门。欧洲企业需要在这些领域保持并提高竞争地位。与此同时，数字化转型和新兴技术的发展对欧洲的安全与价值具有重要意义，这需要从内部和外部认真筹划政策方式。新数字技术的影响，包括人工智能，需要通过在全球范围内制定更雄心勃勃的全球标准和规则加以应对。

> 欧盟在服务贸易方面排名世界第一。[②] 服务贸易占欧盟 GDP 的 25%，服务出口每年超过 9000 亿欧元。服务贸易还直接或间接地为欧盟提供了 2100 万个就业机会。
>
> 在欧盟对世界其他地区的所有外国直接投资中，服务业占 60%，而在进入欧盟的外国直接投资中，服务业占近 90%。

支持欧洲的数字议程是欧盟贸易政策的优先议题。目标是确保欧盟在数字贸易和技术领域的领先地位，其中至为重要的是通过促进创新来实现。欧盟应该继续引领数字标准和监管方法，特别是在数据保护方面。欧盟《数据保护通用条例》通常被视为灵感的来源。[③] 为了实现这

---

① 数据资料的获取及诸如产品通行证的新发展也可以进一步释放产品的价值，并为最大化循环价值提供重要信息，但这类数据往往没有随着价值链传递。

② https://data. oecd. org/trade/trade - in - services. ht.

③ Proposal for a Regulation of the European Parliament and of the Council on a Single Market for Digital Services (Digital Services Act) and amending Directive 2000/31/EC - COM (2020) 825 final; and Proposal for a Regulation of the European Parliament and of the Council on contestable and fair markets in the digital sector (Digital Markets Act) - COM/2020/842 final, and Regulation (EU) 2016/679 of the European Parliament and of the Council of 27 April 2016 on the protection of natural persons with regard to the processing of personal data and on the free movement of such data, and repealing Directive 95/46/EC (General Data Protection Regulation; GDPR).

一目标，世界贸易组织需要为数字贸易制定规则，欧盟需要在创制规则方面发挥核心作用。一旦达成协议，欧盟应支持进一步开展世界贸易组织的双边谈判，以便在电子商务以外的服务领域实现贸易自由化。

欧盟需要加强双边接触并且与志同道合的伙伴就与贸易相关的数字议题加强双边合作并探索更强有力的合作框架。欧盟将寻求与志同道合的伙伴深化监管对话。

数据问题对欧盟的未来至关重要。就跨境数据传输以及禁止数据本地化要求而言，欧盟委员会将遵循在欧洲价值观和利益的基础上开放但坚定自信的方法。欧盟委员会将努力确保其产业能够从国际数据自由流动中受益，同时完全遵循欧盟数据保护规则和其他公共政策目标，包括公共安全和公共秩序。特别是，欧盟将继续应对数据流动的不合理障碍，同时保留其在数据保护和隐私领域的监管自主。[①] 为了更好地评估跨境数据流动的规模和价值，欧盟委员会将创建一个衡量数据流动的欧洲分析框架。

首要行动

欧盟委员会将采取的行动是：

第七，寻求迅速达成一项雄心勃勃和全面的世界贸易组织数字贸易协议，包括数据流动规则，它应完全符合欧盟的数据保护框架，并且纳入提升消费者信任的条款，确保高水平的消费者保护。

第八，与志同道合的伙伴就数字贸易相关问题，探讨开展更紧密监管合作的可能性。

4. 加强欧盟的监管影响力

有能力影响推动具有全球意义的监管和标准发展，是一项重要的竞争优势。

几十年来，欧盟一直是这一前沿事务的领导者。欧盟支持诸如国际标准化组织（ISO）和特定行业国际论坛等国际标准制定机构的工作。这些努力将帮助欧洲企业进入全球市场、消除贸易壁垒并为监管一致性

① 正如欧盟与英国签订的《贸易与合作协定》中数字贸易标题所体现的。

提供支持。这种方式与其市场规模一起，使欧盟在国际标准化方面具有强大的影响力。在某些情况下，还在全球供应链中使得人们自愿采用欧盟高标准、监管规则和政策目标。欧洲出口商，包括中小企业在内，从欧盟强有力的监管影响力中获得了全球范围内的显著竞争优势。

但是，由于新监管力量的崛起以及技术的迅速发展，这些情况常常来自欧盟以外，欧盟的相对权重正在下降。

欧盟要加强在这一领域的影响力，需要进行更有战略意义的国际监管合作方式，特别是在绿色和数字化转型方面。欧盟在制定新规则时需要采取更积极主动的立场，以便更好地在世界范围内推广欧盟的监管方法。这要求内部政策和对外政策更具协同性，以便在初期阶段确定国际监管合作应聚焦的战略领域。这还需要与欧盟标准制定机构进行对话与合作，以确定与国际标准有关的战略优先事项。欧盟委员会在对重要条例做影响评估时，将加强对其监管政策对外效应的分析，并确定监管合作的优先伙伴。贸易政策应做好准备以支持由监管机构主导的合作活动，并且为了该目标而充分利用贸易协定所提供的机会。与国际伙伴关系以及发展合作一道，包括通过“促贸援助”，贸易政策应当在支持发展中伙伴国家采用国际标准，以及促进遵守新的监管要求方面发挥作用。欧盟还将加强与亚太和拉丁美洲志同道合国家的监管对话。

与美国进行合作，对于确保新监管规则符合民主、开放和包容的社会价值观是至关重要的。

首要行动

欧盟委员会将采取的行动是：

第九，为提高欧盟竞争力，在战略领域加强与志同道合伙伴的监管对话。这需要尽早确定监管合作的优先领域，并与欧盟和国际标准组织开展更密切对话。

第十，在欧盟经济绿色和数字化转型方面发展更紧密的跨大西洋伙伴关系，包括通过欧盟美国贸易和技术委员会。

5. 加强欧盟与邻国、未来入盟国家和非洲国家的伙伴关系

对欧盟而言，最重要的关系是与地理上距离较近的国家之间的关

系。欧盟邻国和非洲国家的稳定与繁荣符合欧盟的政治和经济利益。欧盟将致力于支持合作伙伴努力从新冠病毒肺炎疫情的影响中恢复过来，实现可持续发展。欧盟与这些国家之间密切的贸易协定网为更紧密的经济一体化、生产一体化和服务网络提供了前景。这将是更广泛战略的一部分，通过多元化价值链和推动可持续产品贸易的发展，包括支持气候和能源转型，促进可持续的投资和提高欧盟经济的韧性。作为贸易政策对全面伙伴关系更为广泛贡献的一部分，它还将有助于从根源上解决非法移民问题。这符合《移民和庇护新契约》。[①]

欧盟将密切其欧洲经济区内的经济伙伴关系。欧盟期待与英国进行密切合作，充分利用《贸易与合作协定》的潜力。欧盟也期待着在满足相应条件时，将其与瑞士和土耳其的贸易和经济关系现代化。

支持加强欧盟与西巴尔干和东部伙伴关系国家[②]的经济一体化尤为重要。对西巴尔干地区来说，强化型扩大联盟方法和“经济与投资计划”[③] 提出了在入盟前加快与欧盟市场一体化的框架，同时确保公平的竞争环境。这种经济一体化程度的提高，是建立在西巴尔干半岛各国基于欧盟规则和标准创建“共同区域市场”的承诺之上的。对于东部伙伴关系，特别是“深入全面自由贸易协定”（DCFTA）的伙伴（乌克兰、格鲁吉亚和摩尔多瓦），欧盟支持其努力与欧盟监管模式紧密接轨，包括数字化和绿色转型。对于这些伙伴而言，在努力纳入欧盟规则的同时，可以就如何制定和实施规则进行更紧密的对话，包括参与到专家小组中以及与欧盟标准化机构建立更紧密的联系。另外还应考虑采取其他措施以促进贸易，包括通过采取关于合规评估的协定。

提升欧盟与南部邻国[④]关系和经济一体化将是实现长期稳定的战略需要。欧盟受益于临近南地中海国家的地理位置及文化和语言上的联系，这些因素可以促进战略上的经济和商业一体化。贸易政策可以成为促进欧盟和南部邻国在战略上相互依存以及推动共赢的一体化倡议的关

① New Pact on Migration and Asylum COM（2020）609 final.

② Reinforcing Resilience—an Eastern Partnership that delivers for all，JOIN（2020）7 final.

③ An Economic and Investment Plan for the Western Balkans，COM（2020）641 final.

④ Renewed partnership with the Southern Neighbourhood—A new Agenda for the Mediterranean；JOIN（2021）2 final.

键工具，特别是在战略价值链方面。自 21 世纪以来，作为更广泛联系协定的一部分，欧盟已与地中海南部的 8 个国家签订了自由贸易协定。欧盟与摩洛哥和突尼斯就达成“深入全面自由贸易协定”（DCFTA）已经谈判了几年。欧盟已准备好与这两个伙伴讨论各种方案，使贸易和投资关系现代化，以更好地适应当今的挑战。

欧盟将大幅加强与非洲伙伴的接触,① 以释放其经济潜力，促进经济多样化和包容性增长。这将进一步加强各大陆之间以及非洲自身的可持续贸易和投资联系。成功实施“非洲大陆自由贸易区”（AfCFTA），符合达成大陆与大陆之间贸易协定的长期前景，特别是它建立在非洲区域经济共同体和与欧盟的经济伙伴关系协定的基础上。应当在各层面推动与非洲的这种更强有力的关系，包括通过与非洲联盟及其成员开展政治对话，通过扩大和深化经济伙伴关系协定，以及通过发展与各国的双边关系，促进在农业、制成品和服务方面的可持续投资。欧盟委员会还将反思，通过对欧盟贸易适用统一原产地规则来促进非洲大陆一体化的潜力。

欧盟委员会将向非洲地区和欧盟南部邻国有兴趣的伙伴提出一项新的可持续投资倡议。它可以采取单独的投资协定形式，或者作为现有贸易协定现代化的一部分。为了最大限度地扩大影响和促进实施，这些协定将与欧盟发展合作工具一同制定以支持投资，并在可行的情况下采用“欧洲团队”（Team Europe）的方式确保与欧盟成员国、私营部门、公民社会和所有相关行为者的协同。这些倡议中最突出的是欧盟于 2017 年推出的针对撒哈拉以南非洲和欧盟邻国的“对外投资计划”（EIP）。它还包括“欧洲可持续发展基金升级版”（EFSD +），该基金适用于全球范围内 2021—2027 年新的多年度财政框架（MFF）。“对外投资计划”的三大支柱将支持对非洲和欧盟邻国的可持续投资，同时推动改革，改善商业环境和投资环境。这样做的目的是随着《非洲自由贸易协定》的推进，实现跨区域一体化和更密切的欧盟与非洲贸易关系。

① 正如 2020 年 3 月《欧非战略联合通讯》所述，参见“Towards a comprehensive Strategy with Africa”，JOIN（2020）4 final。

首要行动

欧盟委员会将采取的行动是：

第十一，深化欧盟与欧洲其他国家的经贸关系，包括西巴尔干半岛和与欧盟缔结深化全面自由贸易协定的国家，尤其要注重加强监管合作，以支持绿色和数字化转型。它将促使欧盟与那些有意与欧盟保持更紧密一体化的南部邻国之间贸易和投资关系的现代化。

第十二，通过以下方式加强与非洲国家的合作：

（1）加强与非洲联盟及其成员国的政治对话与合作，确保《非洲自由贸易协定》的顺利实施，包括与私营部门接触，推动在非洲形成共同标准，以加强区域和大陆一体化。

（2）深化和扩大欧盟与非洲区域经济共同体现有的贸易协定，并增强其可持续性。

（3）进一步探讨加强欧盟与非洲国家不同贸易安排之间联系与协同的可能性，例如在与欧盟的贸易中采用更统一的原产地规则。

（4）寻求与非洲及南部邻国达成可持续的投资协定。

6. 加强欧盟对贸易协定实施和执行的重视，确保公平竞争环境

随着近年来新协定签署的浪潮，欧盟委员会将专注于释放欧盟贸易协定的好处，同时坚定执行其市场准入和可持续发展承诺。欧洲的利益攸关方需要意识到欧盟贸易协定提供的机遇，并相信它们可以从欧盟谈判中获益。欧盟与亚太地区和拉丁美洲地区已经完成或正在进行的贸易协定谈判，这些谈判将带来重要的经济机遇。因此，必须为批准欧盟与南美共同市场及墨西哥的贸易协定谈判创造条件，并完成正在进行的谈判，特别是与智利、澳大利亚和新西兰的谈判，目前这些谈判进展顺利。就南美共同市场而言，目前正在进行对话以加强贸易协定在可持续发展方面的合作，以解决《巴黎协定》的执行问题，尤其是森林砍伐问题。

这将是欧盟走向开放的战略自主，促进市场准入（尤其是中小企业市场准入）的重要部分。它还将有助于遏制影响欧盟出口的保护主义倾向和扭曲现象。2020 年 7 月，随着首席贸易执行官员的任命，这

一工作领域的核心地位得到了确认。

这意味着将在以下领域开展工作:

• 充分利用实施贸易协定所提供的机会。欧盟将利用其贸易协定中的所有内在灵活性,使这些协定符合目标,应对与绿色和数字化转型有关的新挑战。欧盟还将继续利用其“促贸援助”计划,帮助发展中国家执行贸易协定,并支持遵守规则和标准,尤其是在可持续发展方面。

• 支持欧盟利益攸关方充分利用欧盟协定创造的机会。欧盟委员会将在成功设立 Access2 Market 门户网站的基础上进一步整合其功能,并将其与其他重要信息渠道连接起来,[①] 尤其是便于中小企业获得信息。欧盟委员会还将继续支持主要由中小企业组成的欧盟农业和农业食品部门,重点是促进其产品的可持续性和质量,使其成为欧盟食品可持续性体系的标准持有者。

• 监督欧盟贸易协定的适当实施和执行,通过“单一入口”为有关市场准入障碍和违反贸易与可持续发展承诺的投诉提供便利。欧盟委员会将与欧盟成员国、欧洲议会和利益攸关方合作,监督欧盟贸易伙伴对贸易协定的实施,并确保采取协调一致的做法。欧盟委员会将提出一项具体的立法,以执行《欧盟与英国贸易与合作协定》的贸易相关条款。

• 当其他手段无效时,通过世界贸易组织或双边争端解决应对不履行条约的问题。更新后的《执行条例》[②] 增强了欧盟在争端解决(根据 WTO 或双边协定)受阻的情况下采取行动的能力。

新的线上工具支持欧盟企业,特别是中小型企业:

· 在欧盟海关单一窗口环境和欧盟市场监督系统信息和通信系统的基础上,探索更有效的贸易便利化和监管合规的数字系统,并在此背景下考虑产品合规信息的数字化,包括产品的合格证书及其在欧盟立法中的实施。

---

① 特别是可以与其他信息来源探讨协同作用,包括欧洲企业网络、欧盟日本工业合作中心、欧盟中国中小企业获得中心、欧洲商业组织全球网络、欧洲贸易促进组织和中小企业知识产权服务台。

② https://trade. ec. europa. eu/doclib/press/index. cfm? id = 2204.

· 建立采购工具的新渠道（A2P），使欧盟经济经营者能够确定它们是否有权参与，以及在什么条件下有权参与第三国的采购招标。

· 扩大 Access2 Market 门户网站工具，以增加和纳入欧盟服务出口商和投资者的信息，并考虑对该平台进行其他升级。

· 改进原产地规则自我评估工具（ROSA），以帮助企业，尤其是欧洲中小企业向第三国出口时正确适用原产地规则。

• 欧盟委员会将继续坚定不移地使用贸易防御工具，使欧洲工业免于受不公平贸易的影响。这也包括追踪第三国提供的新型补贴，例如在投资融资等领域，通过反补贴税措施充分解决这些问题。

• 在安全领域，根据《外国直接投资审查框架条例》，欧盟委员会再次呼吁所有成员国建立并执行完备的外国直接投资审查机制，以应对外国投资者收购或控制某项特定业务及基础设施或技术会对欧盟安全或公共秩序造成的风险。① 欧盟委员会将继续执行与各成员国政府机构的合作机制，保护安全和公共秩序免受具有高风险的外国直接投资影响，并考虑加强《外国直接投资审查框架条例》所建立的合作机制。

• 欧盟委员会将与成员国政府合作，确保有效执行关于敏感两用物品和技术的现代化出口管制条例，② 以维持安全价值链，促进国际安全，保护人权，并确保欧盟出口商享有公平的竞争环境。

无论如何，欧盟需要开发自己的工具以应对新挑战，并保护欧洲公司和公民免受内部和外部不公平贸易行为的影响。

• 欧盟委员会将在贸易政策领域提出一项新的法律工具，以保护欧盟免受第三国可能采取的强制行动的影响。

• 欧盟委员会将提出一项法律工具，以解决外国补贴对欧盟内部市场造成的扭曲。

• 为加强欧盟经营者在公共采购方面的对等准入，欧盟委员会将努

① Communication of 25 March 2020 concerning foreign direct investment and free movement of capital from third countries, and the protection of Europe's strategic assets, C（2020）1981 final.

② https://ec.europa.eu/commission/presscorner/detail/en/IP_20_2045.

力推进国际采购工具，并呼吁理事会将其作为紧急事项应予完成的工作。

• 最后，为了确保欧盟企业在第三国市场上拥有更好的公平竞争环境，它们越来越多地面临着与接受本国政府财政资助的外国竞争者进行竞争的可能性，欧盟委员会将考虑欧盟出口信贷战略的各种方案。这将包括欧盟出口信贷机制和更加协调的欧盟金融工具。根据“欧洲绿色新政”提出的逐步取消化石燃料补贴的目标，欧盟委员会还鼓励气候友好型技术项目，提议立即停止对燃煤发电部门的支持，阻止对第三国化石燃料能源基础设施项目的进一步投资，除非这些项目符合《巴黎协定》的长期目标和科学上最可行的雄心勃勃且明确界定的气候中立路径相一致。

欧盟委员会将进一步继续努力协调欧盟贸易协定中的优惠原产地规则，同时考虑到欧盟利益攸关方，尤其是中小企业的利益。

为了对个人和企业释放欧盟贸易协定的好处，更系统地解决现有壁垒，并防止出现新壁垒，需要欧盟所有机构、成员国、公民社会和其他利益攸关方的共同努力。欧盟委员会将领导这些力量，包括通过欧盟的各代表团以及成员国和商业协会在第三国拥有的网络。

首要行动

欧盟委员会将采取的行动是：

第十三，通过创造条件以完成双边协定的谈判和批准，努力巩固欧盟与关键增长地区——亚太和拉丁美洲的伙伴关系。

第十四，充分发挥首席贸易执行官（CTEO）的作用，为企业（特别是中小企业和农民）争取最大的谈判成果，并消除有损协定潜力实现的障碍，包括可持续发展方面的障碍。

第十五，进一步加强欧盟新工具以应对新挑战，保护欧洲公司和公民免受不公平贸易的影响，包括通过准备“反施压工具”。此外，欧盟委员会将探讨欧盟出口信贷战略的各种选项。

第十六，开发新的在线工具以支持欧盟企业，特别是中小企业。

四 支持公开贸易政策并进行讨论

在《贸易为了所有》[①] 的政策文件中，欧盟委员会已经增加了其确保透明度和包容性贸易政策的承诺。欧盟委员会将继续沿着这条道路前行，这也积极体现在对贸易政策审查[②]的贡献中。2019 年发布的最新欧洲晴雨表调查显示，民众欢迎这些年来所做的努力。60% 的人表示他们信任欧盟以公开透明的方式实施贸易政策。

鉴于与利益攸关方对话和鼓励在关键问题上开展具体合作的重要性，欧盟委员会将在 2020 年启动的“公民社会对话”审查研究报告的基础上，深化与公民社会和社会伙伴的接触，并将特别关注贸易协定的实施和执行，重点是确保贸易协定的预期效益能够充分符合欧盟的利益。对世界贸易组织改革的重视将体现在加强关于这些事项的交流上。

为确保贸易政策的发展具有坚实的基础，欧盟委员会还将深化其分析和数据收集工作，并鼓励利益攸关方提供分析意见。欧盟委员会将对欧盟协定在关键环境方面（包括气候）的影响进行事后评估。欧盟委员会还将开展工作，推动对贸易政策各部分对性别平等影响的更好理解，并通报为提高贸易政策包括“促贸援助”中的性别意识而采取的行动。[③] 欧盟委员会将进一步分析贸易政策对就业以及社会发展的不同方面的影响。

五 结论

欧盟的贸易政策必须适应并反映我们时代的挑战和民众的期望。我们有责任确保它有助于追求欧盟的利益，帮助欧盟实现其雄心壮志，并维护其在当今和未来世界的地位。这就是为什么欧盟重新调整贸易政

---

① Trade for All：Towards a more responsible trade and investment policy – COM/2015/0497 final.

② https：//trade. ec. europa. eu/consultations/index. cfm? consul _ id = 266&utm _ source = dlvr. it&utm.

③ Joint Declaration on Trade and Women's Economic Empowerment on the Occasion of the WTO Ministerial Conference in Buenos Aires in December 2017.

策，以支持欧盟经济的绿色和数字化转型，基于现代化规则构建更可持续的和更公平的全球化，以及更强有力的执法行动，这些目标是如此重要。最终，只有这样做，我们才能以负责任和可持续的方式为欧盟公民、工人和企业以及世界提供所需要的机会。

《中欧全面投资协定》谱写中欧深度合作的新篇章

China-EU Comprehensive Agreement on Investment Forging a more Productive China-EU Cooperative In-depth Partnership

赵　丽*

摘要：2020年12月30日，《中欧全面投资协定》历经7年35轮，如期完成谈判，《中欧全面投资协定》对标国际高水平经贸规则，着眼于制度型开放，是一项平衡、高水平、互利共赢的协定，包括市场准入、公平竞争、可持续发展、争端解决等内容，推动了中欧全面合作伙伴关系迈上新台阶和新高度。

关键词：《中欧全面投资协定》；互利共赢；战略自主

Abstract: After 35 rounds of talks, China and the European Union (EU) have completed their investment agreement negotiations as scheduled. It is highly valued for substantially improving market entry, eliminating discriminatory requirements and practices for foreign investors, establishing a balanced investment protection framework, and including provisions on investment and sustainable development and the settlement of disputes. It marks a solid step towards forging a closer and more productive China-EU comprehensive cooperative partnership.

---

* 赵丽，中国社会科学出版社副编审。

Key Words: China-EU Comprehensive Agreement on Investment; Mutual Benefit; Strategic Autonomy

2020年12月30日晚，中国国家主席习近平在同德国总理默克尔、法国总统马克龙、欧洲理事会主席米歇尔、欧盟委员会主席冯德莱恩举行视频会晤时，共同宣布如期完成中欧投资协定谈判。从2013年中国和欧盟开始中欧全面投资协定谈判以来，经过7年35轮谈判，最终于2020年12月完成。正如习近平总书记所指出的，2020年对世界和中欧双方来说都是十分特殊的一年，新冠病毒肺炎疫情全球大流行和世界百年未有之大变局深刻交织，不稳定不确定因素越来越多。在这样的背景下，中欧迎难而上，携手努力，推动中欧关系取得丰硕成果。双方如期实现年内完成中欧投资协定谈判的预期目标，达成了一份平衡、高水平、互利共赢的投资协定，展现了中方推进高水平对外开放的决心和信心，将为中欧相互投资提供更大的市场准入、更高水平的营商环境、更有力的制度保障、更光明的合作前景，也将有力地拉动后疫情时期世界经济复苏，增强国际社会对经济全球化和自由贸易的信心，为构建开放型世界经济促使中欧两大市场投资贸易的全面展开作出重要贡献。[①]

2013年底，启动中欧投资谈判是基于中欧经贸发展的需要。中国是世界上最大的发展中国家和新兴经济体，欧盟是最大的发达国家集团，中欧都是国际舞台上的重要一极。

从贸易关系来看，中国和欧盟互为重要的贸易伙伴。截至2019年，欧盟连续16年成为中国第一大贸易伙伴，中国则连续15年蝉联欧盟第二大贸易伙伴的位置。中国在2020年首次超越美国，成为欧盟第一大贸易伙伴。[②] 虽然贸易发展势头强劲，但是双方的投资水平比较低，这与双方的经贸发展不相匹配。2013年，中国累计对欧盟的投资是400.97亿美元，占中国对外直接投资存量的6.1%，欧盟对华投资金额

---

① 中国政府网，http://www.gov.cn/xinwen/2020-12/30/content_5575621.htm?gov.。

② 李罡:《中国首次超越美国成欧盟最大贸易伙伴意味着什么?》,《中国报道》2021年2月26日。

也比较少，2013 年欧盟对中国的投资金额是 65.2 亿美元，仅占中国实际使用外资的 5.3%。因此中欧之间的投资水平远远低于经贸的发展水平，虽然中国与欧盟成员国中除爱尔兰外的 25 个国家签署了双边投资协定，但是原有的双边投资协定在范围上差别很大，而且都只涉及对投资进入后的保护，而没有市场准入等内容；2009 年《里斯本条约》生效后欧盟获得了外国直接投资专属权，需要签订新的投资协定以取代中国同欧盟成员国签署的双边投资协定。[①]

二

《中欧全面投资协定》不同于普通的双边协议，它体现了高水平的开放标准，不仅包括投资问题，还涵盖了市场准入承诺、公平竞争规则、可持续发展以及争端解决机制，是一项全面、平衡和深度的协定，为中欧双方的投资者提供了制度保障。具体而言：

第一，市场准入承诺。在 2021 年 3 月 12 日欧盟委员会公布的《中欧全面投资协定》市场准入清单中，中欧双方通过负面清单和正面清单的方式制定了市场承诺清单。具体来说，在制造业领域，中国对欧盟作出了实质承诺，制造业占欧盟对华投资总额的 50% 以上，相比较之前中国在该领域对欧盟没有任何承诺而言，这一承诺显示了中国的诚意。中国第一次在包括服务业和非服务业在内的所有行业以负面清单形式作出承诺，尤其是在电信、金融服务、私人医疗、环境服务、研发以及航空运输相关服务方面。同时，中国还对欧盟提供超出目前自行开放水平的新的市场开放，例如在合资企业要求、外国投资禁令等方面放开限制。按照规则双向使用的原则，欧方也对中方作出较高的市场承诺，保障中国企业在制造业、批发零售、能源等行业的投资。正如欧盟委员会执行副主席瓦尔迪斯·东布罗夫斯基所表示的：“《中欧全面投资协定》重新平衡了中欧投资关系。今天公布的市场准入清单将有助于创造公平的市场环境，为欧盟企业和投资者提供更多市场开放，为欧盟企

① 刘作奎：《〈中欧全面投资贸易协定〉与美欧对华政策协调的前景》，《当代世界》2021 年第 3 期。

业在中国进行投资获得更大的市场准入和确定性。”

第二，公平竞争规则。《中欧全面投资协定》致力于为中欧双方营造公平、法治化的投资环境，在国有企业、补贴透明度、技术转让、标准制定、金融监管等方面达成共识。例如，《中欧全面投资协定》针对禁止技术转让制定了具体的规则，包括禁止几类强迫技术转让的投资要求以及禁止直接或间接干涉技术许可的合同自由；在补贴透明度方面，中欧投资协定要求双方对服务部门的补贴施加透明度义务，要求提供有关补贴的信息，从而补充多边机制中对透明度要求的空白。同时，中欧企业要求国有企业按照规范行事，在购买和销售商品或服务时不得歧视，从而有利于营造公平的竞争环境，增强外国投资者的信心，这也符合中国深度改革的方向和《中华人民共和国外商投资法》所要达成的目标。

第三，可持续发展以及争端解决机制。《中欧全面投资协定》对于与投资有关的环境、劳工问题作出了具体的规定，中欧双方为了促进投资的可持续发展，承诺在环境和劳工领域不降低保护标准并遵守相关国际承诺，这将有利于中欧双方处理好投资与保护环境以及保护劳工权益的关系。争端解决机制是本协定的核心条款之一。为了保障协定的执行力度，《中欧全面投资协定》设立了专门工作组，还建立了国家间争端解决机制，这一机制符合欧盟现有贸易协定的最高标准，规定了解决争端的执法实体以及法律依据。这一机制有利于平衡国家与投资者的利益，在解决争端的同时促进投资的良性发展。

二

《中欧全面投资协定》是对标国际高水平经贸规则的制度安排。符合新时代中欧双方的对外战略诉求，不仅是中国对外开放新的重要标志，也是中欧携手开启经贸合作新局面、构建开放型世界经济的重要里程碑。[①]

---

① 宗芳宇：《中欧投资协定：开放合作史上的里程碑》，《中国经济时报》2021 年 1 月 6 日第 4 版。

第一，《中欧全面投资协定》符合中国对外开放的战略要求。它是中国深化改革、扩大对外开放的重要一步，是中国在新时代开启“国际国内双循环发展格局”的重要一环。《中欧全面投资协定》能够推动国内改革向深度发展，从而促进经济的良性发展。例如协定中的市场准入承诺，对国有企业的运营施加了三项主要纪律：非歧视义务、商业考虑义务及透明度义务，从而促进国有企业有序参与国际竞争，促进企业的可持续发展；同时也有利于国内企业引进先进的技术，推动产业的升级转型。《中欧全面投资协定》向世界表明了中国深度对外开放的决心。自新冠病毒肺炎疫情以来，供应链安全问题成为很多发达国家关注的焦点，它们担心中国对外开放政策的不确定性会影响本国的经济安全，而这一协定的签署，中国政府不仅给欧盟的投资方吃了“定心丸”，而且打消了其他国家对中国经济安全的顾虑。

第二，《中欧全面投资协定》有利于欧盟的经济发展和“战略自主”。欧盟由于英国脱欧以及一体化进程的受挫，需要寻找新的经济发展突破口，特别是新冠病毒肺炎疫情暴发以来，欧盟的经济增长停滞不前，2020 年，欧盟经济同比实际缩减 6.2%，欧元区经济实际下跌 6.6%，均超过了 2008—2009 年全球经济危机时的跌幅，创下了自成立以来的增速新低。因此，欧盟需要寻找新的经济突破点，中国在新冠病毒肺炎疫情期间表现出来的经济韧性让欧盟深信中国市场的发展前景。中国在市场准入领域的广阔空间，可以为欧盟的经济发展提供新的动力。此外，特朗普政府对中欧均发起贸易战，促使中欧双方加速签署《中欧全面投资协定》，欧盟自主选择同中国加速推进该协定谈判，显示出欧盟追求自身利益和战略自主的努力，也表明了欧盟对华外交有自身的方式和利益取向，并非与美国完全一致。[①]

第三，《中欧全面投资协定》有利于全球经济和世界多极化的发展。随着全球经济增长乏力以及民粹主义的影响，单边主义和贸易保护主义抬头，贸易战此起彼伏，阻碍了资源、市场、人员和服务在全球的流通和合理配置，也使得世界经济的恢复缺乏动力。作为最大的发展中

---

① 刘作奎：《〈中欧全面投资贸易协定〉与美欧对华政策协调的前景》，《当代世界》2021 年第 3 期。

国家中国和世界上最大的经济体欧盟跨越双方的差异，通过加强深度合作，一同应对全球不确定性，拥抱全球化，积极推动多边主义和贸易自由化，也为全球投资体系的深化改革和转型开启了先河。

中欧谈判完成后，双方将用最快的速度确定中英文文本并签署文本，在各自完成内部法律程序后，协定将正式生效，预计这些工作最快将在2021年第二季度完成。我们相信高水平的《中欧全面投资协定》最终将推进中欧自由贸易协定谈判，并增进双方的政治互信，推动中欧全面合作伙伴关系迈上新台阶和达到新高度。

《欧洲法律评论》稿约

《欧洲法律评论》（*Chinese Journal of European Law*，*CJEL*）是由中国社会科学院欧洲研究所欧盟法研究室和中国欧洲学会欧洲法律研究会联合创办的一份研究欧洲法律理论和实践问题的学术出版物，每年出版一卷。

《欧洲法律评论》坚持学术为本，采用学术刊物通行的匿名审稿制度，倡导严谨的学风，鼓励理论和实证研究相结合，致力于为国内外所有有志于欧洲法律研究的人士构建平等的交流平台，营造一个温暖的精神家园。现不拘作者专业、身份与地域，以聚焦欧洲法律领域为征稿标准，以学术品质为用稿标准，向国内外学术界、实务界热忱征集言之有物、论之有据、符合学术规范、遵守学术道德的上乘佳作。

《欧洲法律评论》将开设“论文”“专题研究”“评论”“实务动态”“书评”等栏目。“论文”栏目发表原创性的理论研究文章；“专题研究”栏目主要就在欧洲法领域内某一专项课题展开研究和讨论；“评论”栏目刊登对欧洲法领域内的学术流派、学术理论、学术观点和学术发展状况的文章，以及学术会议或其他学术活动的介绍和评论；“实务动态”重点关注欧洲法实务界的最新动态和法律实践活动；“书评”栏目将刊登对在欧洲法及其相关领域新近出版的中文和外文著作的介绍和评论。

《欧洲法律评论》原则上只刊登没有公开发表过的稿件，不接受一稿多投。

《欧洲法律评论》的审稿周期为一个月。在收到稿件之后一个月内给予作者答复。投稿邮箱为：eulaw@ cass. org. cn。

《欧洲法律评论》的投稿体例如下：

1. 除海外学者外，稿件一般使用中文。作者投稿时应将打印稿一式三份寄至：北京市东城区建国门内大街5号中国社会科学院欧洲研究所《欧洲法律评论》编辑部，邮编：100732，或通过电邮至 eulaw@cass. org. cn。

2. 稿件首页包括中文标题、作者有关信息，包括姓名、所在单位、通讯地址、邮政编码、联系电话、电子邮件，以及300字以内的作者简介。

3. 稿件次页包括中文标题、英文标题、中文摘要（300字以内）及中文关键词（3—5个)、英文摘要（300字以内）及英文关键词(3—5个)。稿件获基金、项目资助，须注明（包括项目编号)。

4. 稿件全文采用 Microsoft Office 软件编排；如打印，请用 A4 纸输出。正文内容以五号宋体、单倍行距编排，页边距上、下、左、右均不小于2. 54厘米。

5. 正文内各级标题处理如下：一级标题为“一、二、三……”二级标题为“(一)、(二)、(三）……”三级标题为“1、2、3……”四级标题为“(1)、(2)、(3）……”一、二、三级标题各独占一行，其中一级标题居中，二、三级标题缩进两个字符左对齐；四级及以下标题后加句号且与正文连排。

6. 注释采用脚注，每页自①起重新编号。